QUESTIONS D'ADOLESCENTS

CHRISTIAN SPITZ

QUESTIONS D'ADOLESCENTS

EDITIONS
ODILE JACOB

Je remercie Henri Verdier, Anne Battistini et Éric Matha
pour leur aide et leurs conseils.

ISBN : 2-7381-0256-5

15, RUE SOUFFLOT, 75005 PARIS

Introduction

Depuis plus d'un an, tous les soirs, nous sommes plus d'un million à dialoguer à l'antenne. Des jeunes, beaucoup d'adolescents, mais aussi leurs parents, étonnés, curieux, ou simplement contents de découvrir leurs enfants.

Tous les jours, trois heures de débat, près de 8 000 appels, un courrier pléthorique.

Les questions et les témoignages, que je reçois si nombreux, sont gais, responsables, inquiets, ou dramatiques... Je voulais y répondre.

D'abord, parce que vous m'écrivez. C'est une preuve de confiance. Cette émission, votre courrier, nos dialogues, tout cela m'apporte beaucoup. C'est passionnant, triste parfois, plein d'espoir le plus souvent.

Vos questions sont nombreuses. Chaque fois, on découvre une vie tout entière, des amitiés, des fidélités, des peurs. Elles touchent presque tous les domaines : la sexualité, souvent, mais aussi l'amour, les relations avec les copains, les parents, les adultes. La maladie et la mort. L'école, le racisme, la politique. La vie, en fait. Ce livre, c'est un peu une façon de vous remercier.

Ensuite, parce que c'est nécessaire. On est informé dans notre pays, on a des droits, on est protégé... Et pourtant, vous vous posez bien des questions. Parce que le savoir est souvent utilisé comme un pouvoir. Parce que tout cela, si on le dit souvent, c'est rarement à *vous* qu'on le dit. Parce que quelque chose ne passe pas. Parce qu'il y a toujours des informations toutes simples, évidentes, qu'on n'a pas pris la peine de rappeler, mais qui sont la source des plus grandes angoisses.

C'est un courrier abondant, auquel je n'ai pas pu répondre individuellement. Et puis, ce sont des questions si proches. Vous êtes si nombreux à partager les mêmes préoccupations... Et puis, si vous avez été près de 50 000 à écrire pour m'adresser ces questions, combien êtes-vous à vous les poser ?

Alors, j'ai décidé de faire ce livre. C'est un livre qui part de vos questions. Je ne les rappelle pas toutes, vous les connaissez trop. Les thèmes de ce livre, c'est vous qui les avez fixés. Pour certains chapitres, j'ai utilisé vos lettres. Pour témoigner, pour que d'autres que moi vous entendent. Pour vous, mais aussi pour vos parents, vos maîtres.

Souvent aussi, je les ai reprises parce que vous exprimez tout cela avec une force que nul ne saurait atteindre. Alors, il valait mieux vous laisser la parole.

Les lettres que j'ai utilisées, je les ai bien sûr transformées. Les renseignements qui pourraient vous faire reconnaître ont été modifiés. C'est d'abord votre histoire personnelle, et ce n'est pas à moi de la raconter. J'en ai gardé ce que j'ai trouvé d'universel. Ce qui nous concerne tous.

J'essaie de répondre simplement, et complètement. J'essaie de traduire la réalité. Même quand ce n'est pas très rassurant. Depuis que j'ai reçu votre courrier, j'ai beaucoup réfléchi. J'ai beaucoup lu. J'ai parlé, j'ai posé des questions, j'ai écouté. Et c'est tout cela que je voudrais mettre dans ces réponses. C'est tout ce qu'on n'a pas le temps d'expliquer à la radio ou au téléphone. Tout ce qui nécessite un livre.

Ce ne sont pas des réponses de gourou ou de maître à penser. Quand j'exprime mon opinion, je dis que c'est mon opinion. Ce ne sont pas des réponses définitives. Nous pourrons en rediscuter.

Ce ne sont pas des consignes, c'est plutôt un ensemble

de points de repère. Vous les utiliserez chacun à votre manière. Ce n'est pas un mode d'emploi. Ça ne se substitue pas à ce que vous pourrez décider, dans votre vie, dans votre famille.

En fait, ce livre, c'est un peu une boîte à outils. Vous vous en servirez. Vous en prendrez ce que vous voudrez. C'est pour cela que vous trouverez en fin de livre des annexes, très concrètes : des numéros de téléphone, des adresses, des livres, vos droits. Une partie de ce dont on a besoin pour entrer dans le monde des adultes.

Et puis ce livre, c'est un peu aussi parce que je suis père. C'est pour les parents, qui ont parfois du mal à vous entendre – mais est-ce que vous leur facilitez la tâche ? C'est pour qu'ils entendent un peu ce qu'on se dit à votre âge entre amis. C'est pour qu'ils vous retrouvent, dans cette galerie de portraits.

CHAPITRE 1

Mon corps

Un corps qui change

L'adolescence, nous l'avons tous traversée. Mutation incontrôlable, douloureuse, incomprise et incompréhensible, comme cela est souvent le cas lorsqu'on est englué, trop pris dans l'événement. Vos questions en témoignent. Pourtant, c'est aussi une aventure merveilleuse, l'adolescence, une seconde naissance, qui a lieu très lentement, sans savoir très bien toujours où l'on se dirige. Pourtant, des points de repère existent.

Au commencement, il y a un bébé, qui pèse 3,2 kg, mesure 50 cm, et a un tour de tête de 35 cm (mensurations moyennes d'un bébé à la naissance). Dès la première année, son corps croît de manière extraordinairement rapide, la plus rapide de sa vie : de 50 cm, il passe à 72 ; de 3 kg, à 9 kg ; son tour de tête passe de 35 à 45 cm. Dès 2 ans, il mesure 88 cm et pèse environ 12 kg. De toute cette période, il ne reste aucune mémoire consciente. Pourtant, c'est une phase déterminante de la vie ; parfois même, tout s'y joue.

Cet enfant est totalement dépendant de son environnement, des adultes qui l'entourent, de ses parents et de sa famille. Ils sont là pour le nourrir, veiller sur lui, le protéger. Dès que le cordon ombilical est coupé commence une longue phase d'autonomisation, qui se poursuit bien au-delà de l'adolescence. Accroché aux adultes qui l'entourent, il découvre lentement, expérimente. Les informations s'accumulent dans son cerveau. Il apprend, il s'en sert, il les utilise.

Une interaction précieuse, nécessaire, vitale, se noue entre le bébé et ses parents ou leurs substituts. Le pire comme le meilleur peut en résulter. Dans cette période essentielle de la vie, le vécu des parents, leur propre passé, leurs préoccupations, leurs difficultés ressortent de manière inconsciente et involontaire, avec toujours une volonté légitime de bien faire.

On est responsable de tout sans en être coupable. En prendre conscience devrait conduire à une écoute plus attentive du bébé, à le regarder comme un être à part entière avec son individualité, son vécu, ses difficultés et ses souffrances. Il a mille façons d'exprimer tout cela : attitudes de repli, de refus (de sommeil, d'alimentation), de révoltes, cris, pleurs, insomnies, etc. Toujours de façon détournée. C'est ce qui angoisse les parents, à la recherche de réponses rationnelles, en rapport avec le mal-être exprimé.

Vous voyez que ça commence très tôt. Le drame, c'est qu'à cet âge, du fait de la tendance fusionnelle des parents et la grande dépendance de l'enfant, les problèmes restent ignorés, souvent masqués, et médicalisés. Durant cette période d'éveil s'accumule dans notre cerveau tout ce qu'il y a de bon et de mauvais dans la relation avec nos parents. Il faut respecter l'équilibre de la relation : l'interaction qui permet l'apprentissage, mais aussi la solitude qui permet de structurer progressivement son cerveau. Cet équilibre est essentiel et souvent mal respecté.

Je ne décrirai pas ici tous les stades de développement physique et psychologique de l'enfant. Je rappellerai simplement que cette longue phase d'apprentissage, de découverte des autres et du monde extérieur, s'accompagne d'une phase de découverte de son corps et de prise de conscience de soi. Elle est caractérisée par des activités narcissiques très connues et nécessaires, telles que l'activité masturbatoire qui commence très tôt, vers l'âge de neuf mois (elle s'arrêtera ensuite, pour reprendre à la puberté). C'est une expérience personnelle qui nous permet de nous structurer, d'accepter notre corps, de pouvoir s'en servir.

À cette phase de croissance très rapide, qui s'atténue vers l'âge de trois ans, fait suite une phase de croissance lente et régulière. L'enfant prend en moyenne 5 à 6 cm par an, et 1 à 2 kg en poids, et ce, jusqu'à la puberté où tout redémarre.

Celle-ci se produit sous l'influence des hormones sécrétées par les glandes sexuelles : les testicules chez le garçon et les ovaires chez la fille. Ces sécrétions sont déclenchées par des substances produites par le cerveau (hypothalamus et hypophyse) par l'effet du jeu simple d'une horloge programmée par la nature. La puberté est une grande mutation. Le corps se transforme, tout craque, tout bouge. Chez le garçon, le premier signe est l'augmentation du volume des testicules, qui débute entre 10 et 14 ans. Ensuite, la croissance en taille s'accélère très brutalement, de 10 à 12 cm la première année, 8 cm par an les deux années suivantes, quelques cm ensuite. Les muscles se développent, les organes génitaux également. Les poils apparaissent au niveau du pubis, des aisselles, du visage... sur tout le corps, à des degrés variables selon les garçons. La voix devient plus grave. Le visage aussi se transforme, il s'allonge, les traits s'épaississent. Puis arrivent les premières éjaculations qui traduisent la maturité physique. Le corps est devenu adulte, prêt à fonctionner, c'est-à-dire à se reproduire. Toutes ces transformations sont progressives, et parfois séparées. Les membres, par exemple, ne s'allongent pas en même temps que le tronc.

Chez la fille, la puberté peut commencer un petit peu plus tôt (autour de dix ans). La poitrine se développe, les poils commencent à pousser au niveau du pubis, des aisselles, des jambes, de la vulve. Celle-ci se modifie, change de forme, devient humide. Il y a de petites pertes blanches. Les hanches prennent des formes, s'élargissent... La croissance en taille s'accélère également pendant trois ans. Le visage se modifie. Les premières règles signent la fin de la puberté. Elle est devenue une femme. Les règles signifient aussi que l'ovaire produit régulièrement des ovules. Elle est apte à devenir mère. Physiquement, bien sûr.

Ces transformations physiques s'accompagnent de transformations psychologiques sur lesquelles je reviendrai. Les conflits de la première enfance réapparaissent de manière inconsciente. C'est toute la vision des choses qui se modifie. On ne voit plus l'entourage de la même façon, on n'a plus les mêmes désirs, les mêmes envies, on a envie de faire autre chose. On se sent également fragile et vulnérable, très sensible aux réactions de l'entourage. On est parfois inquiet, on a besoin d'être rassuré, on a aussi envie en permanence de s'essayer en tant qu'adulte, parfois maladroitement... Vous avez sans doute souvent remarqué que les « grandes personnes » ont tendance à rire de ces premiers essais d'adultes, un peu comme d'un enfant qui apprend à marcher. Tout change... on n'est pas sûr de soi, on a tendance à se cacher, à s'abriter, à rester dans sa solitude, à l'ombre du monde extérieur...

Ces sécrétions d'hormones déclenchent toute la mécanique sexuelle, les premiers émois chez la fille, les premières érections chez le garçon. On se touche, on se caresse, on se masturbe... On éprouve du plaisir, jusqu'à l'orgasme parfois. C'est naturel et incontrôlable, c'est une pulsion qui nous pousse à exprimer notre sexualité. On s'essaye tout seul en même temps qu'on imagine la relation avec l'autre, on s'imagine des histoires, on les vit seul, et c'est bien utile... Toutes ces transformations ne se font pas sans souffrance : perdre son enfance, ce n'est pas toujours évident. On change de statut. Jusque-là protégé, parfois trop, on est conduit à affronter le monde extérieur, qui semble impitoyable. Il possède ses lois, ses incohérences, ses incertitudes, ses imperfections... Il faudra faire sa place et s'affirmer.

Ces transformations sont un peu révoltantes, parce que, finalement, on les subit. Les doutes, les incertitudes des conflits de la première enfance ressurgissent. Enfant, vous deviez souffrir toutes les incohérences et le mal de vivre des adultes. Vous pouviez vous défendre, vous rebeller, mais souvent en vain. Désormais, tout est différent, vous souffrez, vous haïssez, vous détestez, mais vous êtes libre. Malheureusement, à cet âge-là, les adultes vous considèrent souvent encore comme un enfant. C'est à vous de vous affirmer, et de montrer que vous existez en tant qu'adulte, même si cela se fait progressivement et provoque quelques frustrations.

Désormais, vous pouvez vous faire une opinion par vous-même. Il faut cesser d'imaginer que ces êtres sont parfaits. Une attitude critique vous permettra d'ailleurs d'autant mieux de prendre en compte l'avis des autres. L'opinion de quelqu'un de plus expérimenté peut parfois énormément compter.

Avec l'adolescence s'instaure une responsabilité partagée : la vôtre, car, puisque vous vous sentez plus libres, vous devez vous prendre en charge, et celle de vos parents, ou tuteurs, qui ne peuvent certainement pas vous lâcher d'un seul coup, tout seul.

Vous devez revendiquer cet équilibre dans les responsabilités, mais aussi le respecter. Et dans ces responsabilités, la première est de prendre soin de votre corps, de découvrir son fonctionnement, sans culpabilité ni excès, et de trouver les points de repère dont vous avez besoin. Cela nécessite en particulier une surveillance régulière. Dans un pays où la médecine est si développée, l'absence de contrôle paraît une aberration. Beaucoup de vos questions montrent qu'on peut vivre, pendant longtemps, avec des problèmes et des angoisses qu'un médecin aurait très vite résolus.

Un corps qui souffre

Les contrôles médicaux scolaires sont souvent vécus de manière passive. On ne sait pas bien ce que l'on fait là. Il est bon d'aller en plus consulter un médecin, dans un cabinet privé ou dans un dispensaire, afin de rencontrer en tête à tête quelqu'un en qui on a confiance, à qui on peut parler, à qui on ne doit pas hésiter à poser toutes les questions qui nous trottent dans la tête.

Les médecins sont des gens comme les autres, pas toujours tout à fait à l'écoute. Il faut savoir les secouer, être exigeant : ils sont là pour ça, et puis on les paye. Ces visites médicales doivent vous permettre de montrer que vous existez, que vous voulez bien vous prendre en charge, et qu'il faut vous y aider. Vous pouvez d'ailleurs adopter la même attitude envers vos éducateurs, et tous les gens qui sont responsables de vous.

Ce médecin est là pour vous écouter, pas pour vous juger. Dès que vous avez franchi la porte du cabinet, il est tenu au secret médical, tout ce qui a été dit reste confidentiel.

La première année de la vie, on emmène les bébés chez le pédiatre au moins une fois par mois. C'est normal, il y a tant de choses qui se passent... À l'adolescence, les transformations sont tout aussi importantes, même si elles sont différentes. Il faut contrôler le poids, la taille, les caractères sexuels, leur apparition, leur développement, la tension artérielle, la colonne vertébrale, la dentition. On se prend en charge, on demande un compte rendu. C'est rassurant de s'entendre dire que toutes ces transformations si troublantes sont normales, d'en connaître l'évolution, et de savoir où elles vont aboutir.

Cette visite permet en échange de mettre des mots sur tout ce qui se passe. On prend des points de repère, et on a l'occasion de parler de toutes ses difficultés psychologiques, relationnelles et scolaires. On ne sait pas toujours quelle attitude adopter envers les autres, les amis, la famille. On demande un avis, ça aide...

Un corps qui s'entretient

La visite médicale ne suffit pas, il faut également prendre en charge la santé et l'équilibre de son corps : le nourrir correctement, l'entretenir par l'activité physique et le reposer. Il est des vérités, des lois, des contraintes... rien de plus pénible que de se les entendre assener.

Je décris ici ce que disent les médecins d'une vie équilibrée. À vous d'y réfléchir par vous-même.

Pour votre corps, vous devez respecter une certaine harmonie. Vous êtes limité par le fonctionnement biologique de ce corps, de cette mécanique complexe et parfois faillible. Mais, à l'aide de votre intelligence, vous pouvez tout à fait le contrôler. En théorie, rien de plus simple, mais dans les faits on s'aperçoit que bien souvent on le maltraite, on lui impose des contraintes qu'il ne peut supporter. Résistante, peut-être, mais pas inépuisable, la mécanique peut parfois s'user très vite.

Alimentation

L'alimentation est certainement le premier point auquel prendre garde. C'est une question essentielle. De nombreuses lettres témoignent de mauvaises habitudes alimentaires où d'excès. Je ne parle pas ici de cas proprement pathologiques, sur lesquels je reviendrai, mais d'une façon de chercher à exprimer son mal de vivre en satisfaisant les pulsions les plus primaires, attisées par certaines publicités, par l'offre surabondante qui s'étale dans les rayons des magasins.

L'alimentation des jeunes privilégie les petits trucs sucrés, agréables, certes, mais sans plaisir. C'est simple, sans effort : lorsqu'on vous apporte la nourriture, vous vous remplissez là où vous vous sentez vide. Pour accéder au plaisir, quel qu'il soit, il faudrait plutôt remplir sa vie de projets. Le désir existe, mais tant qu'il existe aussi des verrous qui l'empêchent de s'exprimer, l'accumulation des occasions de plaisir n'y fait rien. Pour accéder au plaisir, il faut lever les barrières qui vous empêchent de vous réaliser, comme les inhibitions : on a l'impression de n'arriver à rien, alors on se replie frileusement sur soi-même et on se retranche dans des comportements primaires, comme se remplir de nourriture. C'est la même chose pour la drogue ou l'alcool.

Peut-être est-il nécessaire de se fixer des objectifs et de ne pas viser trop haut. Je sais que la société actuelle, par le prisme des médias, a tendance à valoriser excessivement certains actes ou certaines personnes, et que, parfois, mal dans sa peau, on a envie tout simplement d'égaler ces performances, comme cet auditeur qui me recommandait l'héroïne, la « drogue des rock-stars ».

La réalisation de cette sorte de plaisirs, outre votre inhibition, n'est peut-être pas toujours possible, ni même souhaitable.

L'essentiel est d'avoir un but et de se construire soi-même, même si l'on doit sortir des sentiers battus. Vos projets dans la vie sont parfois plus le fruit de ce que d'autres, votre famille par exemple, ont imaginé à votre place, parfois de façon astucieuse, en valorisant tout simplement tel ou tel type d'activité professionnelle, de sport ou loisir. Encore une fois, vous devez savoir vous exprimer par des refus constructifs.

Les études, c'est vrai, évoluent dans un cadre trop restrictif, imposé par les adultes, et auquel vous vous soumettez plus que vous n'adhérez. Si l'acquisition d'un savoir reste primordiale, les modalités restent à définir, même en période de chômage. Une tête bien faite plutôt qu'une tête bien pleine, voilà ce qui devrait guider tout responsable du système éducatif. Finalement, on ingurgite tout et n'importe quoi sans bien l'assimiler, c'est une façon de se remplir un peu passivement. Et c'est parfois dans ces conditions que le désir peut s'exprimer de manière inverse, c'est-à-dire par l'échec. L'essentiel ce n'est pas de savoir plein de choses, c'est de faire bien ce que l'on fait, c'est-à-dire avec plaisir, lorsque la tâche correspond à un accomplissement de l'être, lorsqu'on y met son âme.

Je m'éloigne de l'alimentation ? Et pourtant c'est bien simple. Les déviations du comportement alimentaire, par excès ou par défaut, sont toujours liées aux troubles de l'affectivité, à la difficulté que rencontre tout un chacun à se réaliser, à s'accomplir. La nourriture comme le reste devient une drogue, on oublie, et l'on s'enferme dans des comportements primitifs qui ne nécessitent pas d'effort.

Quelques repères pour bien se nourrir.

– Le plus important : quatre repas, et boire beaucoup d'eau, au moins un litre en dehors des repas.

– Le petit déjeuner : pain, céréales, lait, laitages. Peu de sucre : ça fait grossir, et en grande quantité, ça perturbe l'organisme. La sécrétion d'insuline, qui transforme le sucre en graisses, fatigue. Le thé léger est également préférable au café serré, mais tout est question de dosage.

– À midi : repas équilibré, crudités, une viande, œufs, du poisson, des légumes, des céréales, fromage, dessert (pas trop sucré), des fruits...

– Un goûter : pain sous toutes ses formes, et évitez encore une fois toutes les choses sucrées, les gâteaux. Les pains au chocolat, les croissants sont à éviter.

– Le soir, repas simple : légumes, céréales, pâtes, fromage, des fruits. Pas de viande, ni œuf, ni poisson. Une fois par jour, ça suffit largement.

Tout ce qui contient de l'alcool est bourré de calories et fait particulièrement grossir, et la consommation d'alcool quotidienne est fortement déconseillée, ça endort plus que ça ne réveille.

Sport

Être bien dans sa peau, c'est avoir une vie équilibrée. Pour cela, il n'y a pas que l'alimentation. Il faut aussi faire un peu de sport. Pas trop sinon cela devient une drogue.

Le sport nous aide à prendre conscience de notre corps. Les meilleurs sont les sports d'équipe. Ce sont eux qui développent au mieux les qualités humaines de chacun. Les sports individuels sont plus narcissiques. On veut se prouver quelque chose à soi-même. On veut exister pour soi, modifier son image à travers le regard des autres.

En revanche, le sport nécessite certaines frustrations liées à l'entraînement et à la discipline. Ces frustrations sont nécessaires et il faut savoir les accepter car elles permettent de parvenir à la réalisation de ses objectifs. Trop nombreux sont ceux qui se découragent dans la pratique d'un sport parce qu'ils n'ont pas la force de les accepter. C'est dommage. Mais nous avons tous nos propres rythmes et nos propres aptitudes. Chacun doit trouver la discipline sportive qui lui convient le mieux en tenant compte de ses désirs et de ses capacités physiques. Pas besoin de viser l'exploit à tous les coups ! Le corps et l'esprit doivent s'adapter, mais point n'est besoin d'aller trop loin. Il y a des gens plus doués que d'autres, avec des qualités différentes. Il n'en reste pas moins qu'au sein d'une équipe, la recherche nécessaire de l'homogénéité doit passer par un effort de communication et d'adaptation. Les interactions entre les membres d'une équipe doivent en effet être constamment stimulées par la poursuite d'un objectif commun.

Sommeil

Veille et sommeil alternent de la naissance à la mort, mais à des rythmes et à des degrés variables selon les individus. Mais comment faut-il dormir ? Existe-t-il de bons et de mauvais sommeils ?

On peut voir dans certaines formes excessives de sommeil une attitude inconsciente de repli. De la même façon, les comportements insomniaques révèlent d'autres malaises. Ces perturbations du sommeil sont donc souvent les symptômes d'un mal-être plus profond.

On peut invoquer mille raisons pour expliquer les perturbations du sommeil. L'essentiel est de reconnaître cette situation, de l'admettre, et de se prendre en charge. En tête viennent les causes conjoncturelles, difficultés passagères ou soucis, qui peuvent entraîner des perturbations momentanées du sommeil. Ces symptômes disparaissent la plupart du temps dès qu'apparaissent des solutions.

Il n'est pas toujours possible de déceler les causes d'un sommeil perturbé par un raisonnement conscient. C'est alors en effet notre inconscient qui nous torture de façon imprévisible. Un premier pas pour aller mieux est d'accepter ce problème. Ensuite, le désir de s'en sortir se profilera et c'est alors qu'interviendra la demande psychothérapeutique.

Pour être plus précis sept à neuf heures par nuit suffisent. Si certaines personnes peuvent se contenter d'une durée plus courte, quatre ou cinq heures, elles constituent des exceptions. Il faut donc rester conscient de ses limites et ne pas chercher à se surpasser au risque d'y perdre son équilibre et sa santé.

CHAPITRE 2

Moi

Mal dans sa peau

Voilà. Je vous écris, je crois, parce que j'ai besoin de me confier à quelqu'un qui écoute, qui comprenne, qui me parle pas comme à une gamine de cinq ans, ça me changera, et enfin qui me donnera une réponse objective à mes problèmes. La liste risque d'être longue, accrochez-vous les mecs. [...]

J'ai 14 ans, je suis en quatrième dans un bahut minable rempli de petits cons, dans un bled minuscule d'une banlieue snob et friquée.

Le pire truc, le centre du problème : je veux mourir. [...]

Mes chers parents ont la même attitude envers moi qu'envers mon frère qui a cinq ans de moins. Enfin, je le croyais ; en vérité c'est bien pire. La vérité, c'est qu'ils m'espionnent, ils me suivent partout. Et ils s'étonnent que je sois hyper parano ! Ça paraît évident. [...]

Résultat, en plus d'être parano, je suis hyper-angoissée, dépressive, et d'une timidité quasi-maladive, ce qui me bloque totalement. Ce qui nous amène au problème suivant : je suis toute seule. C'est sûr que quand on ne peut parler à personne, c'est pas le pied pour faire des rencontres.

J'ai une et une seule amie. Je suis dans mon bled à la con depuis cinq ans, et elle, elle y est depuis six. Elle aussi peut pas s'intégrer. Au moins sur ça, on est d'accord. Non, en fait, on pense toujours la même chose et au même moment. Ça rend les discussions faciles, parce que là, idem, on dit le même truc en même temps. C'est assez marrant. À force, on se comprend rien qu'en se regardant. C'est le genre de truc qui te sauve la vie. C'est vrai, c'est la seule personne qui me retient. Sans elle, je me serais flinguée il y a longtemps. [...]

Autre problème : les autres. Dans mon bahut, je veux dire. Une bande de sales bourges. C'est le genre, si tu vas une fois une clope au bec avant la troisième, t'as une réputation de grosse pute dans tout le bahut. J'adore leur logique. Je clope depuis... attends, ma première clope, j'avais... dix ans je crois. Tu vois la réputation que je me paye ?

Et puis un truc. Avant de connaître cette amie, j'avais une autre prétendue amie. Je lui avais dit tout ce que je pensais, que je voulais me tuer... Tu devineras jamais ce qu'elle a fait. Jamais ! Figure-toi que cette grognasse est allée raconter ça au prof d'histoire-géo. Un vieil alcoolo taré !

Autre chose sur mes parents. Je hais ma mère. Je hais et j'ai une peur panique du taré qui me sert de père. [...] *Il devient dingue pour rien.* [...] *Il peut bien accepter des trucs plus importants, mais il disjoncte pour le plus petit détail.* [...]

Qu'est-ce qu'il y a d'autre ? Ah ouais, je m'intéresse à rien, sauf à mes films et à mon petit monde. Je vois presque que des films d'horreur, ça me détend, sauf un ou deux films de temps en temps qui me branchent vraiment. [...] *Je parle presque à personne au bahut. Je rentre dans ma chambre, je m'enferme, j'écoute de la musique, n'importe quoi du moment que je n'ai pas à descendre et supporter mon abruti de frangin, ma chère mère, ou, le week-end, mon père.*

[...] *Mais quand je dois sortir de mon petit monde, et être avec les autres, c'est l'horreur. Je m'intéresse même plus aux mecs. Je veux dire, bien sûr je regarde les mecs dans la rue et les conneries de ce genre, mais rien d'autre.* [...]

Qu'est-ce que vous pensez de ça ? « Cette vie qui m'avait d'abord enchanté ne tarda pas à me devenir insupportable. Je me fatiguais de la répétition des mêmes scènes et des mêmes idées. Je me mis à sonder mon cœur, à me demander ce que je désirais. Je ne le savais pas, mais je crus tout à coup que les bois me seraient délicieux [...] *On m'accuse d'avoir des goûts inconstants, de ne pouvoir jouir longtemps de la même chimère, d'être la proie d'une imagination qui se hâte d'arriver au fond de mes plaisirs, comme si elle était coupable de leur durée ; on m'accuse de passer toujours le but que je puis atteindre : hélas ! je cherche seulement un bien inconnu, dont l'instinct me poursuit. Est-ce ma faute si je trouve partout des bornes, si ce qui est fini n'a pour moi aucune valeur ? » Chateaubriand.*

« Nobody understands / Quite why we're here / we're searchin' for answers / That never appear [...]

But sometimes I feel like I'm beatin' a dead horse / and I don't know why you'd be bringin' me down

I'd like to think that our love's worth a tad more
It may sound funny but you'd think by now
I'd be smilin
I guess somethings never change. / Never change. »
Axel Rose (Dead horse).

Céline, 14 ans.

« Moi, j'ai 17 ans, je suis quelqu'un de tout à fait banal. Ou plutôt je serai quelqu'un quand je serai née. Car j'attends toujours ma naissance. C'est comme les papillons ; ils sont chenille la majeure partie de leur vie, et puis un jour, s'ils ne se sont pas fait dévorer, ils deviennent papillons. Mais cette vie-là est tellement éphémère. Moi, je suis chenille, et je vais mourir chrysalide, étouffée dans un cocon meurtrier, toute seule, personne ne verra rien, personne ne voit rien. La solitude est sournoise, elle envahit sa victime et la tue lentement. »

Déborah, 17 ans.

Deuxième naissance, l'adolescence est aussi une rupture. C'est la mort de l'enfance et la naissance de l'adulte. Et cela se traduit bien souvent par d'énormes transformations. On était habitué, à partir de cinq ans, à une apparence physique à peu près stable, à des modifications très lentes, qui se traduisaient par exemple par une prise de poids et de taille régulière. À l'âge de dix ou onze ans, tout se modifie dans le corps, et, même s'il existe des ressemblances entre l'enfant qu'on était et l'adulte qu'on devient, elles ne sont pas toujours flagrantes. Il se passe comme un remodelage complet de notre aspect physique. Quoi de plus normal alors que de ressentir un malaise devant ces changements incontrôlables, auxquels on assiste sans trop savoir où ils mènent ?

Certes, chez la plupart des gens, il existe un désir de devenir adulte, c'est normal et c'est heureux. Mais ces transformations physiques s'accompagnent de transformations psychologiques importantes : toute la vision que l'on avait de soi, de son entourage et du monde extérieur se modifie. C'est un champ d'incertitudes qui se présente en permanence à l'adolescent, et qui prend souvent la forme d'un nouvel obstacle à franchir. On acquiert progressivement un nouveau statut pour lequel on manque totalement d'expérience. On doit soudain affronter à armes égales le monde des adultes, et celui-ci n'est pas toujours bienveillant à notre égard. Comment faire, sans expérience, pour affronter, dignement des gens qui, eux, ont déjà vécu, et qui nous déconcertent parfois ?

Transformation physique et psychologique, nouveau statut à obtenir, tout cela crée le malaise de l'adolescence et le fait que beaucoup se trouvent mal dans leur peau.

Nous avons tous une représentation de nous-même, une image idéale qui n'est pas toujours l'image reflétée par le miroir. Nous avons tendance à idéaliser notre image corporelle et à sortir de la réalité. On ne s'accepte pas toujours tel que l'on est, et cette prise de conscience est parfois difficile. Cette façon de sortir de la réalité, de s'imaginer autrement, peut sembler un moyen facile de contourner ses problèmes, de les éviter. En fait, c'est un piège, qui tôt ou tard peut se refermer et nous enfermer dans un univers d'incompréhension. S'accepter tel que l'on est, même si ce n'est pas facile, permet de mieux nous faire comprendre, de nous faire accepter par les autres.

Qu'est-ce qu'un fantasme ?

Doc, [...]

J'ai deux sortes de fantasmes : quand je me masturbe uniquement pour le plaisir en m'imaginant des scènes de libertinage et d'exhibitionnisme, j'atteins l'orgasme ; quand je fantasme sur la personne que j'aime, je n'atteins pas l'orgasme.

Est-ce normal ? Comment me débarrasser de la première sorte de fantasme ? Cela me gêne terriblement.

Antoine, 21 ans.

Les fantasmes permettent de s'imaginer dans une situation dont on n'est pas réellement acteur. Ce sont de pures productions de l'esprit, qui peuvent sembler irrationnelles et troublantes. Je ne cite ici qu'une lettre, mais toutes comportent les mêmes éléments : fantasme, souvent violent, et culpabilité. Le fantasme concerne le plus souvent des situations irréalisables. Il peut parfois exprimer une rare violence. Lorsqu'il s'agit de sexualité, il peut se focaliser sur n'importe quelle partie du corps, la bouche, l'anus, les seins, et j'en passe...

Fantasmer n'est pas passer à l'acte. Le fantasme n'a pas à se réaliser, ce n'est pas une fantaisie. En revanche, c'est un formidable moteur de notre sexualité, qu'il nous pousse à exprimer. L'imagination peut fonctionner à fond quand le corps et les actes restent contrôlés par le champ du conscient, de manière cohérente et rationnelle, en respectant l'essentiel d'une relation vécue dans le respect de l'autre. On peut donc avoir en tête les fantasmes sexuels les plus fous sans bien sûr les réaliser, puisqu'ils sont irréalisables.

Pourquoi les fantasmes ? Parce que, quand on était petit, au cours des premières années, nous avons vécu un grand nombre de situations où nous ne pouvions être actifs. Désirs irréalisables et situations subies... Nous les avons emmagasinés au fond de notre esprit, en nous-mêmes pour toujours. C'est ainsi que notre sexualité s'est structurée. Il est probablement essentiel d'oublier ensuite ces situations. Cela permet de quitter l'enfance pour devenir progressivement adulte.

Des incohérences, des incidents mal vécus dans une vie de couple témoignent d'un mal de vivre de chacun des acteurs du couple. L'enfant est le spectateur de tout cela, il emmagasine et interprète les situations, sans pouvoir les décoder, c'est-à-dire faire la part des choses. Ainsi, donner des gifles ou punir un enfant qui se masturbe, c'est lui apprendre que plaisir sexuel et violence vont ensemble.

Dans la vie d'adulte, un père est aussi un homme et une mère est aussi une femme. Ces deux rôles sont différents et complémentaires. Il n'est pas nécessaire de privilégier l'un par rapport à l'autre. Il est des choses qu'il n'est pas nécessaire de dire, il faut les vivre. L'enfant perçoit les événements, les informations, plus qu'il ne les comprend. Il n'a pas besoin qu'on le lui dise. Il s'imagine facilement qu'il est acteur du couple, avec le parent de sexe opposé, sans jamais le remplacer. Son imagination travaille. Il fantasme sur ce rôle. Tout cela, il l'oubliera ensuite, de manière inconsciente. Et ressurgira à l'âge adulte.

Les fantasmes, par leur violence et leurs incohérences, peuvent paraître troublants, angoissants, culpabilisants, et donc inhibants. Il suffit de les accepter sans les réaliser. Et de savoir qu'ils sont le moteur de notre sexualité.

La confusion entre fantasme et fantaisie est un problème. La fantaisie se situe entièrement dans le cadre de notre relation sexuelle. Elle touche au domaine de l'érotisme, c'est-à-dire au moment où se rencontrent la relation sexuelle et la relation sentimentale qui permet l'harmonie du couple dans sa rencontre, à ce moment d'union très intense, d'une intensité qui rend l'événement quasi indescriptible. La fantaisie sexuelle s'inscrit dans la relation à deux purement consentie, et partagée. Et c'est là qu'aimer est essentiel. Au contraire, la répétition du même fantasme – toujours obsédante – ne permet pas une expression harmonieuse de sa sexualité. Seule la thérapie permettra de dépasser ce stade.

En fait, la richesse des fantasmes et leur diversité sont tout à fait saines, et témoignent d'une réelle richesse d'esprit. Le plus important, c'est donc de ne jamais oublier que fantasme et réalité, ce n'est pas tout à fait la même chose.

Actes manqués

Oublier un rendez-vous, briser un objet apparemment par maladresse, dire un mot pour un autre, changer le sens d'une phrase (« ce n'est pas ce que je voulais dire »), adopter certaines attitudes contraires à nos habitudes, parfois choquantes, composer un numéro de téléphone à la place d'un autre, tous ces actes peuvent provenir de causes inconscientes, et être des « actes manqués ».

Ces effets de l'inconscient peuvent parfois vous troubler. Il nous arrive parfois, par exemple, de nous retrouver dans des situations où nous avons un rôle d'acteurs involontaires. Parmi ces situations figurent ce que nous appelons les actes manqués. Car s'il s'agit parfois, et peut-être même dans la majorité des cas, d'une maladresse ou d'un défaut de vigilance, certains de ces actes peuvent être provoqués par une partie de nous que nous ne connaissons pas, et que nous ne maîtrisons pas : l'inconscient.

C'est vrai qu'il peut s'agir d'un défaut de vigilance, d'un accident dû à un hasard, à quelque chose d'incontrôlable, le plus souvent lorsqu'on est perturbé, fatigué... Dans la plupart de ces accidents, la situation psychologique dans laquelle on se trouve joue un rôle, mais sans qu'il s'agisse pour autant d'un véritable passage à l'acte.

Mais même dans ce cas, cela montre à quel point il est important de connaître ses limites, de savoir les accepter, et de ne pas les dépasser. C'est cela la prudence. Et elle est d'autant plus importante que dans ce cas, la vie des autres est également concernée, et que l'on peut la mettre en danger.

Dépression

Cher Doc

[...] *j'aurais voulu te parler d'un problème qui me hante depuis pas mal de temps.*

Voilà, je présente les symptômes d'un état dépressif depuis plusieurs années et je n'ai jamais consulté de psychologue ou de psychiatre. J'ai souvent des idées malsaines, des envies de suicide, je pleure souvent, parfois même sans raison apparente, j'ai des spasmes nerveux incontrôlables, j'ai souvent mal à la tête et je fais aussi par périodes de l'hypersomnie.

Je suis d'autre part très seule : je suis étudiante, tous mes contacts sont superficiels, j'en souffre d'ailleurs mais dès qu'ils deviennent plus profonds, ils durent peu de temps et finissent mal. Je n'ai pas d'amis car je suis trop lunatique, trop versatile. Les jeunes de nos jours désirent connaître des gens drôles et en forme 24 heures sur 24, je n'y arrive pas.

Je suis pas trop mal, on me regarde souvent dans la rue mais le problème c'est que très peu de gens osent m'aborder.

Mes aventures amoureuses durent en moyenne entre cinq minutes et un mois. J'ai vingt et un ans, je trouve ça grave tant je cherche vraiment une relation durable. Je ne suis pas une allumeuse, je prends ce genre de chose au sérieux. Je suis assez sympa et assez indépendante [...]

Je refuse de continuer à vivre de cette manière-là, sans attache, sans personne à qui parler. J'ai énormément besoin d'affection, de reconnaissance. Je veux partager mon existence avec quelqu'un.

Par moment je suis très active. Pendant ces périodes-là je ne pense pas à tout cela et l'idée de voir un psy me paraît entièrement démesurée. Le problème c'est que je ne peux être active 24 heures sur 24, or les moments d'inaction et de solitude me pèsent. L'autre « remède miracle » : les mecs. Je suis très timide, je ne fais jamais le premier pas. Je suis pas trop mal et cependant peu de garçons osent m'aborder. Bref cela ne marche jamais, d'autre part je vis très mal les ruptures.

Donc penses-tu que je suis anormale et que je dois aller voir un spécialiste : le problème qui se pose est que j'ai très peu d'argent. Généralement les psychothérapies gratuites pour les étudiants marchent avec l'année scolaire. Or, on est bientôt en mai. [...]

PS : mon écriture est une catastrophe, merci de m'avoir lu jusqu'au bout [...].

Carine, 21 ans.

Depuis quelque temps je ne vais plus très bien. J'ai commencé à faire des crises d'anxiété « exagérée » à chaque fois que je devais sortir. Tous les prétextes étaient bons pour ne plus mettre le nez dehors. J'ai fini par me replier sur moi-même. Je me sentais isolée, incomprise. Au fil des jours, mon état s'étant dégradé, j'avais de plus en plus de crises. J'étais seule, abattue, honteuse. Puis je me suis mise à culpabiliser vis-à-vis de ma famille. Je n'osais pas leur en parler. Je pleurais souvent et je ne voulais pas exister. Mes idées étaient floues et mélangées. J'avais toujours en moi une sensation d'inutilité et d'inexistence. J'étais triste, j'avais l'impression d'être mise à l'écart.

Puis, il y a quinze jours, j'ai fait une crise. Et là, je me suis trouvée « sale » en me regardant dans le miroir. J'ai pris tout mon courage et je suis allée chez un médecin. Nous avons longuement parlé. Il m'a posé beaucoup de questions. Puis, il m'a dit : « c'est une dépression ». Il m'a prescrit un traitement [...].

Je ne vais toujours pas mieux. J'ai honte, je me sens

« anormale » : j'ai l'impression d'être un poids pour ma famille. Je pleure beaucoup. Dans ces moments-là, je ne vois qu'une seule solution pour m'en sortir très vite. J'y pense comme une délivrance. Alors je m'agenouille devant mon miroir, je mets ma tête entre mes mains et je pleure jusqu'à n'en plus pouvoir. Ensuite, je m'allonge sur mon lit, je sers mon nounours contre moi et je m'endors apaisée. Quelquefois je voudrais être un bébé, qu'on cajolerait et qu'on pourrait serrer dans ses bras. Moi qui étais si curieuse de la vie, aujourd'hui elle ne m'intéresse plus. Je voudrais pouvoir dormir toute la journée pour penser à rien [...].

Alexandra, 19 ans.

Maladie du siècle, comme l'était autrefois le spleen, la « déprime » est entrée dans le langage courant. Dans certains cas, c'est effectivement une maladie à part entière. Pourtant, enfermer quelqu'un dans le statut de déprimé, c'est l'emprisonner dans un ghetto, et finalement le condamner au repli. En fait, la plupart du temps, la dépression traduit un malaise, des difficultés inhérentes à la vie de chacun. À chaque dépression correspond une histoire personnelle. Il est important de savoir le reconnaître pour mieux envisager une prise en charge. Suivant les degrés, plusieurs solutions sont possibles, mais la psychothérapie, voire l'analyse, gardent une place prépondérante.

Pour autant, une dépression peut témoigner d'une maladie organique grave. C'est rare, mais il ne faut pas le négliger car il faut alors entreprendre un traitement médical approprié et spécifique. Dans ce cas, la psychothérapie n'est pas indiquée.

La dépression, on peut la nier. Surtout l'entourage, qui peut refuser de reconnaître la réalité de ces symptômes, ouvrant ainsi la porte à tous les dangers. Le rôle de l'entourage est capital, mais il est difficile : par définition, le dépressif communique mal, blesse ou se blesse dans la relation à autrui. Reconnaître cette réalité est la seule façon de se prendre en charge et d'essayer de trouver une solution. Celle-ci ne vient pas de l'entourage.

Il faut peut-être distinguer entre les états dépressifs passagers et la véritable dépression. Les états dépressifs passagers, chacun peut en vivre dans des circonstances tout à fait particulières, comme la perte de quelqu'un, une difficulté amoureuse, une difficulté ou un échec dans le travail... Ces déceptions passagères après tout peuvent ne correspondre qu'à des prises de conscience parfois bien nécessaires. Dans ces conditions, on réagit plus ou moins rapidement, sans que le cours de notre vie en soit modifié. Il est en outre relativement facile de repérer un tel état dépressif et de le ramener à sa cause.

La véritable dépression, elle, est un état qui dure. Puisqu'elle est liée à des troubles psychologiques profonds, elle ne peut être passagère. Dans ce cas, un soutien peut être nécessaire, en particulier parce qu'il permet de mieux identifier le problème.

Dans tous les cas, le rôle de l'entourage, famille ou amis, est important. Sortir parfois de son isolement affectif, pouvoir communiquer avec les autres, avec des gens qu'on aime, nous permet de raccrocher à la vie plus facilement. Mais il arrive aussi parfois que le fonctionnement négatif de certains, ou bien leur égoïsme, vienne au contraire alimenter la dépression.

Anorexie

Depuis un peu plus d'un mois, je suis hospitalisée, souffrant d'anorexie mentale, je suis également suivie par une psychologue, mais j'ai l'impression que cela ne me sert pas beaucoup. J'ai du mal à définir mon problème : peut-être est-ce le fait de ne pas aimer mon corps (j'ai très mal accepté de prendre un peu de hanches) et de devenir une femme (j'ai 18 ans), d'avoir peur d'affirmer ma sexualité qui fait que je suis aussi mal dans ma peau ? De plus, je n'ai pas confiance en moi et suis extrêmement timide et donc n'arrive pas à profiter pleinement de la vie et à rencontrer « l'homme de ma vie » [...].

Sabine, 18 ans.

Bonjour,

Je vous écris après mûre réflexion pour vous apporter un témoignage sur un problème assez répandu mais trop peu abordé : l'anorexie. J'ai été moi-même affectée de ce trouble ; je ne prétends d'ailleurs pas être guérie. Tout ça a commencé à l'approche du bac. Je suis plutôt bonne élève mais très anxieuse, et bientôt, les révisions ont pris le dessus sur tout – sauf le sport – et en particulier les repas. Prétexte ou bonne occasion de perdre les quelques kilos que j'estimais avoir en trop. Mes parents pensaient que tout reviendrait en ordre après le bac. Mais j'ai au contraire aggravé mon cas en pratiquant les sports préférés avec une rare intensité, et en ayant à peu près supprimé petit déjeuner et dîner. Si bien qu'en septembre, j'avais perdu 12 kg : 46 kg pour 1 m 75 ! Le monde venait de s'écrouler autour de moi, et le calvaire commença dès lors : plus de sport, régime sévère, visite hebdomadaire chez le médecin, et pas de volley, une de mes raisons d'être, avant d'avoir atteint 50 kg. Je crois qu'à moins d'avoir vécu cette expérience, il est difficile d'imaginer combien être contraint à manger, à se resservir peut être difficile.

Parfois j'aurais aimé ne plus exister, mais m'ôter la vie est quelque chose que je ne me permettrai jamais. C'est la solution de facilité pour éviter d'affronter les vicissitudes de la vie ; de plus, jusqu'à présent, les moments de bonheur ont toujours effacé les quelques nuages noirs de ma vie. Maintenant tout, ou presque, va mieux, j'ai repris le sport, les visites médicales s'échelonnent. Le seul point obscur qui persiste est l'absence de règles, qui me préoccupe beaucoup. [...]

Loin d'être seulement une petite autobiographie, cette lettre se veut aussi une alarme pour toutes les minettes qui se mettent au régime. Dites-leur de faire gaffe avec leur santé, à moins qu'elles en aient réellement besoin [...].

Sophie, 16 ans.

L'appétit est une pulsion naturelle. Notre corps en a besoin pour vivre et s'entretenir. Sans cela nous ne pouvons nous maintenir en vie. L'anorexie, l'absence d'envie de se nourrir, au point de ne pas apporter à notre corps les calories dont il a besoin, témoigne toujours d'un problème grave.

Il existe des baisses d'appétit passagères, liées à la maladie. La reprise d'appétit est alors souvent le premier signe de la guérison. L'anorexie peut également accompagner une maladie grave, aiguë, sans solution thérapeutique satisfaisante. Dans ce cas, elle n'est qu'un symptôme, car ces maladies ont toujours d'autres signes cliniques. Dans ces situations, on met en route une alimentation par sonde digestive, ou par perfusion intraveineuse.

L'anorexie dite mentale est le refus de se nourrir au point d'atteindre une maigreur importante, mettant la vie en danger. Le plus souvent, ce trouble concerne les jeunes filles. Ce comportement apparaît généralement à l'adolescence, c'est-à-dire au moment où l'on doit quitter l'enfance et devenir adulte. Ce n'est pas une maladie : c'est un symptôme qui témoigne toujours d'un profond trouble de la personnalité. Mais souvent on s'y accroche, on vit par lui. En témoignent tous les scénarios imaginés pour mettre en scène ce refus de nourriture, pour l'absorber et la rejeter ensuite, tromper l'entourage pour lui faire croire que l'on mange. Et la mort est bien présente, en même temps, puisque, inexorablement, le corps qui n'est pas nourri finit par dépérir puis par s'éteindre.

Les filles et les garçons qui souffrent d'anorexie ou de boulimie sont souvent dotés d'une grande intelligence. Ainsi, un des témoignages que j'ai reçus parle, avec une grande lucidité, de cette maladie « qui me détruit tout en faisant exister ».

L'entourage vit souvent l'anorexie comme une violence. Il se sent impuissant, ne peut rien faire. La raison ne peut rien résoudre. L'intelligence est au service du symptôme, au lieu de lutter contre. Tout se situe dans les fondements mêmes de la structure psychologique.

Il est classique d'accuser la mère. C'est une erreur. La vraie mère n'y est pour rien, et il est inutile de la culpabiliser. L'anorexie se réfère à une mère imaginaire, qu'on a construite dans sa tête, et qui n'a pas de pouvoir d'identification.

Dans l'anorexie, il y a une impossibilité d'accéder au statut de femme, de devenir une femme, sexuellement et psychologiquement. Inconsciemment, on n'a pas envie d'être femme. On fait tout pour ne pas avoir visage de femme.

Il faut donc agir, et, seule, l'anorexique n'y arrive pas. Mais elle fait tout pour cacher cela à son entourage. Les médecins aussi sont souvent dupés. Le symptôme est rarement avoué, il est masqué. L'anorexique va par exemple consulter pour un régime, afin de maigrir. Heureusement, les chiffres fournissent des repères. Un poids sur la balance est précis. Le premier devoir de l'entourage ou du médecin est de ne pas se laisser duper.

Il est essentiel d'en parler et d'écouter. Un comportement trop autoritaire peut être très néfaste. Un discours rationnel sur la nourriture, exprimé en fonction de ce que l'on ressent soi-même, est totalement inutile. Il faut au contraire garder le lien, afin qu'un contrat puisse s'instaurer. Pour ne pas rompre le dialogue, il faut montrer à l'anorexique que l'on comprend combien ce symptôme est essentiel pour elle. Comprendre que la situation est grave, et, en même temps, accepter l'état de fait, permet d'entreprendre une démarche de traitement sur plusieurs fronts.

Le contrat est établi avec l'équipe soignante, qui comprend médecin, infirmière, psychologue, diététicienne. Un objectif, poids à atteindre ou à maintenir, est fixé. On définit aussi une ration calorique suffisante et équilibrée. Souvent, l'hospitalisation est nécessaire, cela aide à respecter le contrat. Et puis, il est vrai que l'on est en danger.

Il est utile, parallèlement, d'entreprendre une psychothérapie. C'est un travail où l'on est acteur devant quelqu'un qui ne cherche ni à manipuler, ni à juger. Ce travail peut parfois être long et pénible, mais il est essentiel. Il peut conduire à l'acceptation de son corps et de sa sexualité, et aider à construire dans sa tête le schéma d'une femme adulte, réconciliée avec son corps, capable de s'exprimer affectivement. Même si, au début, vous ne voulez surtout pas y songer, l'important, si vous décidez de l'entreprendre, est de savoir qu'il n'y aura pas de manipulation derrière toute cette démarche.

Boulimie

Salut Doc, Salut Difool,

J'ai un grave problème : j'ai très souvent des crises de boulimie.

Elles sont de plus en plus fréquentes. Il y a deux ans que ça dure et ça empire à tel point que ça me fait peur.

J'aimerais savoir d'où ça vient et surtout comment m'arrêter car j'ai l'impression de vivre en cachette. En effet, quand ma mère n'est pas là, je me jette sur la nourriture et après je suis encore plus mal, encore plus déprimée. Je me trouve nulle, moche et grosse.

Comment résoudre ce problème ?

Luce, 16 ans.

Lettre à doc

[...] *À entendre parler de couples, d'amour, de relations sexuelles mirifiques, de sexofolies, je fais figure de dégoûtée : comme beaucoup de filles restées dans l'ombre je suis privée de « dessert ».*

Je ne connais pas l'amour physique car mon corps ne l'accepte pas. Les rares rapports sexuels que j'ai eus il y a deux ou trois ans se sont révélés un échec total : la pénétration particulièrement douloureuse m'a fait fuir tout contact trop intime avec les hommes. J'ai consulté trois gynécos différents, pas d'infection, de malformation physique, de vaginisme... à l'auscultation, on m'a dit être beaucoup plus cool que beaucoup de femmes !

J'ai réclamé des examens, plus de compréhension (le mur des médecins engoncés dans leurs certitudes), et puis, je me suis fait une raison. Depuis un an, je suis seule, isolée dans ma chambre (le seul endroit où je suis en paix) et je n'ai plus approché aucun garçon. S'il m'arrive d'être abordée par quelqu'un, je le fuis : je refuse de revivre dans la honte et la frustration.

Pour être honnête, je dois avouer que j'ai très mal vécu ce refus de la normalité et que j'ai parallèlement commencé à « boire la tasse ».

Je suis devenue une toxico de la bouffe. J'ai toujours eu du mal à conserver un équilibre alimentaire. Mais depuis deux ans, j'ai largement dépassé les limites de l'excès. Totalement dépourvue de courage et de volonté, j'ai préféré me venger sur le trop-plein de nourriture : c'est venu petit à petit, certains jours mes parents me rendaient la vie tellement impossible qu'ils me donnaient envie de vomir (je vis encore chez mes parents).

D'abord j'ai succombé à mon vice une fois de temps en temps, puis une fois par semaine, puis tous les jours, puis plusieurs fois par jour...

Et puis moi. Actuellement je le vis très bien, je me fais même sourire dans la glace de la salle de bain lorsque j'ai accompli mon rituel avec application (parce qu'il y a des jours où l'on s'arracherait l'estomac pour rendre la totalité des aliments ingurgités). Ce soir, je suis follement heureuse parce que j'ai retrouvé mon poids initial. Mon médecin m'a un peu aidée, il m'a prescrit un traitement (que je ne prends d'ailleurs plus) et qui a réussi à dévoiler mon dégoût pour la nourriture, pour quelque temps.

Je sais pourtant que cela ne durera pas : un fiel pervers et insidieux s'écoule en moi et me ronge depuis des années, trop lentement à mon goût.

Lorsque je regarde la situation actuelle, je suis proche de la catastrophe :

– Je suis en train de terminer mes études, après avoir passé mon enfance et mon adolescence à étudier (soirs et

week-end). Partir chaque matin en cours devient un véritable calvaire, j'ai fait craquer la moitié des cours et comme mes notes sont lamentables, je rase les murs en baissant les yeux, de peur de croiser un prof ou un responsable...

– J'ai perdu beaucoup d'amis, je les ai négligés, par oubli, j'avoue sincèrement ne pas l'avoir fait exprès. Il me reste un groupe de copines (j'évite les copains) mais j'ai du mal à vivre leur enthousiasme, je n'arrive d'ailleurs pas à comprendre pourquoi elles continuent à m'inviter : je n'ai pas beaucoup de conversation.

– Mes relations avec la famille sont dans le rouge. Ma sœur m'adresse peu la parole, mon père ne me supporte plus : « Si tu continues comme ça, ou je te fais une tête au carré, ou je t'enferme dans un asile, ou je te fous dehors. » Ma mère me bassine depuis plusieurs mois avec les hôpitaux psychiatriques et les psychiatres (j'apprécie la finesse). Après ce déballage de lamentations, j'espère que tu ne me plaindras pas, il ne faut pas croire que j'ai des circonstances atténuantes, j'ai vraiment besoin d'une camisole de force.

Consciente de ma perversité (goût pour le mal, les souffrances physiques et la destruction) et de mon incapacité à maîtriser le situation, je me suis résolue à consulter [...] *une psychologue.*

La séance s'est révélée catastrophique : elle n'a cessé de me dire que j'avais été courageuse de venir, que j'avais besoin d'aide ! Quelle horreur, je n'ai jamais réclamé d'aide. Pour toute consolation, j'ai passé les vacances à chialer toute la journée dans mon lit, dans le noir.

J'ai néanmoins retiré un enseignement : je sais que ce n'est pas là que je m'en sortirai.

Alors, pourquoi écrire ?

Je ne sais pas. Peut-être pour saisir l'instant qui s'enfuit. Sans doute pour me faire remettre à ma place [...].

Lorsque je prendrai à nouveau conscience des réalités de la vie et des responsabilités que je fuis, ça me fera plaisir de voir que j'ai eu le courage de me regarder en face [...].

Hélène, 21 ans.

Salut les gars [...]

J'ai dix-sept ans, et je fais régulièrement (une à deux, ou trois fois par jour dans le pire des cas, depuis neuf mois) des crises de boulimie inévitablement suivies de vomissements. Bien sûr je ne pense plus qu'à cela, ce qui fait que je n'arrive plus à me concentrer pour travailler. Pourtant j'en aurais besoin, je suis en terminale B et dans à peine deux mois c'est le bac. Je suis sûre que si je le rate ce sera à cause de cette maladie qui me détruit tout en me faisant exister.

Je n'ai pas pour habitude de demander de l'aide, mais j'ai envie de revivre normalement. Je sais qu'il faudrait que je prenne un rendez-vous chez un médecin ou un psy, mais pour cela il faut que j'aie confiance en la personne [...].

Florence, 17 ans.

La véritable boulimie existe, mais il faut distinguer le fait de manger beaucoup, simple excès dans le comportement alimentaire, et la boulimie, qui est un besoin obsédant, quasi permanent, de se remplir le ventre. Besoin pulsionnel, incontrôlable, inaccessible aux raisonnements logiques les plus sophistiqués. On mange tout et n'importe quoi, avec parfois un penchant pour certains types d'aliments. On se relève même la nuit, pour absorber encore. Il faut aussi signaler que certains anorexiques se considèrent comme boulimiques.

Contrairement à ceux qui aiment simplement la bonne chère, les boulimiques sont plutôt tristes, renfermés, mal dans leur peau. C'est ce mal de vivre qu'ils tentent de compenser par leur comportement compulsif.

L'excès se signale ici par la prise de poids. Le danger n'est pas immédiat. Avec le temps, cela peut bien sûr provoquer des ennuis de santé, mais cela ne revêt pas le caractère d'urgence de l'anorexie. L'urgence réside plutôt dans le mal de vivre. On est mal dans sa peau, on ne comprend pas ce qui se passe. On a probablement vécu dans son enfance des situations, désormais inscrites dans notre inconscient, qui nous empêchent de nous exprimer, qui nous bloquent. Alors on se remplit.

Il n'existe pas de solution simple à la boulimie. Se concentrer sur ce symptôme et tenter de trouver une solution immédiate ne sert à rien. La perturbation du comportement alimentaire n'est qu'un symptôme qui dévoile un trouble de la maturation psychologique. La solution doit être construite. Elle est du ressort de la psychothérapie. C'est cela la véritable boulimie. Celle qui s'est installée dans les premières années de la vie et qui le plus souvent a été ignorée ou minimisée. Des problèmes de crises boulimiques peuvent aussi survenir à l'adolescence. On se rend alors compte que quelque chose ne va pas. Qu'il y a quelque chose qu'on ne peut maîtriser. Une interprétation hâtive ne sert à rien. Le problème est lié au trouble plus général de l'adolescence.

Les paroles rassurantes ou culpabilisantes, les réflexions qui prétendent responsabiliser, tout est inutile. Ce que l'on veut, c'est être accepté comme on est, et simplement être écouté pour ce que l'on a à dire, non pas pour ce que l'on veut nous faire dire. C'est à cet égard qu'un psychothérapeute peut apporter une aide. Il est là pour protéger des charges affectives inconstantes de l'entourage et amorcer la possibilité de nous resituer dans l'organisation familiale.

Analyse et auto-analyse

J'ai été en dépression de dix à seize ans [...].

Depuis la fin de ma dépression où je ne pouvais rien faire, j'étais fatiguée, mais je ne pouvais pas en parler ni à un psy, ni aller voir un médecin, je suis très angoissée. J'ai enfin réussi à aller voir un médecin et à lui parler de mon angoisse car je ne dormais plus. J'ai un anxiolytique que je ne prends que le soir et toute la journée je continue à avoir des crises d'angoisse très gênantes, surtout en sport où j'ai très mal lorsque je respire. Cet état anxieux et ma dépression m'ont totalement fait couler sur le plan scolaire. Avant ma dépression, j'étais toujours la première sans travailler ; maintenant, en travaillant nuit et jour, je suis d'un niveau très faible, et mes notes se situent toutes entre deux et six.

J'ai oublié de te parler plus haut de la façon dont je suis sortie de ma dépression [...]. *Ne réussissant pas à faire une psychothérapie, j'ai fini par employer une autre méthode qui s'est avérée efficace. J'ai décidé de faire cette analyse moi-même mais pour que le jugement ne soit pas personnel, je défendais toujours la thèse inverse de celle qui me semblait la plus juste. Ce qui m'a permis, pas souvent, de changer certains points de vue que j'avais de ma vie. De plus, j'ai fait plusieurs tentatives de suicide* [...].

Agnès, 18 ans.

Je reçois de nombreux témoignages de jeunes qui, comme Agnès, prenant conscience de certains problèmes, décident de les régler tout seuls, par eux-mêmes. On ne peut pas faire son analyse soi-même : c'est se raconter ce que l'on a envie d'entendre et tourner en rond autour de ses problèmes. Or l'origine de tous ces troubles se situe au fond de nous. C'est une partie de nous-mêmes que nous ne connaissons pas, puisque notre mémoire ne nous permet pas de nous en ressouvenir et de nous en servir pour comprendre.

Cet inconscient bien présent s'exprime dans les paroles et dans les actes, à notre insu. Le niveau conscient ne comprend pas ce qui se passe, ces actes paraissent illogiques.

Aller voir un psy, c'est donc d'abord se prendre en charge. C'est une démarche volontaire, qui montre que l'on a envie d'aller mieux. Celui que vous allez rencontrer est là pour vous aider dans cette démarche. C'est son métier. Il n'est pas là pour vous guider, ni pour décortiquer le fond de votre pensée. Il vous accompagne et vous soutient. Cela ne veut pas dire qu'il abonde systématiquement dans votre sens. Parfois même vous ne comprendrez pas ses réactions. Elles peuvent cependant être fort utiles.

Parfois, c'est long. Vous avez l'impression de ne pas avancer. Parfois également, surviennent des silences. De longs silences. Parfois vous n'avez rien à dire. Cela ne veut pas dire qu'il ne se passe rien. Au contraire, c'est souvent là qu'il se passe des choses importantes... Soyez patients. Certains peuvent interrompre leur thérapie rapidement. Parfois même après la première séance. Peu importe. C'est souvent une première étape. On y revient ensuite. Le temps que cette idée se mette en place. De toute façon, le travail, c'est vous qui l'effectuez.

Des liens s'établissent avec le psy. Vous éprouvez quelque chose pour lui ou pour elle. Parfois, c'est une sorte d'aversion. C'est normal, et c'est utile pour votre démarche, à condition, bien sûr, qu'il n'y ait pas de passage à l'acte. Mais ça, c'est à votre psy de vous le faire comprendre.

C'est pour cela qu'il a reçu une formation médicale, et c'est à cela que lui sert la démarche analytique qu'il a lui-même suivie.

Pour voir « un psy », il est nécessaire de se débarrasser une bonne fois pour toutes de tous ses préjugés concernant les prises en charge psychothérapiques. Voir un psy ne veut pas dire que vous êtes fous. Cela signifie que tout ce que vous avez accumulé et dont vous portez la trace inconsciente vous fait souffrir et vous empêche de vous exprimer, de vous réaliser. Votre désir le plus profond ne peut s'exprimer. Il faut absolument débloquer ce frein et rompre les amarres.

Sans entrer dans le détail des différentes pratiques que recouvre le terme de « psy », rappelons qu'il existe deux grands types d'approches. La psychothérapie analytique est une prise en charge de soi face à quelqu'un dont c'est le métier. C'est un soutien. Faire une psychanalyse vous renvoie en arrière, dans les méandres de votre inconscient, c'est une façon de refaire le chemin. Cela ne veut pas dire qu'on en modifiera sensiblement le tracé. Simplement, on le connaîtra mieux. C'est différent. Lorsque vous avez de réels problèmes, la démarche psychanalytique ne se fera jamais d'emblée. Elle suivra toujours une période de prise en charge thérapique, et il n'est pas prouvé que tout le monde en ait besoin.

Enfin dans ce domaine comme dans d'autres, honte et culpabilité sont à laisser au vestiaire. Oser parler, oser consulter, c'est ainsi qu'on se prend en charge.

Alcool

Cher Doc et cher Difoul,

Eh oui, c'est encore moi, cette lettre, c'est parce que dans ma première lettre, j'ai oublié de vous préciser qu'à chaque fois que je me suis fait jeter, je suis devenu violent avec les autres mais avec moi aussi, je me néglige. Quand j'ai l'occasion de me soûler, je le fais pour oublier et je ne sais pas m'en empêcher et plus je bois plus je suis violent. Une fois, il y a environ quatre semaines il y avait une soirée et j'ai bu un verre ou deux, j'attendais qu'ils mettent du Hard rock, au moment où ils en ont mis j'ai fait un pogo et ça s'est terminé en bagarre avec un drogué et mes copains et une de mes anciennes amies ont essayé de me raisonner et je lui ai flanqué une claque [...].

Pascal, 19 ans.

Cher Doc,

J'ai dix-huit ans. Ma sœur vingt. Aujourd'hui, je suis si jalouse d'elle que ça me pourrit la vie.

Il est impossible de résumer dix-huit ans dans une lettre. Mais en fait, mon problème c'est que mes parents n'ont toujours vu que par ma sœur et j'en souffre énormément même si je les déteste. Ma sœur est très belle et j'ai toujours vécu dans son ombre. Tout ce qu'elle a pu faire a été merveilleux aux yeux de mes parents. Tout ce que j'ai pu faire est passé inaperçu.

Elle a eu les compliments et les câlins. J'ai hérité des reproches et des fessées, parce que je n'agissais pas comme elle. [...] *Je n'ai eu que des interdits ou presque. Ils me comparaient toujours à ma sœur : tu n'es pas belle comme ta sœur, tu ne travailles pas aussi bien, ni autant que ta sœur... Ils me dévalorisaient constamment devant elle et même leurs amis.*

Petite, je trouvais ça injuste et je détestais les adultes. Mais je ne parlais jamais car mon père me faisait peur. Quant à ma mère, elle ne comprenait jamais rien. Je m'inventais alors une autre famille car le rêve était ma seule évasion. Mais à treize ans, j'avais besoin d'autre chose. Faute d'amour, je me suis mise à boire pour pallier les manques, et j'en ressentais un faux bien-être. Ça me consolait. Au lycée, ça a été pire car je prenais en même temps des antidépresseurs prescrits par le médecin qui mettait mon état physique et psychologique déplorable sur le compte des études.

Mes parents ne se sont même pas rendu compte que je rentrais chez moi souvent ivre. En fait, ils ne voient même pas que j'existe. Ils ont accepté que ma sœur grandisse car elle paraissait toujours plus vieille que son âge, alors que moi, ils me voient toujours avec des couches ! Ça fait mal [...].

Actuellement, j'ai quasiment arrêté de boire, mais c'est dur et à certains moments, j'ai des manques de sucre et pour compenser, j'ai des accès de boulimie. En plus de me sentir malade et inutile, je m'offre le luxe d'avoir des problèmes de poids. Ça me tue le moral.

Je ne supporte plus de voir mes parents et ma sœur car ils me culpabilisent. Je les hais et pourtant, je leur donne la possibilité de s'expliquer : j'estime qu'ils ont des comptes à me rendre car en refusant de m'accepter telle que j'étais, ils m'ont vraiment complexée. Mais quand j'essaye de provoquer la discussion, rien n'en ressort, ils ne se remettent même pas en cause. Ça me déçoit terriblement. Les seules choses que je leur demandais, c'était un peu plus de considération et d'affection, mais aussi de liberté et d'autonomie, et non cette constante suspicion de leur part.

Je suis devenue hyper-agressive avec les gens parce que je me sens faible. J'ai peur des autres.

Je ne sais plus quoi faire [...].

Caroline, 18 ans.

Salut, Doc

Je t'écris pour te dire tout d'abord que ta voix est très sexy.

Ensuite, c'est parce que mon père est alcoolique et je voudrais savoir s'il y a un moyen de le guérir. Il a déjà été en cure mais ça ne marche pas [...].

J'ai essayé de lui dire que ce n'était pas bon pour sa santé, mais chaque fois que je me retrouvais en face de lui, j'avais pitié et je ne voulais pas lui faire de peine. Y a-t-il un médicament ou, je ne sais pas moi, quelque chose pour le guérir ?

Cécile, 15 ans.

« Un verre, ça va, trois verres, bonjour les dégâts. » Ce slogan, vous le connaissez. Il montre qu'il faut connaître le danger, et connaître ses limites. Il enseigne qu'il faut savoir prévenir.

Le premier danger, c'est l'absorption d'une quantité excessive de boisson, un soir, sans trop savoir pourquoi. Peut-être pour oublier quelque chose que l'on ne connaît pas bien, un mal de vivre qui nous empoisonne... Peut-être parce qu'au fond l'alcool a pendant longtemps été valorisé. C'était une façon de montrer qu'on était un homme, qu'on pouvait entrer dans le monde des adultes. La première cuite avait un côté rituel initiatique... Boire, c'était prendre des forces. La réalité est beaucoup plus triste. L'alcool imprègne le cerveau et modifie le comportement. On n'est plus soi-même. On perd l'équilibre, les gestes sont moins précis, on ne réfléchit plus de la même façon et généralement on perd la tête et on fait n'importe quoi. Et si ça va trop loin, c'est le coma, parfois aggravé par la chute du taux de sucre dans le sang. Des vomissements surviennent avec risque d'inhalation bronchique.

La vulnérabilité à l'égard de l'alcool est variable. Certains sont très sensibles, et d'autres moins. On n'est pas toujours conscient des conséquences : on absorbe quelques verres, et les effets se font sentir une, deux ou trois heures après.

Boire pour oublier est une illusion. On a de graves soucis, on a l'impression qu'on ne pourra pas en sortir, alors on prend une bonne cuite. Et puis le problème est toujours là, et nous revient vite à l'esprit, sitôt que l'alcool est éliminé.

Boire un peu, de temps en temps, entre copains, ce n'est pas dramatique. Mais il faut le faire en connaissance de cause, c'est-à-dire en sachant comment votre organisme va réagir. Pour certains, l'absorption d'un simple verre de vin déclenche des réactions. Dans ce cas, il faut être prudent. Et si certains autres semblent mieux encaisser, leur comportement n'en est pas moins modifié : les réflexes sont affaiblis, les barrières sautent, on peut faire n'importe quoi, et je ne sais pas si on s'amuse plus pour autant. Il est vrai que les inhibitions qui nous empêchent parfois de communiquer s'effacent et que cela devient plus facile. Mais il y a des limites à respecter.

La deuxième catégorie de dangers est beaucoup plus grave. Ce sont les dangers de l'alcoolisme : absorption régulière, quasi journalière d'alcool, à une dose importante, une bouteille, deux bouteilles, etc. De toute façon à ce niveau on ne compte pas, on boit sans savoir pourquoi. Ce n'est même pas un plaisir, c'est devenu une dépendance. À ce niveau, l'éthylisme est une toxicomanie, sans doute la première en France.

L'alcool tous les jours détruit l'organisme ; il attaque les vaisseaux, les artères, le foie, le pancréas et le cerveau. La dépendance devient rapidement totale. On fonctionne au ralenti, les facultés physiques et intellectuelles sont diminuées, et l'on devient rapidement un danger pour les autres comme pour soi-même. On ne rappelle pas suffisamment le nombre d'accidents de la circulation, d'accidents du travail et d'accidents domestiques où l'alcool peut être incriminé.

Là encore, les sensibilités personnelles sont variables. Certains résistent mieux, leur organisme se détériore moins. D'autres évoluent rapidement vers une complète déchéance.

Cette année, il y a 40 000 SDF à Paris. Combien sont sous l'emprise de l'alcool ? Une grande majorité pour ne pas dire tous. Ce n'est pas un jugement de valeur, c'est un constat. L'alcool a-t-il précédé ces situations de déchéance sociale ? Ou bien la déchéance sociale a-t-elle conduit à l'éthylisme ? Peu importe. Le vrai problème, c'est que cet éthylisme leur pourrit encore plus la vie, leur enlève toute énergie pour s'en sortir, les aidant d'une certaine façon à accepter en oubliant.

Pourquoi boire ? Pourquoi absorber une substance, un liquide, qui au départ semble franchement désagréable ? Rappelez-vous votre premier verre... Honnêtement, est-ce que c'était bon ? On ressent du vide, alors on se remplit. On n'arrive pas à assumer ce que l'on ressent au fond de soi, sans pouvoir l'expliquer. (À ce niveau, c'est notre inconscient qui fonctionne.) On vit mal, on souffre... sans savoir pourquoi. On se retrouve dans le désert sans point de repère. On n'arrive pas à surmonter une difficulté, alors on oublie, en utilisant un artifice, une drogue, un médicament, de l'alcool, on se retrouve dans le désert sans point de repère. On finit par se réfugier dans un paradis artificiel.

Le drame est que souvent on vous laisse vous enfoncer. L'indifférence, sans être totale, n'en est pas moins régulière, et cachée. Surtout de la part de l'entourage. Les autres ne voient pas, ils s'en foutent. Et les petits signes qui devraient alerter ne les perturbent pas. Souvent, d'ailleurs, on fait tout pour que les autres ne s'en rendent pas compte. On vit cela dans la solitude ou entre copains de bouteille.

Et pourtant, plus on laisse l'éthylisme chronique s'installer, plus les choses s'aggravent et plus les dégâts peuvent devenir irréversibles.

Aider un alcoolique c'est difficile. Il faut qu'il veuille s'en sortir lui-même. On ne guérit pas contre son gré. Il est vrai aussi que les alcooliques sont souvent des gens sensibles, qui résistent mal aux blessures. Il faut savoir leur tendre la main, les écouter et les aider, parfois avec fermeté.

Mais il ne faut pas vouloir à tout prix les voir guérir vite, pour se faire plaisir à soi-même. Calme et persévérance, sans exigence absurde, sont indispensables. Pour aider, il faut patiemment accompagner le malade sur le chemin qui mène à la guérison.

L'alcoolisme se traite à plusieurs niveaux. Il faut d'abord déconditionner l'organisme, le désensibiliser à l'alcool. Cela se fait avec l'aide d'un médecin, avec des médicaments, au domicile ou à l'hôpital. C'est une étape nécessaire mais qui ne règle pas tous les problèmes. Isolée, cette thérapeutique aboutit généralement à la rechute.

Il faut donc également, une fois qu'on a pris conscience du mal de vivre qui a conduit à cette dépendance, se prendre en charge par le biais d'une psychothérapie. C'est une démarche personnelle. Au départ, il faut le vouloir. On se prend en charge devant un psychologue ou un médecin qui a reçu une formation analytique, quelqu'un dont c'est le métier, et qui n'est pas là pour juger. Cette démarche peut être longue ? Peu importe. Difficile ? Peu importe. Coûteuse ? Pas forcément. Il existe des structures de soins gratuits.

Il faut aussi retrouver une place dans la société, pouvoir travailler, se rendre utile. C'est nécessaire, non seulement parce que cela permet d'oublier ses soucis, mais surtout parce que exister au sein de la société, c'est une façon de retrouver sa dignité.

Le soutien de la famille et des amis est également essentiel. Ils doivent d'abord nous accepter tels que nous sommes, sans nous juger. C'est important quand on déprime de pouvoir appeler quelqu'un sans le déranger. Quelqu'un qui nous remonte le moral, qui nous montrera qu'on existe.

Drogue

J'ai vingt-huit ans.

Je suis actuellement incarcéré pour usage et détention de stupéfiants. Je suis toxicomane, et mon frère également. Pour ma part, cela fait quinze ans déjà que je consomme. Je ne suis pas un voyou, je fais seulement de petites escroqueries pour me payer mon gramme par jour. J'ai déjà effectué quatre ans en petites peines et je finis un an d'emprisonnement.

Je vais bientôt affronter la liberté pour suivre une thérapie en postcure. Alors mon problème est de ne plus avoir goût à la vie, j'ai très peur de ce qui m'attend car je prends conscience que maintenant je suis sevré et je vais devoir m'adapter à cette nouvelle vie. Je ne veux plus me battre pour un idéal qui n'existe pas, je suis toujours au bord du suicide. J'ai trop souffert. Je peux me permettre de vous dire aussi que sans drogue mes idées restent les mêmes. Alors, que faire pour reprendre goût à la vie ? [...]

Jean-Paul, 28 ans.

Comme la plupart des jeunes de mon âge, j'ai des problèmes. J'ai vingt-cinq ans [...] *et je vis mal dans ma peau et très mal dans ma tête.*

Je ne peux hélas pas vous énumérer tout ce qui me gêne car cela serait trop long.

Je fume le pétard (H) du matin au soir et du soir au

matin et n'arrive pas à m'en passer. Ici tout le monde fume, deale et même plus pour certains. Tout mon fric part là-dedans.

Voilà déjà quinze jours que je ne vais pas travailler. Je ne sais plus où je vais. J'ai peur !

Le sexe me manque. J'ai pas d'amis mais j'ai des relations très irrégulières avec le mari de ma sœur que j'aime bien ainsi que leurs deux filles. Je ne vous citerai que ça pour aujourd'hui.

J'ai besoin de parler à quelqu'un que je ne connais pas mais malheureusement je ne suis pas en mesure de payer un psychologue ou autre médecin de ce type.

Ici, à part mes parents, tout le monde tire des mégots. C'est pire que l'alcool, que je bois comme du petit lait. J'ai l'impression qu'ils pensent que, si j'arrête, je deviendrais invivable pour eux. Alors on me laisse faire, mais j'ai peur parce que maintenant, sous prétexte de voir autre chose, je veux sniffer de la coke...

[...] *J'ai envie de vivre et non de survivre. Je veux être moi, je veux me retrouver et recommencer à zéro.*

Sandrine, 25 ans.

Salut Doc, salut Difoul,

J'ai quinze ans et je ne suis pas français [...] *depuis que je suis en France, mes amis ont beaucoup changé.*

Dans mon pays, je parlais souvent avec eux du problème de la drogue. On connaissait beaucoup de cas dans notre région. Beaucoup de jeunes ont détruit leur vie en prenant cela. Moi, j'en connais quelques-uns qui sont devenus des voyous et même des cambrioleurs. Ils voyaient la vie d'une autre façon, souvent ils foutaient la merde dans le village, surtout quand il y avait des bals et des fêtes. Enfin, moi et mes copains on était d'accord sur un point : la drogue est une merde qui sert à détruire la vie humaine (excuse-moi l'expression, mais c'est la vérité).

En fait, à cette époque, certains fumaient déjà, mais moi non, car je déteste le tabac.

Tout cela pour vous dire qu'il y a quelque temps ils ont essayé la drogue et certains ont aimé, mais mon frère qui a aussi essayé, n'a pas aimé du tout. Il dit que c'est la pire des choses que l'on peut prendre et il a juré qu'il n'en prendrait plus jamais. Il veut les sortir de là mais il ne sait pas quoi faire et il me demande de l'aide, le problème c'est que moi non plus je ne sais pas quoi faire pour les aider.

Didier, 15 ans.

Il y a quatre mois, le drame arrive, et mon ami meurt d'une overdose [...]

Et pour les drogués qui se croient dans un monde magique, je voudrais dire : c'est un monde magique qui permet aux drogués d'oublier des tonnes de problèmes jusqu'au jour où ce monde magique les mène tout droit vers l'enfer qu'est la mort [...].

Maria, 23 ans.

J'ai bu la vie à en crever.
Le monde m'a imbibé de poison.
Ce poison pour m'inventer mon monde.
Mais hélas qui n'était que le reflet de l'autre !
Maintenant me voici dans l'autre monde...
Mais tout est pareil tout est pour le mieux dans le meilleur des mondes !
Tout est pareil ! Tout est pareil ! Tout est pareil !
Overdose de silence
Overdose de blanche
over dose d' es pace
Fin des maux
Fin des
Mots.
Les obsèques auront lieu [...].

Pierre, 19 ans.

La drogue envahit nos sociétés. Le comportement « toxicomane » est de plus en plus fréquent. On en a peur et c'est légitime. 55 % des Français considèrent la drogue comme le fléau n° 1, essentiellement parce qu'elle touche la frange la plus jeune de la population. Régulièrement, elle fait la une des journaux. On parle de répression dans les faits divers, mais également de ce qu'il y a de plus dramatique, c'est-à-dire de plus morbide : les décès par overdose et toute la délinquance associée. Il faut bien l'admettre, on n'a découvert aucune solution satisfaisante pour l'instant. Peut-être parce qu'on ne parle que de la drogue, comme si tous les problèmes étaient liés à sa seule existence.

Il existe actuellement en France cent à cent cinquante mille toxicomanes dépendants de drogues dures. Ce fléau touche des sujets jeunes, en plein développement, et qui, tout à coup, se retrouvent sous la seule dépendance de ces substances. Ils s'inscrivent alors dans une spirale infernale qui, tôt ou tard, peut les conduire à la mort. Mais le plus grave, c'est que cette toxicomanie engendre essentiellement des réactions de peur, peur devant son enfant tombé sous la coupe de cette drogue, peur du toxicomane qui est souvent dangereux, délinquant, agressif, et prêt à tout pour se procurer cette drogue, peur du SIDA également, car il ne faut pas oublier que c'est l'un des modes de transmission privilégiés de cette maladie.

Premiers repères

Quelle est la différence entre les « drogues dures » et « drogues douces » ? On peut la formuler ainsi : une drogue douce n'entraîne pas de dépendance physique, mais simplement une dépendance psychologique, tandis qu'une drogue dure (telle que l'héroïne) entraîne une dépendance physique. La consommation régulière d'une drogue dure entraîne un état de mal être tel que lorsqu'il ne s'en procure pas, le toxicomane ressent un besoin physique, quasi irrépressible, de s'en réinjecter. Il ne faut pas oublier qu'à cet égard l'alcool est lui aussi une drogue dure.

Un deuxième repère serait un panorama détaillé de toutes ces drogues. Ce n'est pas très utile, mais ça peut être rassurant. Il devrait comprendre également toutes les drogues légales, l'alcool, mais aussi tous les produits comme les anxiolytiques ou les médicaments que l'on peut se procurer chez un médecin sous couvert d'une pathologie.

Plus qu'à cela, je pense qu'il faut s'intéresser à la personnalité même du toxicomane qui reste la principale victime. La société a trop tendance à se poser en victime de la drogue – du fait de la réaction de peur caractéristique de ce problème – et elle oublie de considérer que le plus menacé est l'usager.

Le problème pour lui est la perte de la personnalité, et, à un degré de plus, le danger de mort. Car si effectivement on commence à prendre ces drogues pour être bien, on les prend rapidement pour ne plus être mal. C'est là que se situe la dépendance. Dans ce cas, je ne sais pas s'il est bon de distinguer les drogues dures des drogues douces, je crois que toutes les drogues sont alors des drogues dures.

Prévention, répression, et dépénalisation

L'usage des drogues en général est interdit et pénalisé, mais, outre le fait que sa diffusion illégale permet de s'en procurer relativement facilement, le danger essentiel reste une certaine banalisation sournoise. D'un côté, le discours officiel met l'accent sur l'interdiction – les sondages montrent que 65 % des gens interrogés, grand public et professionnels de la drogue, sont contre la dépénalisation – de l'autre, on peut lire ou entendre un peu partout qu'utiliser des drogues douces telles que le haschich est valorisant.

Si l'on veut réellement régler un jour ce problème, il faudra commencer par s'intéresser à la psychologie des toxicomanes. En premier lieu, il faudra bien accepter un jour ou l'autre de ne plus avoir peur de cette drogue, de ne plus avoir cette réaction d'angoisse, de considérer ces toxicomanes comme des êtres humains en grande difficulté et même en danger de mort.

Le drame principal de l'interdiction – ce qui ne signifie pas qu'il faille la supprimer – c'est la marginalisation du toxicomane. Sous l'effet de cette interdiction et du système de dépendance dans lequel il se trouve, celui-ci s'inscrit dans un système qui l'exclut du fonctionnement social. La dépendance renforce cette marginalisation qui a débuté par cette fuite, ou perte, de la réalité.

Toxicomanie, violence et désir

La toxicomanie est une violence particulièrement terrible. Certes, elle est tournée contre soi, mais l'entourage la perçoit bien comme une violence. Elle laisse impuissant et désarmé. La toxicomanie masque deux problèmes : d'une part le problème personnel de ressentir une douleur, une douleur profonde, au fond de son être, et de ne pouvoir supporter cette frustration qu'en la fuyant. La drogue, qui agit sur le cerveau, nous déconnecte totalement de la réalité qui nous fait souffrir ; d'autre part le problème social des inégalités et de l'espace de transgression dans lequel s'inscrit le toxicomane. Devenir toxicomane, c'est à la fois fuir une douleur et fuir un système social dans lequel on a l'impression de ne pas avoir sa place et dans lequel on n'a pas le désir de s'inscrire. Il s'agit de s'échapper d'un système considéré comme perverti et non accueillant.

Le danger, quand on est jeune, réside surtout dans cette manière de braver l'interdit. C'est une façon de dire ce que l'on pense aux personnes que l'on ne comprend pas, avec lesquelles on ne se retrouve pas. C'est une manière de faire des choses interdites, de se démarquer, d'être différent. Le danger, c'est qu'on peut y trouver un certain plaisir, et un mieux-être, au moins au début. Le désir est bloqué, on n'a pas d'idéal, alors on fait le voyage de la drogue. C'est d'abord ça, se droguer : s'échapper. Mais on n'en a pas toujours conscience, et le mécanisme s'installe insidieusement. Le besoin se fait irrépressible. Il ne s'agit pas d'un acte purement réfléchi. Il ne s'agit pas de l'expression d'un désir, c'est un acte purement compulsif.

Il est utile de s'interroger sur les raisons qui peuvent mener un adolescent – puisque ce sont les principaux intéressés – à la drogue. Si seulement on arrêtait de s'interroger sur la légalité de telle ou telle drogue, dure ou douce, si on arrêtait de s'agripper à ce cache-misère qu'est la répression – ce qui ne veut pas dire qu'il faille cesser de réprimer l'usage de drogues –, si enfin on osait s'interroger sur le phénomène qu'est la toxicomanie, dont les premières victimes sont les usagers !

Ces victimes sont en danger de mort et privées de liberté. Souvent, lorsqu'on évoque la drogue, on parle de plaisir, et de violence dans le plaisir. C'est totalement artificiel et passager, et ce n'est pas le but recherché. S'est-on déjà interrogé sur l'absence totale de plaisir, de bien-vivre, de ces gens ? Sur la souffrance qu'ils endurent et sur leur incapacité à gérer cette douleur ? Sur cette incapacité à accepter la frustration provoquée par cette souffrance ?

Ils ne sont pas bien dans leur vie, ils sont fragiles et tombent à la première sollicitation, dealer ou copain, souvent les deux à la fois. Les dealers jouent un rôle primordial. Certes, leur comportement est pervers. Certes ils ont un but bien précis, qu'ils n'avouent pas initialement. Cela commence toujours par une main tendue et amicale. Il faut admettre, et ce n'est pas toujours évident, que les dealers, au début, réussissent à mieux communiquer que nous, et même à se faire aimer. Avec eux l'échange est possible. Au premier abord, ils n'ont rien de rebutant. Ils ont même un certain charme et savent en user. Les futures victimes, elles, souffrent. Les dealers le savent, les repèrent, et s'abattent sur eux, doucement, mais impitoyablement. Eux, au moins, ils ont su repérer leurs victimes. Nous, par égoïsme ou parce que nous nous laissons aveugler par une relation trop proche, nous ne savons pas voir que ces gens vont mal.

Il faut tirer les leçons de ce que font ces dealers. Des structures d'accueil, et seulement d'accueil, anonymes et sans les parents, seraient utiles au toxicomane débutant ou avéré s'il peut y venir sans obligation d'y adhérer, et en toute liberté. Il pourrait s'agir de structures mobiles, de petites unités du type des camions-santé, en dehors du système de répression. Cela ne veut pas dire qu'il faut dépénaliser les drogues, mais que chacun doit savoir rester à sa place.

Catégories de drogues et catégories de risques

Sans revenir sur les pénibles définitions et distinctions des différentes drogues, qui nous éloignent du véritable problème, on s'accorde généralement pour distinguer deux catégories. Mais nous verrons que cette distinction n'est pas toujours très facile à appliquer...

Les drogues douces n'entraînent pas de dépendance physique. C'est le cas du haschich qui est un dérivé du chanvre. En cas d'usage régulier, les consommateurs ressentent néanmoins des symptômes physiques lors de l'arrêt brutal :

énervement, angoisses, etc. Il existe donc une certaine dépendance physique.

Les autres drogues sont dites dures. L'arrêt de la consommation provoque des symptômes physiques très pénibles et le toxicomane est prêt à tout pour s'en procurer, y compris à tuer. C'est le cas de l'héroïne, mais l'éventail s'étend jusqu'aux drogues dures légales, comme l'alcool, qui a provoqué et provoque encore beaucoup de dégâts et à grande échelle dans nos pays dits développés.

Le crack, quant à lui, est un dérivé de la cocaïne, consommé habituellement par voie orale. Ses effets – le « flash » –, qui apparaissent généralement en quatre à six secondes, ne durent que dix à quinze minutes. Ils entraînent de nombreuses modifications dans l'organisme et sont particulièrement dévastateurs, avec des risques d'overdose, donc de mort immédiate. Passée cette phase d'excitation intense, survient une dépression secondaire extrêmement destructrice, qui dure des années, et dont on ne sort jamais tout à fait.

La première phase de dépression, dure plusieurs jours, et impose la prise de médicaments qui luttent contre cet état – notamment des neuroleptiques et des anxiolytiques. Cette phase aiguë qui survient juste après la prise de crack est suivie d'une phase d'abstinence douloureuse, accompagnée du besoin compulsif et incontrôlable de reprendre cette drogue. Elle dure deux, trois, quatre ans. Les personnes qui utilisent cette drogue sont en danger mortel évident, de par les atteintes physiques (système vasculaire, etc.) ou du fait le déclenchement d'états psychotiques particulièrement dévastateurs.

C'est le cas aussi des drogues dites psychedéliantes (acide, mescaline, ou ecstasy) dont l'utilisation est discrète mais régulière. Ce ne sont pas des drogues hallucinantes : elles ne font pas imaginer des situations qui n'existent pas, elles déforment simplement la réalité. Parmi ces drogues, l'ecstasy est particulièrement dangereuse du fait de la scandaleuse dénomination de « pilule d'amour ». Elle a été très répandue dans les années quatre-vingt, notamment aux États-Unis. Elle inondait les *rave* au nez et à la barbe des autorités policières, qui ont dû faire beaucoup d'efforts pour ne rien voir.

Sans dresser de catalogue complet, il peut être utile de rappeler les principales de ces substances. Certaines sont naturelles, connues et utilisées de longue date : le *pergalum larmala*, herbe répandue en Méditerranée et en Mandchourie ; les lianes utilisées pour la préparation des boissons hallucinogènes par les Indiens d'Amérique du Nord ; l'iboga, extrait de racine en Afrique ; la mescaline, extraite d'une cactée débitée en tranche puis mâchée ; le champignon magique du Mexique et d'Amérique centrale.

D'autres produits sont d'origine synthétique ou semi-synthétique et de fabrication récente. Le plus connu est le LSD, synthétisé à partir d'ergot de seigle, lui-même extrait d'une moisissure. On trouve également les dérivés amphétaminiques, dont le DOM, deux fois plus puissant que la mescaline, ayant une longue durée d'action. Il était très répandu dans les années soixante, et appelé STP chez les hippies. On trouve également le DOET, le MPA, et d'autres parmi lesquels le MDMAA ou ecstasy. Ces produits sont issus de la recherche biomédicale et de nouvelles molécules peuvent apparaître.

Il faut bien se rendre à l'évidence : au départ, ces substances synthétiques, n'existant pas dans la nature, intéressaient les chercheurs. En effet, elles touchent au cœur même de la conscience. Connaître les mécanismes moléculaires qui conduisent à ce fameux voyage psychédélique permettrait de mieux connaître les mécanismes qui sous-tendent la pensée, le sens religieux, la recherche de l'immortalité, la conscience absolue d'être un homme, etc. Cela permettrait aussi de mieux comprendre les processus essentiels qui sont à l'origine des maladies mentales graves que sont les psychoses. Au début, on a même envisagé d'utiliser ces substances dans un but thérapeutique.

En 1943, un pharmacologue nommé Hofmann a donc lui-même effectué le voyage du LSD et a établi une description détaillée de ces effets. D'autres médecins de ce laboratoire firent de même. Il y eut même des psychiatres pour proposer cette substance en complément des cures psychothérapiques, afin d'aider à rendre conscient l'inconscient. Cet engouement dut rapidement désenchanter. Les risques de ces substances sont : le suicide sous le coup de la terreur et de la confusion mentale, la perte de certaines facultés mentales et l'évolution vers une maladie mentale grave : la psychose.

Les consommateurs habituels établiront des distinctions subtiles entre tel ou tel type de substance, mais pour l'essentiel, ces drogues agissent toutes de la même manière. Les premiers effets sont rapides, dès l'absorption – orale dans la majorité des cas : comprimés, poudre, ou liquide déposé sur un buvard. Ces substances diffusent mal dans le cerveau, mais sont actives à très faible dose. Lors de la grossesse, ces substances traversent le placenta et intoxiquent le bébé.

Dans les quinze minutes apparaissent de la fièvre, des frissons, des sueurs, une salivation excessive, des rougeurs, des tremblements et une dilatation de la pupille. La tension artérielle s'élève. Succède la sensation de bien-être, puis le fameux voyage, trente minutes après l'absorption. Ce voyage est marqué par une altération de la perception de son corps. On constate un phénomène d'échange des sens (le son est perçu comme une vision, etc.). La notion de temps est modifiée et celle d'espace n'est plus la même : on traverse une pièce et on a l'impression de traverser l'univers. Plus grave encore est la perte de limite de soi. À la fin, on ressent une crainte terrible, omniprésente, engendrant une véritable panique. Cette perte de la conscience de soi est la base même des états psychotiques. C'est la folie dans sa forme la plus grave.

On ne retrouve son état normal qu'au bout de deux ou trois jours. Durant toute cette période, des passages à l'acte sont possibles : agression des autres, agression de soi, suicide. Le retour d'acide, les états dépressifs graves, l'apparition de maladies psychiatriques (psychoses, schizophrénie), sont toujours possibles, de même que la perte définitive de certaines facultés mentales. Tous ces effets justifient donc largement l'interdiction de ces substances. Fruit de la recherche médicale, elles ont été jugées trop toxiques.

Depuis longtemps, les agents inhalants (éther, essence, gaz d'échappement, colle, dissolvants, gaz propulseurs d'aérosols) ont eux aussi été utilisés comme drogues. Les modes, suivant les époques, ont pu varier. Ces substances sont dévastatrices : des poumons, ces produits passent dans le sang, et vont se fixer dans le foie, où ils sont stockés. Leur élimination reste très lente, ce qui explique les complications à long terme. Parmi les effets les plus graves : le coma avec des risques de convulsions et de mort subite. Le danger à long terme est l'atteinte définitive des nerfs, l'apparition de troubles de la mémoire, de maux de tête, sans oublier l'atteinte d'autres organes : le foie, les reins, et la moelle osseuse. Ces substances ont une grande toxicité, et ce, dès la première prise.

Les drogues dites stimulantes (cocaïne et amphétamines) sont répandues dans certains milieux de la « bonne société ». La cocaïne a été très largement valorisée à certains moments. Les Espagnols, par exemple, arrivant en Amérique du Sud, ont découvert que les paysans qui travaillaient dans les champs de coca témoignaient d'une grande résistance physique due à la consommation de feuilles de coca. Ils les ont donc incités à poursuivre. De même, la cocaïne figurait dans la première formule du Coca-Cola (1876) et en a été retirée au début du XXe siècle, pour y être remplacée par la caféine. Freud lui-même, au début de sa carrière de psychanalyste, a effectué le voyage de la cocaïne, et en a décrit les effets de manière extrêmement précise.

Les amphétamines ont été également largement valorisées, ne serait-ce que dans les pays nordiques dans les années soixante. L'armée en a largement favorisé la diffusion parmi les soldats : ces drogues étaient particulièrement stimulantes, et rendaient les combattants plus efficaces et plus violents. Ces drogues, dites stimulantes, font perdre toute sensation de fatigue et donnent un sentiment de puissance ainsi qu'une grande ardeur au combat.

Tout cela ne devrait pas conduire à valoriser ces drogues. Si leur usage est désormais interdit et fortement réglementé, notamment pour les amphétamines qui étaient tout de même incluses dans les médicaments (en particulier dans des médicaments amaigrissants), c'est qu'elles ont des effets pervers sur l'organisme et sur la structure psychologique de l'individu. En outre, l'utilisation de ces drogues sur des populations (soldats, travailleurs) a surtout servi à éviter toute révolte. Cette utilisation à des moments précis, devrait justement faire réfléchir tout un chacun, et lui faire comprendre que la drogue ne sert qu'à manipuler les gens et pas à leur permettre de s'épanouir ou devenir un surhomme. C'est l'inverse qui se produit : on se rapproche plutôt de l'état animal et de l'asservissement.

Les tranquillisants

On peut ranger dans les toxicomanies l'usage habituel et prolongé des tranquillisants et des hypnotiques, médicaments obtenus en principe sur prescription médicale, mais dont il faut bien dire qu'ils sont souvent prescrits suite à une relative manipulation du médecin par le patient. Certains, appelés benzodiazépines (famille qui regroupe une vingtaine de produits commercialisés), sont souvent prescrits pour les troubles du sommeil et sont prescrits aux toxicomanes comme palliatifs de l'état de manque, parfois en association avec d'autres drogues. Cette consommation est également répandue dans la population générale et un Français sur trois en ferait un usage courant. Pour les consommateurs habituels, on a même rapporté des accidents de sevrage lors de l'arrêt brutal, ce qui pose le problème de la dépendance à ces drogues. Ces produits (barbituriques ou benzodiazépines) sont souvent pris en association avec l'alcool, provoquant la sédation, l'oubli momentané d'une souffrance et d'un mal de vivre. Le problème est que ces drogues, pas plus que les autres, ne permettent de résoudre les problèmes. C'est un leurre, les obstacles ne sont que contournés, et la difficulté est aggravée puisque au problème initial vient s'ajouter celui de la dépendance et des effets secondaires. En fait, la personnalité s'en trouve diminuée et, les moyens de défense appauvris, on devient incapable de se révolter. C'est une « camisole chimique ». Finalement, on accepte tout.

Ces interdictions, qui ne sont pas suffisamment rappelées et c'est bien dommage, ont un fondement médical très sérieux. Il ne s'agit pas d'une interdiction dans le simple but d'interdire.

Usage occasionnel et usage accidentel

Une deuxième distinction me paraît essentielle : celle qui se situe entre l'usage occasionnel et l'usage accidentel.

Certains consomment occasionnellement des drogues, comme le haschich, une fois de temps en temps, sans très bien savoir pourquoi : « On se tape un délire. » Mais ce n'est pas un délire. C'est ce que l'on croit. Certains de ces utilisateurs fonctionnent apparemment normalement dans la vie. Ils sont souvent sortis de la phase délicate de l'adolescence et ont une situation stable. Ils ont des problèmes comme tout le monde, mais ils ont un métier ou font des études, acceptent d'affronter les difficultés et ont une vie sentimentale, etc. Ces personnes ne posent pas de gros problèmes. Le cas se rapproche de celui des buveurs occasionnels, par exemple. Lequel d'entre nous en effet n'a jamais fait un repas bien arrosé ? Sans être ivre, il ne s'en est pas moins retrouvé allumé, avec des sensations différentes, et souvent libéré de certaines petites angoisses.

Il semblerait, au moment où j'écris, que le gouvernement et les députés, tout en maintenant l'interdiction et le refus de dépénaliser ces drogues, s'orientent vers un texte de loi qui fasse mieux la différence entre les consommateurs de drogue et les trafiquants. L'usage privé de ces drogues serait moins pénalisée. On ne ferait peut-être plus comme auparavant de perquisitions chez les simples consommateurs (la plupart des infractions relevées concernent les simples utilisateurs et non les dealers). Cette distinction est essentielle : dépénaliser les drogues, toutes les drogues, ce qui reviendrait à baisser les bras, n'a pas d'intérêt. La prohibition constitue un interdit qui a une fonction. À condition, bien entendu, de l'employer.

Inversement, le consommateur, souvent jeune et débutant, qui consomme ces drogues régulièrement, et souvent tous les jours, se retrouve rapidement en situation de dépendance psychologique. De ce point de vue la distinction entre les drogues dures et les drogues douces n'a pas lieu d'être. Il s'agit toujours de gens drogués dont le comportement est modifié. Ces substances, le haschich en particulier, nous déconnectent de la réalité et anéantissent les forces dont nous avons besoin, surtout à cette période de la vie.

Vous avez l'avenir devant vous, mais l'avenir ne se prépare pas sans effort. Il faut se battre, accepter les difficultés, les frustrations. Les loisirs deviennent moins fréquents, on sort moins, on a peur de l'échec, etc. La seule chose qu'on oublie souvent de vous dire, c'est qu'après toutes ces frustrations, il y a une énorme satisfaction, celle d'avoir atteint un but, de vous être réalisés. Cela se fait progressivement, par étapes, mais chaque étape est très importante pour vous.

Fumer du haschich tous les jours, c'est refuser d'affronter les difficultés de la vie, et s'en déconnecter. Ce faisant, on perd son temps.

Pour les drogues dures, telle l'héroïne, le problème est très clair. Il s'agit tout simplement d'un danger de mort, de mort physique. La déréalisation est totale. On passe vite de la dépendance à la délinquance et à la prostitution, puis à la déchéance physique et à la mort.

Heureusement, cette utilisation reste limitée dans la population. Beaucoup plus que l'intempérance alcoolique. Car s'il y a cent à cent cinquante mille toxicomanes dépendants, le nombre de gens frappés par l'éthylisme est beaucoup plus important.

Pour une prévention efficace

Le problème de la légalité des drogues se pose en profondeur. L'intempérance alcoolique semble émouvoir beaucoup moins la population et les instances dirigeantes bien qu'elle provoque globalement beaucoup plus de dégâts que l'héroïne. Les alcooliques chroniques, tant qu'ils ne font pas de bruit, on s'en fiche, il faut bien le reconnaître. Des campagnes de prévention contre l'alcoolisme ont été développées depuis longtemps et permettent la baisse de cette consommation. Mais le soutien personnel est bien trop rare, dévolu à des associations de bénévoles ou à des hôpitaux.

Pour la drogue, on a l'impression qu'il n'y a finalement pas de réelle campagne de prévention, sinon un vaste tapage autour des dégâts qu'elle fait, morts par overdose ou délinquance. Ce tapage ne fait qu'accentuer la marginalisation des toxicomanes qui n'en n'ont pas besoin.

Il est également très surprenant qu'en France et en

Europe, on n'arrête jamais de gros bonnet de la drogue. On a même l'impression que dans certains cas ils se montrent au grand jour et sont inattaquables. De même, on peut poser le problème de l'argent. Les drogues, « douces » et « dures » confondues, rapportent un argent considérable, et pourtant, il n'a jamais été possible de repérer les flux d'argent. Je ne comprends pas comment on peut camoufler tout cet argent. Cela dépasse évidemment les fortunes les plus extravagantes que l'on peut repérer et qui, elles, sont connues.

Sans chercher à faire le procès de qui que ce soit, il faut pourtant souligner que les sommes consacrées à la lutte contre les trafiquants sont très insuffisantes et que si la loi, l'interdit et la lutte contre le trafic sont des éléments de prévention importants, ils ne sauraient suffire. La loi et la police ne doivent pas devenir des alibis qui évitent de se pencher sur le vrai problème, celui du fondement de la toxicomanie. Avant d'être un problème social, la toxicomanie est un problème individuel, ce qui la rend difficilement accessible. Il n'existe pas de solution globale pour la toxicomanie, mais à chaque cas correspond une solution. Celle-ci s'inscrit à chaque fois dans une histoire personnelle, dans celle du toxicomane, dans celle de sa famille (qui joue toujours un rôle, même inconscient), dans son environnement social, dans la fragilité et les faiblesses de chacun...

Le point de départ du travail est de prendre en compte le fait que les toxicomanes sont des gens fragiles, sensibles, parfois mal structurés, psychologiquement incapables de se prendre en charge seuls, et très vulnérables. Il faut reconnaître leur existence, les accepter tels qu'ils sont. Oui, les accepter. Il faut rappeler à chacun que ce pourrait être son frère ou sa sœur et qu'il n'est pas possible, en l'état actuel des choses, de prévoir que telle ou telle personne sera plus ou moins exposée. Il faut lui tendre la main, et l'aimer. Il y a certes chez eux une violence difficile à comprendre, difficile à canaliser, une violence qui peut aller jusqu'à l'agression physique, mais ce sont des êtres tellement faibles, et ça il faut le comprendre... Il ne faut pas avoir peur de cette violence, il faut tenter de l'affronter.

Ils sont imprévisibles, erratiques, ils trichent, ils mentent, ils volent, etc. Tout cela est vrai, et le piège serait d'ailleurs de croire qu'en leur tendant la main, tout sera réglé, comme par un coup de baguette magique. Erreur... c'est frustrant, certes, de tendre la main. Il n'y a pas de résultats immédiats. Mais il y a une toile qui se tisse doucement.

C'est vrai, si nous acceptons un peu plus humainement toute cette cohorte de paumés, ces laissés-pour-compte, si nous oublions notre individualisme et notre égoïsme, nous pourrons éviter cette dramatique fracture de la société. Mais trop souvent ce ne sont pas les paumés qui scandalisent, c'est le désordre occasionné par leur existence.

Comment repérer ces victimes ? C'est peut-être là le nœud du problème. Pourquoi toujours se réveiller lorsque le mal s'est déclaré ? C'est probablement sur ce point qu'il faudrait plus réfléchir. Sur la valeur de la cellule familiale (éclatée ou non) et sur son rôle primordial. On oublie un peu trop que le rôle des adultes est d'assurer l'éducation des enfants jusqu'à leur majorité, et non pas de les aimer de façon envahissante et un peu incestueuse. On oublie un peu trop que l'épanouissement d'un enfant passe obligatoirement par une liberté, même si celle-ci est un peu surveillée. Les enfants ne sont pas là pour combler un vide chez les adultes. Il s'agit de trouver le bon dosage entre le rôle de surveillance de la cellule familiale, avec ses interdits et ses lois, et le respect de la liberté, le respect du désir de l'enfant, dans son cheminement, condition de tout épanouissement.

Le pire ennemi dans l'éducation, c'est l'absence. On laisse faire, on est là mais sans l'être. La frustration nécessaire à la structuration de l'être a disparu, on se perd dans la facilité et la lâcheté qui existent un peu chez chacun de nous. On apprend ainsi aux enfants à refuser de se battre, à penser que le système est là pour pallier toutes leurs difficultés, à écouter les hommes politiques comme s'ils étaient là pour résoudre tous leurs problèmes. La vie est difficile. Affronter les difficultés ça s'apprend, et cela dès les premiers jours de notre vie. Et bien sûr toujours sous la surveillance attentive des parents.

On ne peut pas parler de la drogue sans évoquer le douloureux problème du SIDA. Celui-ci est étroitement lié aux toxicomanies dures, qui utilisent des injections de produits, et notamment d'héroïne. L'usage de drogue et notamment le passage des seringues d'un individu à l'autre, a été l'un des facteurs favorisant la transmission du virus du SIDA. La prostitution à laquelle recourent souvent les toxicomanes a en outre été un facteur aggravant.

Le gouvernement a fait des efforts pour promouvoir la vente libre des seringues. On a ainsi programmé des interventions ponctuelles dans les lieux durs de la drogue, notamment la distribution de fioles d'eau de Javel permettant de stériliser le matériel... Cette décision a été difficile à prendre car, bien qu'absolument nécessaire, elle ressemble à une capitulation. Cela doit nous faire réfléchir.

Tout cela se passe à une échelle différente : celle de la santé publique, dont le problème n'est pas de lutter contre la toxicomanie, mais contre ses effets pervers. Il faut d'ailleurs noter que ces distributions sont un élément de prise de contact avec les toxicomanes. Elles permettent de maintenir le lien qui est trop souvent rompu.

Parmi les moyens de lutte contre la toxicomanie, on peut aussi rappeler l'épineux dossier des drogues de substitution (telles que la méthadone). Celles-ci permettent de se passer des autres drogues. C'est un sujet qui fait encore peur. L'attribution de la méthadone est une pratique délicate, qui n'est pas encore très bien acceptée et qui nécessite des autorisations spéciales. La vente de méthadone en dehors de ces autorisations est considérée comme illégale et peut conduire le distributeur en prison. Pourtant, sans être parfaite, la méthadone a un double effet : son utilisation orale permet de limiter la propagation du SIDA ; puisqu'elle n'a pas d'effet sur le cerveau et n'entraîne pas de modification du comportement, et elle permet en outre aux individus de se réinsérer dans le système social dont, en général, ils sont exclus. Si ce n'est pas, en l'état actuel des choses, une solution satisfaisante, c'est tout de même un moindre mal. La méthadone reste pour les médecins un outil privilégié de lutte contre la drogue. Entre deux maux, il faut choisir le moindre et savoir accepter les réalités. La France ne s'est pas beaucoup impliquée dans ce programme. En 1993, il y avait une cinquantaine de personnes concernées. L'actuel ministre de la Santé, M. Douste Blazy, souhaite que deux cents à deux cent cinquante personnes s'y impliquent dans un prochain avenir. Ce ministre est également médecin.

Viols et peur du viol

Pendant les périodes scolaires, le midi, je mange dans un foyer. Il y a deux mecs qui m'emmerdent. Ces deux mecs travaillent dans deux magasins dans le coin. Ils ont commencé par me regarder, ensuite, ils se sont assis à côté de moi, et le premier m'a fait du pied. Tu vas me dire que c'est peut-être normal, car il peut me draguer. Au début, je pensais la même chose, mais cela s'est aggravé.

Un jour, ma mère a voulu m'acheter un jean, et par malheur nous sommes allées dans le magasin où travaille le type (à ce moment-là, je ne savais pas où il travaillait). J'ai donc essayé le jean. En sortant de la cabine, le type s'est approché, a commencé par me toucher la taille, et m'a demandé si le jean m'allait bien (ma mère était partie voir au fond du magasin). En partant, il m'a dit au revoir, et m'a fait un clin d'œil.

Le lendemain midi, ils ont mangé à côté de moi, et le mec aux cheveux longs s'est approché de moi et m'a dit : « n'aie pas peur », puis il m'a mis la main sur la cuisse. Alors, j'ai pris mon plateau et je suis partie. Un après-midi, j'ai été en ville et ils m'ont suivie jusqu'à la voiture.

Depuis, ils continuent à me parler et à me toucher quand ils viennent à table. Le surveillant, qui est maintenant un ami, est au courant et prend cela au sérieux.

Que dois-je faire ? Dois-je prévenir mes parents ? [...]

Solange, 16 ans.

À l'âge de treize ans, j'ai été violée par quelqu'un que je ne connaissais pas et que je n'ai jamais revu. J'allais au collège et un homme m'a entraînée de force dans un terrain vague. Ensuite, vous pouvez imaginer vous-même, car, par pudeur ou par blocage, je ne peux pas en dire plus.

Aujourd'hui, à vingt et un ans, j'ai de graves problèmes relationnels avec les gens en général, et les personnes de sexe masculin en particulier, alors je me suis construit un monde avec des animaux, un monde où je peux me protéger, la méfiance et la haine sont mes deux protections. Mais je sais que je ne peux pas vivre comme ça.

Je me consume comme une bougie, pour quitter plus vite ce monde de haine et de terreur qui m'a tuée quand j'étais plus jeune. Désormais, je vis loin des gens que j'ai pu aimer un jour, et de ma famille. Alors, seule, j'attends ; j'attends que mon heure vienne, que la mort vienne me chercher et je suis prête à l'accueillir. Je me réfugie dans la poésie, celle d'Hugo, de Baudelaire, de Rimbaud, Verlaine, Artaud.

Mais ce n'est pas une lettre de désespérée que vous lisez, c'est la lettre de quelqu'un de réaliste et qui a énormément souffert [...].

Alexia, 21 ans.

Il y a deux mois, j'ai été violée. Ca m'a fait beaucoup souffrir, et j'en garde un très très mauvais souvenir.

Quand j'en ai parlé à mes parents, ils ont refusé d'aller porter plainte à la police, et ils m'ont interdit de le faire. Mais l'autre jour, en me promenant en ville, j'ai croisé le bonhomme qui m'avait violée. Il me regardait avec un air étrange. Dès le lendemain, je suis allée porter plainte à la police, parce qu'il m'avait suivie un bon moment. Mais là, ils ont décidé de prévenir ma mère.

Dès qu'elle a su que j'avais porté plainte, elle est venue me chercher à l'école, et m'a ramenée à la maison. Et là, mon père m'attendait avec la laisse du chien pour me frapper. Ils m'ont frappée, frappée, et ils ne m'ont pas laissée dormir. Puis ils ont décidé qu'ils ne me laisseraient plus jamais sortir seule. C'est une vieille voisine qui me conduit tous les jours au lycée, et je n'ai pas le droit de sortir seule.

Des fois, je veux mourir, je n'en peux plus [...].

Ségolène, 17 ans.

Bien définir ce qu'est le viol est important. Est considérée comme viol toute agression sexuelle. C'est un passage à l'acte alors que l'autre n'en a pas envie. C'est une violence et un crime. C'est une agression de l'autre focalisée sur sa sexualité, mais qui l'atteint dans tout son être.

Nous avons tous un vécu sexuel, une expérience qui débute dès les premières années de la vie et joue un rôle important dans notre maturation psychologique mais reste de l'ordre de l'imaginaire. C'est ce qui sépare le fantasme du viol et le passage à l'acte. Les violeurs, eux, ne font pas cette différence. Ils ne mettent pas de barrière, et agissent en fonction de leurs pulsions animales. Ces violeurs ne sont pas fous. Ils sont totalement responsables de leurs actes. Il est vital de leur signifier les limites, les barrières.

Il n'y a rien de plus dramatique en cas de viol, que le fait que le violeur reste dans la nature, impuni. Lui signifier l'interdit, et les conséquences de sa transgression, est la première étape vers sa guérison. Il est essentiel d'en prendre conscience. Trop souvent, se sentant humiliées, les victimes de viols se replient sur elles-mêmes, rentrent dans leur coquille, et gardent cela pour elles. Comme si elles considéraient le dépôt de plainte comme un prolongement de l'agression.

Cela peut sembler un peu terre à terre, mais je souhaite rappeler les démarches nécessaires : ne pas se laver, et se rendre au commissariat le plus proche, si possible accompagné(e). Au cours du dépôt de plainte, il faut permettre un examen médical rigoureux auprès d'un médecin compétent qui sera chargé d'examiner et de décrire toutes les lésions subies lors de l'agression – ecchymoses, griffures, lésions sexuelles – et d'effectuer un prélèvement au niveau des organes génitaux. Ce prélèvement de sperme permettra de mieux identifier le coupable, par exemple s'il nie. Un signalement le plus précis possible est également essentiel. Certes, l'interrogatoire peut être pénible dans un premier temps, car il contraint à décrire toute la scène dans ses moindres détails. Il est pourtant indispensable. Il existe quand même la possibilité de différer l'interrogatoire dès que les premiers éléments ont été consignés.

On pourrait proposer plusieurs mesures à cet égard. Un numéro vert spécial viol dans toute la France, du type de ceux qui existent déjà et qui font un travail essentiel (voir annexe), mais permettant en outre des contacts plus faciles avec des policiers, des médecins, des psychologues, des assistantes sociales, des avocats, etc. serait, par exemple, nécessaire.

Si toutes les victimes témoignaient, cela permettrait de réaliser à quel point ce crime est fréquent. Trop peu de femmes – mais aussi d'hommes – portent plainte. Les agresseurs restent en liberté et recommencent.

Si les femmes constituent la majorité des victimes de viols, les hommes sont désormais concernés. On peut par exemple songer au grave problème des prisons où, régulièrement, certains détenus sont victimes de violences sexuelles. Quel que soit le sexe de la victime, les dégâts, en particulier psychologiques, sont tout aussi importants.

Le plus grave est sans doute que la blessure occasionnée par un viol est souvent ignorée. Le viol entraîne une profonde déstructuration de la personnalité. La sexualité, dans son fondement psychologique, est atteinte. Qu'on le veuille ou non, notre sexualité imprègne toute notre vie et influence nombre de nos comportements. Être agressé sur ce terrain affecte l'essentiel de ce que nous sommes. Certes, on peut toujours s'en remettre, mais on n'oublie jamais. Il faut un long travail psychothérapique, un soutien pour retrouver lentement le chemin d'une personnalité permettant à nouveau d'exister et de s'exprimer.

Sur le plan juridique, le viol est un crime sévèrement puni, et comme pour tout crime, le délai de prescription est de dix ans. Cela veut dire que, même beaucoup plus tard, vous avez la possibilité de porter plainte et de vous faire entendre. La prononciation et l'exécution d'une sentence n'est pas une fin en soi, mais elle est essentielle. C'est une porte ouverte pour l'agresseur afin que lui aussi se prenne en charge et puisse effectuer un travail psychothérapique dont les modalités restent à définir, afin de ne pas récidiver, ce qui est hélas chose courante.

Considérer le problème sous cet angle est essentiel si on veut espérer qu'un jour ces viols disparaissent. Une société évoluée, ou qui se dit telle, a le devoir de tout mettre en œuvre afin de régler ce problème. Le viol est un crime indigne de la condition humaine.

La peur du viol, fréquente chez les filles, se comprend aisément, ce type d'agressions étant loin d'être rare. Attention toutefois à bien distinguer peur du viol et fantasme de viol. Ce dernier est une façon de jouer avec sa peur. C'est une production de l'inconscient qui ne doit pas susciter de honte ou de culpabilité. Ce peut être une façon d'exprimer sa sexualité. Un fantasme n'est qu'une image et passer à l'acte serait catastrophique. Mais, encore une fois, les violeurs sont incapables de faire la différence entre l'imaginaire et le passage à l'acte.

Suicide

Salut Doc, Salut Diffool,

Je vous écris de Perpignan. Ça va, vous ? Moi ça pourrait aller mieux : lundi, je commence ma semaine par deux gamelles à l'école et je me fais plaquer. C'est pas génial n'est-ce pas ? Bon allez, je vous expose mes problèmes : en ce moment je ne pense qu'à la mort et ça me fait vachement peur. Quand je vois un vieux bonhomme tout ridé et tout bossu je me dis : « c'est pas possible que je sois comme ça plus tard ». J'ai même rêvé une fois que je vieillissais et je me voyais très vieille. Souvent, j'entends parler du SIDA dans votre émission, ou à la télé et j'ai peur de l'attraper. Si vous pouvez me donner une solution pour éviter de penser à ça ce serait cool [...].

Sylvie, 14 ans.

Bonjour Doc,

Je t'écris pour intervenir sur la manière dont tu t'es servi pour répondre à un ado appelé Pierre ou quelque chose comme ça, il y a environ deux mois.

Pierre avait deux gros problèmes : il était amoureux d'une fille qui ne l'aimait pas. Il était donc si désespéré qu'il envisageait la possibilité d'un suicide.

Tu lui as répondu très gentiment et tu as certainement dû beaucoup le réconforter. Mais, quand ses copains ont appelé à leur tour, tu leur as dit que lorsqu'on parlait de son éventuel suicide, cela signifiait que le désespoir n'était pas si grand.

Je t'écris parce qu'il y a six mois, ma meilleure amie, Emma(nuelle), s'est suicidée.

Emma idolâtrait sa prof de dessin (à noter qu'elle était très douée en dessin), et elle s'est mise à vouloir la connaître et surtout l'avoir comme amie, et en aucun cas sexuellement ou physiquement. La prof en question fréquentait Rosa, une fille intelligente et cruelle, possessive, que je n'ai connue que par les récits d'Emma. Leur fréquentation ne se basait pas, d'après ce que j'ai compris, sur une amitié, mais sur un besoin, une dépendance. *Et Emma, jalouse, haïssait Rosa, qui haïssait Emma, par peur de perdre sa « place ».*

Emma est peu à peu parvenue à ses fins, après deux ans d'efforts et une période marquée par le leitmotiv : « J'en peux plus, Lisa, je n'aime qu'elle, elle ne m'aime pas, j'en peux plus, je peux plus vivre. » J'étais sa confidente en quelque sorte. Puis la prof et Rosa se sont brouillées (avant une tentative de suicide de Rosa !) et Emma se mit à s'imaginer une grande histoire du genre : « Elles vécurent heureuses que toutes les deux très longtemps. »

Le mercredi, je mangeais avec Emma :

– Ça va ?

– Ça va.

– Tu as reçu une lettre d'elle (sous entendu : la prof).

– Oui.

– Alors ?

– Rosa est revenue.

– C'est pas grave ?

– Non.

– Et tes vacances ? etc.

Dans la soirée, elle se jeta sous une rame de métro.

Emma parlait de ce suicide depuis trois ans. Mais depuis deux mois, depuis qu'elle semblait heureuse, elle n'en parlait plus. Mais peut-être est-ce cela taire ses projets macabres ?

Pour Pierre, il faudra peut-être faire attention à partir du moment où il semblera ne plus être désespéré ?

Qu'en penses-tu ?

Je voulais aussi te poser une autre question. Emma, c'était mon but dans la vie : la conserver vivante, l'empêcher de faire la *connerie. Après son suicide, je n'ai plus de but, je me suis prouvée que je ne pouvais pas arriver à faire ce que je m'étais fixé de faire.*

Voilà ma question :

Si tout n'est ni tout noir ni tout blanc, et que l'on en a marre du noir et qu'on se fout du blanc, pourquoi ne devrais-je pas sauter à mon tour ? [...]

Élisabeth, 14 ans.

Doc,

Je vous écrit pour vous parler du problème que j'ai [...]

Voilà, j'ai 21 ans. Dans un mois j'en aurai un de plus mais j'ai vraiment l'impression de vieillir beaucoup plus. J'ai la sensation d'avoir fait ma vie, quand je vais au cimetière poser des fleurs sur les tombes des personnes de ma famille. J'en profite pour me promener, je regarde les tombes, leurs styles, les couleurs qui me plairaient pour ma tombe. Je pense comment serait le jour de mon enterrement, les gens qui viendront, leurs réactions. J'ai des idées noires. Bref, je suis arrivée à un moment de la vie où j'en ai vraiment marre, je suis fatiguée, j'ai envie de laisser ma place aux jeunes, j'ai peur de l'avenir.

Dans un mois je serais au chômage, parfois je me demande pourquoi je suis en vie, je n'ai pas eu une enfance heureuse, il y a trois ans, j'ai perdu ma mère, puis mon père qui s'est suicidé juste après. Quand je l'ai découvert, c'était trop tard, certaines personnes ont dit que c'était ma faute, il aurait fallu que je le surveille. Mais je ne suis pas la seule enfant : j'ai plusieurs sœurs. Maintenant on ne se parle pratiquement plus entre sœurs, chacun ses ennuis. On n'a jamais été une famille soudée [...]

Dans la vie, je suis toute seule. Ceux qui me plaisent sont déjà pris et je ne cherche pratiquement pas car j'ai peur de l'aimer et de le perdre.

Il y a des jours où je n'en peux plus, j'ai envie de pleurer mais je n'y arrive pas. Quand je vois le désordre dans ma chambre, c'est exactement comme dans ma tête. Si je veux, je pourrais écrire un roman sur mes malheurs, je me demande ce qui va m'arriver dans la vie.

Je pense que je devrais voir un psychologue mais je me dis qu'il y a des gens encore plus malheureux que moi [...].

Marianne, 21 ans.

Si je vous écris, c'est pour que vous puissiez m'aider, enfin si c'est possible...

Voilà, je suis sortie avec un mec de mon âge de cette année. Il m'a tout de suite dit qu'il m'aimait et j'ai alors compris qu'il s'était entiché de moi.

Malheureusement, j'ai besoin d'indépendance, alors je l'ai « plaqué » ce week-end. Je ne lui ai pas dit en face (car il habite à 100 km de chez moi), ni au téléphone. J'ai préféré lui annoncer que c'était fini par courrier.

Il m'a appelée ce soir et il m'a demandé pourquoi je lui avais fait ça. Il m'en voulait, il ne comprenait pas.

Nous avons perdu un très bon ami il y a trois mois. Il s'est suicidé, il n'avait même pas vingt ans, parce qu'on lui avait « enlevé sa raison de vivre ».

Et ce soir, mon copain, enfin mon ex, m'a dit qu'il comprenait ce qu'il avait ressenti. Je lui ai dit de ne pas faire de connerie... Mais j'ai si peur maintenant. J'ai pensé pendant longtemps à cette rupture et je m'étais imaginé cette conversation et j'avais peur qu'il pense au suicide. Et ça s'est passé... J'ai peur qu'il se suicide, qu'il disparaisse à cause de moi. Je ne crois pas qu'il mérite d'être aussi malheureux.

Et puis j'ai fait l'Amour avec lui et c'était la première fois pour lui, ce qui l'a encore plus rapproché de moi.

J'ai peur, je crois, d'avoir sa mort sur la conscience. Je ne veux pas qu'il s'effondre, que sa vie s'arrête là. Je voudrais pouvoir l'aider, même si les sentiments ne sont plus là [...].

Anne, 18 ans.

Le suicide a toujours existé. Il concerne toutes les tranches d'âge et toutes les couches de la société, dans tous les pays du monde. Lorsqu'il s'agit d'adultes jeunes et d'adolescents, il revêt un caractère très particulier. Aujourd'hui, le suicide est devenu la première cause de mortalité chez les jeunes, avant la maladie et les accidents de la route. Ce phénomène inquiète tous les pays, et les gouvernements sont à la recherche de solutions permettant de le prévenir et de l'éviter.

Il existe de nombreux ouvrages concernant le suicide des jeunes, ainsi que des travaux permettant d'évaluer avec précision leur survenue, le profil des personnes qui y recourent et les moyens utilisés. Ces travaux sont difficiles, car on sait qu'en France, par exemple dans des départements où le catholicisme est encore très présent, de nombreux suicides ne sont pas déclarés comme tels. Les premiers résultats établis pour les pays industrialisés montrent que le taux de suicide varie entre ces derniers. En Europe, par exemple, ils sont plus forts en Europe continentale ou centrale : Suisse, Autriche, Allemagne, Hongrie, Tchécoslovaquie, Danemark, Finlande, Suède. Si les filles font plus de tentatives de suicide que les garçons, le taux de suicide est plus élevé chez ces derniers. On a cependant récemment observé une augmentation nette du nombre de suicides chez les filles.

Devant ces constats préoccupants, chaque pays a voulu mettre en place des moyens de prévention. De nombreuses associations se sont créées, visant la prévention de ces suicides, la mise en place de secours, notamment par téléphone, et enfin un soutien moral sous la forme d'aide sociale. C'est le cas notamment en Angleterre, où l'association des Samaritains, créée en 1951, s'occupe de tous ces problèmes. Il semblerait qu'elle ait permis de faire baisser le nombre des suicides.

Le suicide des adolescents est un drame absurde car il concerne une tranche d'âge qui est en profonde mutation. C'est d'autant plus préoccupant que, passé le stade douloureux, on peut penser que ces adolescents réussiront à trouver un équilibre et à dépasser ces tentations morbides.

On établit généralement une différence entre le suicide qui aboutit au décès et la tentative de suicide. En fait, le terrain est le même : les mêmes causes, le même contexte et le même mal de vivre sont impliqués. La différence se situe plutôt entre le fait de penser à la mort, de fantasmer sur la mort, de l'imaginer très souvent, ce qui est normal en cette période de mort de l'enfance, et le fait de passer à l'acte, tentative réussie ou pas. Certaines statistiques, notamment américaines, établissent que le rapport entre les suicides réussis et les tentatives de suicide varie entre 1/50 et 1/100.

Les différentes études sociologiques effectuées dans divers pays industrialisés tentent d'établir les causes des suicides. Ces dernières semblent varier d'un pays à l'autre. Bien sûr, même dans un pays donné, les causes restent très variables et appartiennent à l'histoire personnelle. Mais on peut rappeler quelques tendances.

Au Japon, par exemple, il semblerait que l'échec scolaire soit vécu avec une très forte douleur, qui peut devenir inacceptable. Dans cette société matriarcale, où les mères ont souvent un rôle sévère, l'échec scolaire de l'adolescent rend sa situation familiale dramatique et irrécupérable. Cela, souvent, ne permet pas de vivre. Ce danger est accentué par le fait que, dans ce pays, le suicide est valorisé et considéré comme un acte héroïque.

Dans d'autres pays, la modification des structures sociales, et le passage brutal d'un type de culture à un autre, de structure sociale radicalement différente, pourrait expliquer l'accroissement rapide du nombre de suicides chez les adolescents.

Aux États-Unis, les chiffres semblent montrer que le taux

de suicide est plus élevé dans les familles éclatées et dans les familles à forte mobilité. Par ailleurs, le suicide semble plus fréquent chez les personnes qui consomment de l'alcool ou de la drogue. Plus globalement, l'angoisse face aux exigences de la vie (problèmes scolaires, difficulté de trouver un idéal dans une société dure) semble favoriser cette fuite.

Il existe d'autres causes. Le suicide est contagieux. Des faits précis l'ont démontré, par exemple lorsque des groupes d'adolescents d'une même école se sont suicidés dans des intervalles très rapprochés.

Il faudrait aussi s'interroger sur le rôle des médias. Sans pousser trop loin l'analyse, on peut remarquer que les films présentent souvent le suicide, mais aussi la mort comme des actes héroïques, et sans alternative. Les situations de détresse ou de révolte ressemblent à celles de la fiction. En l'absence de points de repère, on est enclin à s'identifier aux personnages d'un film, jusqu'à la mort.

Devant ce constat, tous les gouvernements ont tenté de mettre en place des centres de prévention et de recherche sur le suicide. De manière ponctuelle, il existe des programmes visant à éduquer les jeunes et leurs parents, de manière à repérer dans le comportement de chacun ce qui peut être considéré comme une tendance suicidaire.

La prévention ne peut se faire sans dire la mort. Ce sujet doit pouvoir être abordé. Nombre d'adolescents à tendance suicidaire sont dans une situation dépressive, non repérée, ou vécue par les proches avec une certaine indifférence.

Tout cela évolue dans un contexte global de dévalorisation. L'adolescent, dévalorisé par rapport à lui-même, ne se reconnaît que dans ses défauts et ses incapacités. Toutes ses plaintes tournent autour de cette dévalorisation permanente et se traduisent par des attitudes de repli, parfois d'échec scolaire, mais le plus souvent dans une grande passivité. En apparence, ils ne se révoltent jamais. Outre cette passivité, il n'y a le plus souvent pas de réel conflit familial, ou d'opposition à la famille. C'est alors qu'il serait utile que quelqu'un, si possible extérieur à la famille, sache dire à l'adolescent qu'on a compris que son mal de vivre, ses sentiments négatifs, son sentiment de dévalorisation permanente masquaient un désir de mourir.

Il faut aussi savoir dire qu'il est normal, à cet âge-là, de ressentir, sous une forme ou sous une autre, ce besoin de mourir, mais que ce n'est pas la solution. Il vaut mieux passer ce stade et sortir de cet univers pour devenir adulte. Devenir adulte permet de vivre et de s'assumer. C'est lorsqu'on n'arrive pas à s'extirper du carcan de l'adolescence qu'on a envie de mourir. L'adolescent doit conquérir le droit d'exprimer ses désirs, de réagir en fonction de ce qu'il pense et non sous la pression, inconsciente, de son entourage. Or dans ce genre de situation règnent un certain isolement et beaucoup de non-dits. Il faut rompre cet isolement, soit par l'intermédiaire d'une personne extérieure, soit grâce à d'autres personnes de la famille, si possible pas les parents, souvent trop impliqués affectivement dans ces difficultés.

Le problème du non-dit de la part des parents doit être abordé. Souvent, dans le but de protéger l'enfant, ces derniers taisent des choses importantes de leur vie. On tait souvent aussi des choses qui concernent la vie de l'enfant : les circonstances de sa conception, le déroulement de la grossesse, le fait, tout simplement, qu'il n'ait pas été désiré. Sans avoir été dits, ces faits sont profondément ressentis. Inscrits au fond de l'inconscient, ils peuvent ressortir de manière détournée et être à l'origine d'un mal de vivre. L'enfant, ou l'adolescent, perçoit les conflits parentaux. Si on ne lui en parle pas, il se sent responsable des difficultés qu'éprouvent son père et sa mère. En outre, l'attitude des parents vis-à-vis de l'enfant, au cours de tels conflits, est souvent très ambiguë. Comme pour se justifier, ils peuvent faire semblant de tenir compte de l'avis de l'enfant, comme si celui-ci avait un rôle à jouer dans leur histoire.

Tout ce qui a pu présider à sa conception et à sa naissance, quelles que soient les incohérences et les choses « inavouables » qui ont pu se produire, n'a aucune importance. Ce qui compte, c'est d'être là, d'exister. Si l'on a su résister à ces difficultés et à ces manœuvres de rejet, on a été beaucoup plus fort. Cette force exprimée peut être rassurante, aussi bien pour les adultes, qui se déculpabiliseront et accepteront leur attitude, que pour les enfants, qui pourront rassurer leurs parents.

Mais tout cela n'est possible que si l'on réussit à exprimer très clairement ce qui s'est passé. Bien sûr, cela peut sembler difficile, incongru, irréalisable, ou même néfaste. Mais c'est nécessaire.

C'est dans ce cadre précis que la médiation d'un tiers, et notamment d'un psychothérapeute, dans une psychothérapie familiale ou individuelle, est essentielle. Les structures sociales, et tout particulièrement les enseignants, les éducateurs, les travailleurs sociaux, peuvent également jouer un rôle important à cet égard. Dans ce domaine comme dans bien d'autres, il faut nommer la souffrance et non la masquer. C'est le rôle de la thérapie.

Il faut aussi accepter de parler avec franchise de la mort. Je pense par exemple à ces parents qui, constatant le suicide, ou même la tentative de suicide de l'un de leurs enfants, préfèrent – souvent inconsciemment – masquer cela comme un accident.

On constate souvent chez les adolescents suicidaires une attitude de repli, de prostration qui peut s'inscrire dans un contexte d'indifférence. Cette attitude est à l'opposé de la situation conflictuelle. Le conflit, dans une famille, peut être violent ; il peut provoquer une véritable panique, mais, s'il a lieu, c'est que les parents expriment des exigences. C'est maladroit, mais c'est le contraire de l'indifférence. Cela prouve que l'on souhaite le bien de ses enfants. C'est donc malgré tout une preuve d'amour. Ces conflits vécus peuvent aider à résoudre des conflits internes plus complexes et plus profonds.

Le dialogue est plus facile avec des adultes extérieurs, si

ceux-ci savent garder leur rôle d'écoute et de respect. Car il faut savoir garder les secrets. Les grands-parents devraient eux aussi avoir un rôle plus important dans les familles. N'étant plus inscrits dans le conflit des générations, leur sexualité n'étant plus source de conflits, ils sont plus à même de prendre de la distance, d'avoir une écoute attentive et patiente. Cette relation, en outre, s'inscrit dans la continuité des rapports familiaux.

Quant au système social, il serait nécessaire de développer encore les écoutes téléphoniques, effectuées par des personnes qui connaissent les difficultés de l'adolescence et peuvent être attentives (cf. annexe). De véritables liens peuvent être établis, à un moment où le conflit revêt une acuité toute particulière, notamment au moment où le passage à l'acte est possible. Certes, ce n'est pas une fin en soi, ces écoutes ne permettent pas de régler le problème, mais elles permettent de passer une étape difficile, et d'éviter le passage à l'acte d'autodestruction.

Il serait même utile que tout enfant ou tout adolescent ait un carnet, du type du carnet de santé, où il puisse trouver, outre les renseignements identificatoires et les renseignements de santé, les numéros verts qu'il peut composer à tout moment en cas de détresse. On pourrait également y inscrire ses droits et ses moyens de recours dans la société.

Surtout, à ceux qui considèrent que cette société n'a rien d'idéal, il faut répondre sans cesse que l'idéal n'est pas non plus le suicide. L'essentiel est de trouver au fond de soi le chemin de son propre désir. Exister pour soi-même, détaché de ce qui pouvait nous enfermer dans l'enfance.

CHAPITRE 3

Dans les familles

Se situer dans sa famille

Je vous écris cette lettre car la situation de ma famille est devenue un vrai cauchemar ces derniers temps, et ce soir en particulier. Mon frère et moi, vivons avec ma mère qui est divorcée depuis plus de quinze ans. Mon frère est à la recherche d'un emploi ...

Il est vrai qu'à l'âge de vingt-deux et vingt ans, nous vivons encore au domicile familial, je le reconnais. Mais Frédéric aimerait partir et je pense qu'il le fera bientôt. Il a été embauché aujourd'hui pour un contrat à durée déterminée, ce qui l'a fait sauter de joie, et je pense qu'il trouvera quelque chose par la suite. En ce qui me concerne, je ne peux pas dire que mes études soient brillantes. Je fais néanmoins le maximum pour obtenir des résultats corrects [...].

Ce soir, je suis rentrée assez tard. Ma mère nous a tous deux engueulés pour des choses assez insignifiantes. Ça ne m'a pas plu, et à mon frère non plus. Je ne suis pas trop rancunière, enfin je ne le pense pas, mais je ne change pas subitement de comportement. Frédéric, de ce point de vue, est un peu comme moi. C'est pourquoi il n'a pas voulu embrasser ma mère (qui le lui a demandé) au moment de lui dire bonsoir.

Ma mère a commencé à lui parler méchamment, et l'a rejoint dans sa chambre. Elle a commencé à l'engueuler. Ils se sont disputés. Le ton est monté, et il a eu droit à un tas de reproches : « tu es chez moi, c'est ma maison... », « tu n'es pas gentil, après tout ce que j'ai fait pour vous depuis que vous êtes nés », « tu veux que je retombe en dépression », j'en passe et des meilleures.

[...] *Je me suis levée pour aller un peu les raisonner, et surtout parce que ma mère commençait à gifler mon frère. Ils se sont séparés, et je suis restée consoler mon frère pendant que ma mère descendait téléphoner à son patron, pour lui expliquer que, depuis qu'il ne travaillait plus, Frédéric avait un problème.*

C'est entièrement faux, car avec d'autres personnes il est de bonne humeur et discute de tout [...].

Après, j'ai appelé ma copine Lydie. Lydie est très compréhensive, ce qui n'est pas le cas de ma mère qui ne nous laisse pas le droit de nous exprimer. Elle n'écoute rien de ce que nous disons (sauf ce qui l'intéresse). Je ne souhaite pas qu'elle soit parfaite, car tout le monde a des qualités et des défauts, mais j'aimerais qu'elle soit un peu attentive à ce que nous pensons, et qu'elle ne se borne pas à sa seule opinion sous le prétexte stupide qu'elle est plus âgée que nous et qu'elle a une expérience de la vie hors du commun [...].

Anne-Laure, 20 ans.

Voilà : je ne m'entends pas du tout avec ma sœur, et moins encore avec ma mère. Ma sœur peut raconter n'importe quoi à mon sujet à ma mère, et celle-ci la croit. Elle raconte alors tout à mon père le soir, quand il rentre du travail, et je me fais engueuler. Au début, je tentais de me défendre, mais je me prenais toujours la main de ma mère, ou de mon père, dans la gueule. Maintenant je ne dis plus rien, et j'encaisse tout [...].

Julien, 15 ans.

Je m'appelle Sylvie, et j'ai seize ans. Je sors avec un mec de dix-huit ans, et cela gêne ma mère, elle ne l'accepte pas. Luc, je l'ai rencontré il y a trois ans. Nous sommes sortis ensemble durant quinze mois. On s'aimait énormément mais ma mère faisait tout pour nous séparer car elle disait et elle dit toujours que je suis trop jeune pour aimer, que les sentiments que j'éprouve pour lui n'existent pas.

Au bout d'un an, elle a décidé de me mettre dans un lycée de curés. C'était affreux. Je faisais crise de nerfs sur crise de nerfs. C'était la prison, je n'aurais jamais cru qu'un tel établissement pouvait encore exister. On n'avait droit à rien. Malgré cela, notre histoire continuait. On ne se voyait pas souvent, mais nos sentiments étaient toujours présents. Trois mois plus tard, je suis sortie avec un mec du lycée parce que je n'en pouvais plus. On était si malheureux de ne pas se voir que j'ai préféré que notre histoire s'arrête. Je croyais être amoureuse de l'autre, mais lui, tout ce qui l'intéressait, c'était de coucher avec moi. Il me l'a demandé au bout de cinq jours. Moi, bien sûr, j'ai refusé. Un mois plus tard il a essayé de me violer, et bien sûr, tout a été terminé.

J'ai beaucoup regretté Luc. Deux mois plus tard, j'ai eu la chance de le revoir en ville. Il m'a dit que si j'avais besoin de lui, il serait toujours là. On se revoyait souvent, et un jour, notre histoire a pu recommencer. Quatre mois de bonheur, bien que ma mère m'ait interdit toute sortie. On se débrouillait toujours pour se voir.

Mais voilà : ma mère recommence tout comme au début, et pire même. Elle le traite comme un moins que rien. Elle ne comprend pas qu'on s'aime. Elle s'en fout. Elle dit qu'à cet âge-là, les mecs ne pensent qu'à coucher avec n'importe qui. Mais lui, ce n'est pas le cas. Il n'est pas comme ça avec moi. Il est tendre, gentil, attentif. Je ne sais plus quoi faire, car ma mère fait à nouveau tout pour nous séparer, et je ne le supporterai pas. J'ai beau essayer de discuter avec elle, elle ne veut rien entendre. J'ai peur de le perdre à cause d'elle. On est si bien ensemble. J'ai essayé de lui en parler, et c'est toujours le même refrain : s'il m'aime, il peut attendre... Moi, j'ai besoin de lui, et lui, de moi, et l'attitude de ma mère date des temps préhistoriques. Que puis-je faire pour qu'elle l'accepte et qu'elle comprenne ? [...]

Sylvie, 16 ans.

Depuis trois semaines (c'est-à-dire depuis ce bulletin où ma moyenne a baissé de deux points), c'est l'enfer à la maison :

Ma mère ne cesse (du matin au soir) de tout me reprocher, de me dire que je ne suis bonne à rien, que plus tard je n'aurai qu'à faire la « pute » (je cite), faute d'avoir mieux travaillé.

Mon père l'approuve bruyamment, et hurle (ce qui m'effraye) ou ironise très méchamment à chaque fois qu'il me voit. Je n'ose même plus prendre mes repas avec eux.

Chaque soir, j'ai envie de partir (de fuguer), et j'envisage pour bientôt, ou alors, de me suicider. J'ai peur de la douleur et de la mort, mais je suis tellement un fardeau pour eux que cela serait encore mieux pour moi. Je suis la honte de la famille.

Ma mère me dit qu'elle se tue pour mes études, et donc pour moi, et qu'en retour je ne fais rien. C'est vrai que mon école (privée) leur coûte très cher.

Je suis de la merde, mais j'ai au moins une circonstance atténuante : lorsqu'ils me crient dessus, j'essaye de me contrôler, mais j'ai des crises de larmes, je tremble, j'ai très froid, et j'ai une tachycardie (environ 200 battements/min.). C'est dans ces moments que me viennent des idées dingues, et j'ai tout prévu pour me barrer ou me suicider, et j'attends toujours le bon moment (alors que j'ai peur des conséquences).

Je veux travailler dans la publicité, et ma mère dit que c'est une belle illusion, et que ce n'est pas la peine d'y penser. Elle casse toutes mes espérances alors que je n'ai pas la volonté (c'est sûr), mais je veux m'en sortir [...].

Annabel, 15 ans.

Je vous écris parce que depuis quatre ans environ, je suis malheureuse chez mes parents, et, au fur et à mesure que je grandis, ça empire.

Mes parents sont une famille respectable. En tout cas, ils font tout pour en avoir l'air. Ils semblent irréprochables.

Mon père a toujours beaucoup travaillé, il a mis beaucoup d'argent de côté, ne boit pas, ne fume pas, et ne fréquente pratiquement aucun endroit en dehors de la maison et de son lieu de travail [...]. *Mes parents ne se disputent pratiquement jamais et sont d'accord sur tout. Ma mère chante tout le temps les louanges de mon père, qui se dévoue tellement pour ses trois enfants.*

En fait, jusqu'à l'âge d'environ douze-treize ans, tout allait bien : j'étais, à ce moment-là, la bonne petite fille digne de ses parents. J'obéissais toujours et je ramenais de bons bulletins, et pour moi, mes parents avaient toujours raison.

Ils ne me félicitaient jamais, ils me montraient peu d'affection, et les cadeaux étaient très rares (c'était encore une question d'argent). Je savais qu'ils étaient très fiers de moi, parce qu'ils en parlaient à l'entourage et leur montraient même mes bulletins.

À cet âge, tout a commencé à changer. Je voulais sortir sans eux, mais, à chaque fois que je leur en parlais, je finissais par recevoir une gifle et partir en pleurant. C'est alors que j'ai commencé à mentir. Je leur disais que j'allais à la bibliothèque pour pouvoir sortir avec mes amies. Quand j'ai eu mes premiers flirts, mes parents l'ont appris, et j'ai passé un sale quart d'heure. Depuis ce moment, si je veux faire quelque chose, je suis obligée de mentir parce que mes parents ne veulent pas admettre que j'ai grandi. C'est d'autant plus difficile que je suis l'aînée, et que je donne ainsi l'exemple à mon frère et à ma sœur qui ont quatorze et seize ans. Eux aussi, ils cachent beaucoup de choses à nos parents qui ne le soupçonnent pas.

Comme je me suis fait prendre plusieurs fois, ils me considèrent comme une « moins que rien ». De plus, je ne peux pas me retenir de leur dire ce que je pense. Ils ont un idéal que je dois accepter : « avoir de bons résultats scolaires, ne pas fréquenter les garçons, ne pas fréquenter les cafés, ne pas fumer... »

Depuis qu'ils ont appris que je fréquente des Arabes, ils m'insultent, et disent que je suis la pire salope du coin. Ils l'ont découvert parce que ma mère fouille ma chambre et lit mon courrier avant de me le remettre.

Ils n'ont aucun respect pour moi, je n'ai pas le droit d'exprimer mes opinions, ils entrent dans ma chambre sans frapper, veulent toujours savoir qui m'appelle au téléphone et pourquoi. Ils disent que « tant que je suis sous leur toit, je dois leur obéir ».

Depuis que je révise mon bac, ils ne cessent de répéter que c'est un bon prétexte pour échapper au ménage et aux travaux de mon père [...].

J'ai essayé de trouver des solutions comme aller consulter une assistante sociale, vu que j'ai déjà reçu des coups et que ma mère m'avait déjà menacée de m'étrangler, mais jamais je n'ai eu assez de courage [...].

Géraldine, 18 ans.

Enfant unique ou de famille nombreuse, du premier au dernier, chacun est unique et passe son temps à essayer de trouver une place, à s'exprimer, à exister et à prouver son existence. Je reçois des centaines de lettres qui expriment à quel point c'est difficile. Famille écrasante ou indifférente, attentive ou laxiste, ceux sur qui nous avons jeté notre premier regard, et dont nous avons scruté chaque geste et chaque attitude, ceux qui sont censés nous avoir tout appris sont là et bien là. Et nous devons les situer, les digérer. Pourquoi sont-ils là ? Ont-ils agi comme il le fallait ? Sont-ils responsables de notre bonheur ou de notre malheur ?

Un jour ou l'autre, il faut atterrir, les regarder avec d'autres yeux, ceux d'un adulte qui naît, d'un être humain qui naît pour la seconde fois, qui va rentrer dans le monde magique et cruel à la fois des adultes, avec ses incohérences, ses lâchetés, et son sentiment de tout faire parfaitement. Se situer dans sa famille, le jour où l'on prend conscience de son existence, c'est devenir responsable de soi. C'est se sentir un être unique et non pas se fondre dans ce fonctionnement familial, ne plus calquer ses gestes sur les gens qui nous entourent, sur l'attitude de ses parents, essayer de considérer leurs attitudes avec le maximum de discernement... Se sentir responsable, c'est aussi s'interroger sur son propre fonctionnement. Rejeter la faute sur les autres, c'est toujours un peu une fuite, parce que, même quand ils sont responsables, on ne trouve jamais la solution en accusant les autres. La solution est en soi. Cela ne veut pas dire qu'il faille s'isoler, se détacher des gens qui nous entourent. S'il y a une solution à trouver lorsqu'on a un problème, elle doit se situer dans une dynamique familiale.

Se situer dans sa famille, c'est donc montrer que l'on existe, mais c'est aussi respecter les autres. C'est accepter que tout change dans notre vie. Dans notre tête, dans notre corps, les choses changent pour nous, et pour les autres. Ils auront peut-être du mal à le comprendre, de même que nous aurons du mal à comprendre leurs réactions. Il faut trouver un nouvel équilibre.

L'essentiel est peut-être de bien marquer ses limites, tout en respectant celles des autres. De respecter chacun. Dans une maison, enfant unique ou famille nombreuse, il faut se ménager des espaces de liberté, des endroits où l'on peut exister pour soi, où les autres ne rentrent pas n'importe comment. Ce sont des choses d'une grande simplicité, mais parfois difficiles à percevoir : savoir montrer que sa chambre est un lieu privé, en faire un lieu à soi, l'aménager comme on veut, mettre les photos que l'on souhaite. Plutôt que de le faire « sournoisement », il faut peut-être tout simplement en parler, le demander... en traitant cela le plus possible avec humour. Il est facile par exemple de mettre un écriteau sur sa porte : « ne pas déranger », ou « frapper avant d'entrer », montrant ainsi que l'on a besoin d'être respecté.

En contrepartie, on respectera les autres, c'est-à-dire que l'on ne pénétrera pas n'importe comment dans des lieux privés comme la chambre des parents... Il est bon aussi de respecter un fonctionnement commun. L'essentiel est de participer à la vie communautaire. Il faut savoir participer aux tâches habituelles de la maison. Cela permet de montrer qu'on a grandi, qu'on est capable d'assumer certaines tâches, et qu'on existe. Les membres de la famille ne pourront que le remarquer dans un sens positif.

Se situer dans sa famille, c'est aussi savoir ne pas tout prendre au pied de la lettre, même quand les réactions à votre encontre sont un peu brutales, dévalorisantes... Il faut savoir ne pas les prendre au premier degré, ne pas rentrer dans sa coquille, mais savoir dire, avec humour ou parfois avec une certaine violence : « Je suis là, j'existe, et j'aimerais bien qu'on ne me marche pas trop sur les pieds. »

Tout cela peut sembler insignifiant, mais être adulte au sein de sa famille peut permettre de s'affirmer, ce qui permettra de mieux s'affirmer à l'extérieur. Ces détails pratiques – que l'on pourrait développer à souhait – sont d'une importance extrême. Ils forment la base même des échanges qui existent dans tous rapports humains et sans lesquels il n'est pas possible d'exister.

Exister dans sa famille, ce n'est pas subir, mais montrer cette existence. Parfois, on a envie de se révolter, de tout faire craquer, mais on peut aussi s'affirmer de manière positive. Se révolter négativement brouille les cartes, et culpabilise les parents qui ont une réponse négative. Une réaction de défense n'est pas attentive, ne cherche pas à comprendre. Elle devient agressive, rompt le dialogue et creuse l'écart. C'est alors qu'on a l'impression de ne pas exister.

De même, il serait absurde de penser qu'il ne doit pas y avoir de conflit. Lorsqu'on est adolescent, on a une place à gagner, sa propre place, à l'extérieur de la cellule familiale. Il faut quitter tout ce qui nous faisait fonctionner, et il est normal d'adopter une attitude d'opposition ou de rejet. Le problème n'est pas l'opposition, mais de ne pas pouvoir s'exprimer. Il est normal de ne pas être d'accord. Il est normal de le dire, de vouloir vivre autrement, et ça ne se fait pas sans heurts. Ce n'est pas très grave.

Les parents ont une autorité et l'expriment parfois sous forme d'interdits. Ces interdits sont autant d'obstacles à franchir. Il faut se heurter à quelque chose pour grandir. Les obstacles traduisent aussi un idéal parental, une façon de vivre qu'ils revendiquent. Cela prouve qu'ils ont des idées et un idéal. Le fait que votre idéal ne corresponde pas au leur n'est pas grave, et il faut l'exprimer. Le silence et l'absence de communication correspondent à une démission des parents. De l'opposition, du désaccord, naîtra obligatoirement le désir d'autonomie qui permet de devenir adulte.

Devenir adulte, c'est s'exprimer librement, être soi-même, vivre ses propres désirs. Vouloir atténuer les conflits, les éviter, c'est une fuite dans laquelle il n'y a pas d'idéal de réalisation.

Les familles éclatées

Salut Bifoul, Salut Doc...

J'espère que vous ça va ! Moi ça nage pas trop dans le blues ! ! !

Voilà, moi je n'ai jamais connu mon « vrai » père, car il est parti « très tôt ». Depuis ma mère vit avec un homme avec qui je ne peux pas m'entendre.

La nuit dernière, j'ai rêvé que je retrouvais mon père et que j'allais vivre avec lui. Et depuis je n'arrête pas de penser que je vais le retrouver. J'ai déjà essayé d'en parler à ma mère mais je n'arrive pas car chaque fois que j'ai essayé de parler de mon père à ma mère, ça bloque et je ne peux pas leur dire... J'ai vraiment envie de le connaître mais je ne sais pas comment faire [...].

Fabien, 16 ans.

Bonjour Doc,

Alors voilà, j'ai toujours vécu avec ma mère jusqu'à ce que l'on me prenne pour me mettre dans un foyer où je suis restée un an. Suite à ça mon oncle m'a prise avec lui. Ma mère touche une pension alimentaire pour m'élever, mais elle ne veut pas la donner à mon oncle. Donc j'ai écrit à mon père pour qu'il change l'adresse, suite à un jugement, donc il a répondu en me disant que si j'avais des droits, j'avais aussi des devoirs envers lui, me disant aussi qu'il m'avait écrit depuis des années et qu'il n'avait jamais eu de nouvelles (ce qui n'est pas vrai). J'ai essayé de prendre contact avec lui, je lui ai envoyé une photo de moi, je lui ai raconté beaucoup de choses... Et je n'ai pas eu de réponse, donc j'ai décidé de lui téléphoner et il ne voulait pas me parler. Pourquoi ?

Je peux te dire qu'il m'a fallu du courage pour lui téléphoner, car depuis que je suis petite je n'ai jamais eu besoin de le connaître, et quand je me décide à lui parler il me repousse [...].

Natacha, 15 ans.

Les familles éclatées, il y en a beaucoup. Un couple sur trois divorce, sans compter les couples qui vivent en union libre et se séparent. D'autre part, les familles françaises sont de plus en plus réduites : elles se composent souvent simplement du père, de la mère et des enfants. On les appelle les familles nucléaires. Grands-parents, oncles, tantes, vivent fréquemment sans véritable relation avec leurs petits-enfants ou leurs neveux.

Le divorce pose plusieurs problèmes. Le premier est celui de la séparation, de la rupture dans un couple et de la façon dont elle est vécue par les enfants et par les adolescents. Le second est que ces enfants se retrouvent ensuite isolés dans leur famille, en général confiés à la mère, parfois au père. La séparation des parents est souvent vécue par l'enfant avec une grande culpabilité, comme si sa responsabilité était engagée. Et comme s'il était un enjeu de cette rupture.

Si les enfants vivent cette séparation avec une telle violence intérieure, c'est peut-être parce que les parents ne leur permettent pas de se situer clairement dans cette rupture. Un divorce, une séparation, est une phase particulièrement difficile. C'est dans une certaine mesure un constat d'échec, et c'est, sur le plan affectif, une période particulièrement délicate. En outre, c'est une décision qui a longtemps été considérée comme dévalorisante aux yeux de la société.

On exprime souvent une grande violence, parfois même de la haine. Le recours à la justice donne le sentiment que tout cela n'est pas bien. Pourtant, le rôle de la justice n'est pas de juger tel ou tel acte d'un membre du couple, ou de trouver un coupable, mais de jouer un rôle de médiateur. Certes, il existe encore des divorces « pour faute », mais heureusement, depuis quelques années, on voit se développer ce que l'on appelle le divorce « par consentement mutuel ». Dans ce cas, le rôle du juge se limite à déterminer les modalités de cette séparation, et le devenir des enfants.

Quand on divorce, le sentiment de culpabilité se traduit parfois par une grande violence, et la tentation de rejeter sur l'autre les raisons de cet échec. Les choses seraient plus simples si les adultes avaient le courage de reconnaître les dysfonctionnements de leur couple et la possibilité de trouver un terrain d'entente. Une courte séparation permettrait de réfléchir, de se retrouver seul avec soi-même, et de faire le point.

Le problème est que les parents ont souvent l'impression d'avoir été abusés par quelqu'un qui a triché, qui a joué un peu par lâcheté le jeu d'un couple stable. Quand on trouve brutalement le courage de rompre, cela se passe fréquemment dans de mauvaises conditions. L'un agit de manière un peu brutale, et l'autre se sent pris au dépourvu. Dans ces situations, où la blessure affective peut être sévère et où on a du mal à contrôler son désir de se venger, il faut savoir garder les pieds sur terre. L'essentiel est de se séparer dans les meilleures conditions possibles, et surtout de préserver l'intérêt des enfants.

La première chose à dire à ces enfants, et ils le comprennent très bien, est que parfois il vaut mieux se séparer que vivre une relation qui ne fonctionne pas et qui leur donne une mauvaise image de ce qu'est l'amour. On ne peut pas faire semblant dans un couple, il y a des attitudes qui ne trompent pas. Il faut savoir expliquer à ces enfants qu'ils ne sont pas l'enjeu de ce divorce. C'est difficile à comprendre quand on est jeune. Un adulte saurait dire : « C'est votre affaire, débrouillez-vous, moi, je n'ai pas envie de juger. » Quand on est enfant, on se retrouve implicitement en situation de juger ses parents, comme si par notre attitude on pouvait changer quelque chose... Pourtant, il n'y a aucune responsabilité des enfants. Un divorce, c'est l'affaire du couple, c'est son problème, c'est à lui de le gérer. Et pourtant, combien de couples se comportent un peu comme des enfants qui se bagarrent dans une cour d'école.

L'autre chose que ces enfants réclament, c'est d'être rassurés sur leur avenir matériel. Ils ont besoin de savoir comment va s'organiser cette séparation, où ils vont atterrir, avec qui ils vont vivre. Il faut le leur expliquer clairement, et en dehors des moments de conflit. Ainsi, dans la plupart des divorces, les juges écoutent poliment les doléances des uns et des autres, déclarent les torts partagés. Cela permet de ne s'intéresser qu'aux problèmes de la séparation : pension alimentaire et garde des enfants par l'un des deux parents, en général la mère. Cette attitude est saine : pourquoi vivre la séparation comme une faute ? Il faut savoir se montrer responsable devant cet échec. Or, être responsable, c'est s'efforcer d'instaurer un dialogue. La culpabilité et la violence peuvent marquer l'enfant, très longtemps.

Souvent, la garde des enfants est confiée à la mère, mais les enfants peuvent, s'ils le souhaitent, être entendus par le juge au sujet du mode de garde. On rencontre de plus en plus de mères qui élèvent seules leurs enfants. Après tout, cela correspond au rôle que la femme avait au sein de la cellule familiale, puisqu'on lui demandait d'assurer le fonctionnement de la maison et l'éducation des enfants, le plus souvent sans salaire. Dans ces conditions, se retrouver sans mari pose de réels problèmes. La femme doit assumer le jour ses activités professionnelles et son foyer le soir. Cela demande beaucoup d'organisation et une certaine rigueur, mais les femmes assument la plupart du temps toutes ces charges avec harmonie. Un autre problème qui peut se poser est celui de l'absence du père, qui n'assure plus son rôle éducatif. Déjà, dans certains couples en dysfonctionnement, le père est absent tout en vivant sous le même toit. Dans les couples divorcés, la mère devient seule responsable de l'image du père. Elle peut l'accabler, le nier, ou bien, si elle le souhaite, lui garder une certaine place dans la famille.

L'enfant doit savoir qu'il est né d'une relation d'amour entre son père et sa mère, et que c'est ensuite, pour des raisons qui leur appartiennent, qu'ils ont décidé de poursuivre leur chemin seuls et d'assumer leurs propres projets. Ils doivent aussi dire simplement qu'ils ont fait ce choix pour être heureux.

Vivant cette séparation dans une entente relative et la blessure s'atténuant doucement, les parents doivent se souvenir de leur responsabilité commune devant l'enfant. Celui-ci doit savoir que ses parents s'entretiennent à son sujet, que la maman peut téléphoner au papa chaque fois qu'elle en a besoin, pour lui demander son avis ou pour le faire intervenir.

Les violences familiales

Salut !

Ça fait très longtemps que je vous écoute et je ne sais pas si je devais vous appeler, car de toute façon mes parents ne veulent pas que je téléphone et que je sorte pour téléphoner. J'ai dix-huit ans et deux sœurs plus jeunes.

Mon père est très violent avec mes sœurs, ma mère et moi. Il est alcoolique. Il nous bat, et si j'essaye de lui dire que je ne suis pas d'accord, il m'en met une dans la gueule. Et les flics ne disent rien parce qu'il est chez lui. C'est injuste [...].

Dernièrement, il est allé à l'école et a insulté plusieurs de mes professeurs.

Maintenant, il veut que j'arrête mes études, parce qu'il faut que je gagne ma vie. Il m'a même trouvé un travail chez un de ses amis. A-t-il le droit de me faire ça, car je suis majeur [...].

Jérôme, 18 ans.

J'ai dix-neuf ans, et mon copain a mon âge. En semaine, je poursuis mes études de médecine à Bordeaux, et lui, comme mes parents, habite à Toulouse. Nous ne nous voyons donc que le week-end. Hélas, voilà où est le problème : mes parents font tout pour m'empêcher de le voir. Je n'ai pas le droit de dormir chez lui, et si je passe chez lui avant de rentrer chez moi, ça fait un drame : ce sont des cris, des pleurs, pour une chose que je trouve ridicule (ma mère, par exemple, dit que je préfère les parents de Pascal, ou des choses dans ce genre !). Une fois, je suis rentrée très tard de chez lui, et mon père m'a accueillie, glacial, devant toute la famille, en me disant que la prochaine fois il me foutait à la porte.

Moi, mon père me fait peur. Je pense qu'il est capable de me rouer de coups.

Si nous essayons de nous voir dans la journée, ce sont des remarques du genre : « Et tes études ? » ou bien : « Si tu redoubles, gare à toi ! » La tension entre moi et mes parents est de plus en plus grande.

Nous avons très envie de dormir l'un avec l'autre, le vendredi ou le samedi soir, et ce n'est même pas possible. Je me ferais « assassiner » par mes parents.

Pascal ne supporte plus du tout mes parents. Il ne comprend pas leur comportement. Ses parents ont toujours été très « cool » avec lui, et avec moi, et ils ne comprennent pas l'attitude de mes parents. Ils se rendent bien compte que mes parents sont trop sévères. Et ma mère dit que tout ça, c'est parce que je suis trop bien pour Pascal, et que c'est normal qu'ils encouragent notre relation, et que si les parents de Pascal trouvent que c'est normal que nous soyons toujours ensemble, ce sont de mauvais parents.

Ils affirment que Pascal me monte contre eux. C'est ridicule, je n'ai pas besoin d'être montée contre eux pour trouver que ce n'est pas normal. Lors des grandes explications, ils me disent que « je peux partir, mais que de toute façon, avec lui, je n'aurai plus un sou ». Sous-entendu : il va dépenser tout mon argent. Ils pensent qu'il me manipule.

Je ne sais plus quoi faire : mes parents me disent que je me laisse faire par mon copain, et mon copain me dit que je me laisse trop faire par mes parents ! Je ne sais plus qui croire, que croire. Moi, je veux être avec mon copain, je l'aime, et pourtant j'ai peur de partir avec lui et que mes parents aient raison. On ne sait jamais comment les gens sont quand on vit avec eux.

Je veux réussir dans ma vie professionnelle, mais je veux aussi réussir dans ma vie amoureuse avec Pascal.

Que dois-je faire ? [...]

Nadège, 19 ans.

Si je vous écris, c'est tout d'abord parce que je ne peux pas vous appeler, mais surtout parce que j'ai peur de le faire.

Voilà, je vous expose mon problème : je suis d'origine algérienne, j'ai dix-huit ans, et je suis de nationalité française. Il y a deux ans, j'ai accompagné mon père en voyage d'affaires en Algérie, et je me suis retrouvée mariée à un mec de vingt-cinq ans. Je n'étais au courant de rien, mais je crois qu'ils avaient préparé ça avec des cousins à nous qui sont restés en Algérie.

Ça a été un véritable enfer : j'ai dû quitter la France. Comme je suis d'une famille musulmane, j'étais restée vierge jusqu'à ce mariage. Ce mec me faisait vomir. Et il me frappait jusqu'au sang et je n'avais aucun droit à la parole.

Bien sûr, mon père, en repartant en France, a par la même occasion embarqué tous mes papiers. Un jour, son frère (mon oncle) est passé me voir et ce jour-là mon mari m'avait frappée et avait laissé d'énormes marques et j'étais défigurée. Alors il a accepté que j'entame une procédure de divorce. Ça a été très long et ça a duré plus de huit mois.

Maintenant je suis chez mes parents mais le cauchemar continue. Ils me frappent sans arrêt et ne supportent pas que je sois divorcée. J'en ai vraiment marre. Je pense très souvent au suicide mais je sais que ce n'est pas la meilleure solution. Je voudrais partir mais je n'ai aucun revenu. J'ai vu des tas d'assistantes sociales mais ça ne sert pas à grand-chose [...].

Djemila, 18 ans.

Des disputes, des heurts, il y en a dans toutes les familles. C'est bien naturel. On n'est pas d'accord sur tel ou tel sujet, on l'exprime avec plus ou moins de véhémence, il ne s'agit pas là d'une violence. La violence physique, ce n'est pas du tout la même chose : c'est celle qui cherche à imposer une loi par la force et par la brimade. Il existe aussi une autre forme de violence, qui sans être physique n'en est pas moins aiguë, c'est le chantage affectif. Particulièrement paralysant, ce dernier est l'une des violences les plus développées et les moins réprimées. Il peut d'ailleurs accompagner la première. Ces violences sont toujours l'expression d'une faiblesse des adultes, d'un profond trouble psychique et d'une immaturité certaine.

Enfant ou adolescent, on subit ces violences car on se sent toujours inconsciemment coupable de ce qui se produit. On ressent une certaine faiblesse, l'impossibilité de se défendre. On est un peu passif et la révolte est difficile.

Devant ces réactions de violence, quand on est totalement impuissant, il n'y a qu'une solution : sortir du milieu familial. Et pour cela, il ne faut pas hésiter à appeler à l'aide. Plusieurs possibilités s'offrent à vous : les travailleurs sociaux (l'assistante sociale), la brigade des mineurs ou le juge pour enfants. Ils vous permettront d'obtenir, d'une manière temporaire ou définitive, un placement dans une structure d'accueil qui pourra être selon les cas une famille d'accueil ou un foyer.

Il faut signaler encore une fois que tout enfant a le droit de consulter seul et de lui-même l'assistante sociale ou le juge pour enfants, et de lui faire part de ses difficultés. C'est le devoir du juge de l'écouter et de se substituer momentanément aux déficiences parentales.

L'autre violence, le chantage affectif, s'exprime toujours en se référant à de bons motifs, de bonnes intentions. On parle d'amour, de sacrifices, mais il n'y a que désir de possession, et on ne laisse pas à l'enfant la possibilité de s'épanouir, de s'autonomiser. Le drame de cette violence, c'est qu'elle s'exprime toujours de manière douce, gentille, et sans que l'on puisse y réagir.

Et pourtant, il faut se révolter. Il ne faut pas le vivre avec culpabilité. Les parents qui s'expriment ainsi vivent eux aussi une situation difficile. Ce qui les conduit à de telles attitudes est toujours un trouble de leur personnalité. C'est une façon de capter l'autre, de se l'approprier pour essayer d'aller mieux. Mais ils ne pourront jamais aller mieux de cette manière. C'est une façon de nier leurs problèmes, de chercher une solution sans jamais la trouver.

Là encore, il faut savoir s'y soustraire sans la moindre culpabilité. On ne peut en aucun cas être tenu pour responsable du mal de vivre de ses parents.

Les fugues

Mon père est un véritable magouilleur qui a fait des dettes toute sa vie, et maintenant nous payons tous toutes ses conneries. Je m'explique : il a monté un tas d'entreprises et de commerces, toujours à son compte, et emprunté des sommes faramineuses qu'il a détournées à des fins personnelles. La plupart de ses entreprises ont fait faillite et par-dessus tout, le fisc a découvert ses fraudes. Depuis deux ans, on assiste à un véritable défilé d'huissiers, de saisies et même de menaces d'anciens associés de mon père. Mais là n'est pas le principal problème : car, pour rembourser ces dettes, on a même été expulsés de notre maison et je ne sais pas quoi faire. Nous allons nous retrouver à la rue, sans pouvoir aller nulle part, car nous n'avons pas beaucoup d'amis.

J'ai envie de me casser pour vivre tout seul, car maintenant je n'ai plus vraiment le choix, mais je ne sais pas comment je vais me démerder tout seul. C'est vrai, je suis en train de faire des études, et si j'arrête tout, qu'est-ce que je vais faire ? J'ai essayé de chercher du boulot partout mais je n'ai reçu aucune réponse favorable. De plus, si je me casse en solo, je ne sais pas comment je vais faire pour dormir, me laver, etc.

J'ai pensé à me suicider, mais je n'ai pas eu le courage, ou plutôt j'ai montré que j'étais un véritable lâche qui a la trouille de crever. J'ai cherché différents palliatifs pour « oublier ». J'ai essayé le haschich, l'alcool et maintenant j'en suis là devant mon avenir : la fugue (mais qu'est-ce que je pourrai faire ensuite si je n'arrive pas à m'assumer ?) ou le suicide.

Autre chose aussi : les rapports avec mon père sont très violents. Depuis mon plus jeune âge, il m'a toujours considéré comme un moins que rien. On dirait qu'il vit pour nous faire souffrir. Mes potes et mes copines ont bien vu que ça n'allait pas chez moi, et ils ont fait le contraire de ce que j'attendais d'eux : ils m'ont tout simplement lâché.

Je suis maintenant seul face à mon destin, et bientôt j'errerai tel un mort-vivant, ou bien je crèverai si je suis assez faible.

Je pensais pouvoir me débrouiller seul, mais je suis tellement démuni que je ne pourrai pas me débrouiller tout seul [...].

Stéphane, 17 ans.

Plusieurs médecins, ainsi que des sociologues, ont tenté de définir ce qu'est une fugue. La fugue est toujours une fuite destinée à résoudre un état de tension trop fort dans la famille. Leur nombre réel est beaucoup plus important que le nombre de fugues déclarées chaque année à la police et enregistrées. Il pourrait se situer aux environs de cent mille. Il ne s'agit pas d'un délit. On n'est pas condamnable pour une fugue. Il ne s'agit pas non plus d'un acte de délinquance. Il s'agit d'un acte violent devant une situation qu'on ne peut pas gérer.

Il n'en reste pas moins que la fugue est du ressort de la justice. Toute personne mineure, sous la responsabilité de ses parents, et ne pouvant assumer sa vie seule, se retrouve en situation de danger lorsqu'elle fugue. Le fugueur qui se retrouve seul dans la rue, sans moyens de subsistance, devient une proie facile pour toute forme de délinquance. Il se retrouve enclin à voler, à vendre de la drogue ou même à se prostituer. S'il fait cela, il se retrouve cette fois en situation de véritable délinquant. À cause de cela, il est du devoir de la société de le protéger. Dans un premier temps, le rôle de la police est de le retrouver et de le remettre à ses parents ou de le présenter au juge pour enfants. Ensuite, le juge pour enfants statue sur cet état de fugue afin de trouver une solution.

Cet aspect juridique de la fugue, qui n'est donc pas un délit, est important. Les adolescents fugueurs, lorsqu'ils sont retrouvés, devraient être considérés par la police comme étant en situation douloureuse, pénible, et non comme des délinquants. Ils ne devraient donc pas être fouillés ou gardés derrière les barreaux comme cela arrive parfois.

Ces fugues interviennent toujours dans des situations difficiles, et même si certains parents ne veulent pas le reconnaître, il y a toujours eu des signes avant-coureurs. Le plus souvent, le problème est que les parents s'en désintéressent totalement, ou préfèrent ne pas relever cette situation conflictuelle pénible.

L'important, lorsque les parents s'intéressent à la vie de leurs enfants, est d'avoir l'honnêteté de reconnaître le conflit et de chercher un terrain de dialogue et d'entente. Pour cela, on peut chercher une médiation. C'est le but des psychothérapies familiales, qui permettent de retrouver le chemin du dialogue, un chemin praticable où parents et adolescents pourront se côtoyer.

Souvent, les gens qui sont amenés à fuguer sont des gens particulièrement sensibles, émotifs, et n'ayant pas une maturité affective suffisante, tout simplement parce que, de manière inconsciente, on ne leur a pas donné la possibilité de l'obtenir. La preuve en est que ces fugues surviennent toujours dans des milieux familiaux perturbés, soit de manière très visible : violences, déchéances sociales relatives, intoxication alcoolique, soit dans des familles hyperprotectrices, autoritaires. C'est vrai partout où l'adolescent est rejeté, notamment dans ce qu'il peut exprimer de désir d'autonomie. C'est vrai surtout dans les milieux économiquement défavorisés, où les signes avant-coureurs sont souvent l'absentéisme et les échecs scolaires ainsi que toutes les situations créant une tension très forte et parfois insoutenable.

Le plus souvent, l'adolescent fugue seul, sans l'aide de personne, et se trouve rapidement démuni, et donc en situation de danger. Or, à part des solutions décidées par le juge, il n'y a pas de structure d'accueil pour adolescent en difficulté ou en rupture de ban. Seul le « Point jeunes » de Lille bénéficie d'une dérogation de 24 heures, accordée par les magistrats locaux. Pendant ces 24 heures, les responsables de cette structure peuvent héberger le mineur sans le déclarer à la police et tenter de le convaincre de rappeler de lui-même ses parents. Si les parents donnent leur accord, il peut alors y demeurer huit jours. Mais il n'existe pas, à l'heure actuelle, d'autres structures de ce type en France. De telles structures devraient être développées de manière à ce que les jeunes puissent être recueillis, pour un temps limité, sans qu'ils aient obligatoirement à s'expliquer devant la justice, afin de trouver un accueil différent, une écoute neutre qui puisse les libérer de leur tension affective.

Dans ce genre de situation où l'on se trouve très isolé, pouvoir parler à quelqu'un, bénéficier d'une écoute attentive est essentiel, comme il est essentiel également de pouvoir recevoir des conseils.

Incestes

Voilà : depuis l'âge de huit ans et demi, durant plusieurs années, j'ai été battue et violée par mon père. Je n'arrivais à en parler à personne, car j'en avais terriblement honte, et j'avais peur de lui. Chaque soir, il venait dans ma chambre et m'obligeait à avoir des rapports sexuels avec lui. Puis, un jour, il m'a carrément obligée à passer mes nuits avec lui, et là, j'ai compris que ma mère était au courant de tout, même si je ne lui en ai jamais parlé. Malheureusement, elle ne pouvait pas s'opposer à lui, car il lui arrivait d'être également très violent avec elle. J'ai aussi des frères et des sœurs qu'elle devait protéger.

En fait, il me considérait un peu comme une adulte. Comme je ne connaissais rien de tout cela, il commençait alors à me frapper avec tout ce qu'il avait sous la main. Parfois, j'étais carrément inconsciente quand il passait à l'acte. À plusieurs reprises, il frappait mes frères et sœurs qui étaient plus jeunes que moi, sans leur expliquer ses gestes, tout ça pour me punir d'avoir osé dire non. Souvent, il m'offrait des cadeaux pour se faire pardonner. Il disait qu'il ne recommencerait plus. Seulement, c'était encore pire, car il s'amusait à torturer mon chat devant moi, parce que je ne pouvais pas me comporter comme une adulte au lit.

Dans la famille, tout le monde savait ce qu'il faisait, mais personne n'est venu nous aider. Un jour, mon oncle est venu me voir, et, devant mon voisin qui avait le même âge que moi, il m'a obligée à lui faire une fellation.

Quand mon père a été arrêté, j'ai également dit ce qui

s'était passé avec mon oncle, car j'avais peur que tout recommence avec lui comme avec mon père. La famille m'a carrément rendue responsable de ça.

Depuis, cela fait quatorze ans que cela s'est passé, et je n'arrive toujours pas à oublier. J'en ai encore des cauchemars. À plusieurs reprises, j'ai tenté de me suicider, car je n'en pouvais plus.

Aujourd'hui, j'ai l'occasion de sortir entre amis avec des garçons, mais à cause de mon passé, je refuse les flirts, car je me sens sale, dégoûtante. J'éprouve toujours une grande méfiance envers eux, c'est plus fort que moi.

Je ne sais pas comment faire pour oublier le passé. Je ne peux pas en parler, car je me sens toujours coupable de tout ce qui s'est passé, et j'ai terriblement honte.

J'ai beaucoup de mal à vivre avec ça. J'ai l'impression que ça se lit sur mon visage [...].

Catherine, 26 ans.

Notre mère s'est remariée avec un homme qui avait un fils de plusieurs années notre aîné. Quelques années plus tard, ce garçon a abusé de nous. Il ne nous a pas violées, mais il a violé l'interdit. Ses mains ont visité nos petits corps, tout en nous terrorisant par des chantages divers et multiples, pour nous interdire d'en parler... Ça a marché ! La preuve, plus de dix ans après, c'est la première fois que j'ose en parler. Il est allé jusqu'à nous obliger à la fellation.

J'ai décidé d'écrire pour ma sœur. Elle passe par une phase qui fut pour moi très triste et douloureuse – celle où nos désirs se font si forts qu'il est difficile de résister. Or, tout comme ça m'est arrivé, dès que des mains de mecs parcourent notre corps, le plaisir est presque aussitôt étouffé par l'horreur et la peur.

Je voudrais savoir quoi faire pour lui éviter de vivre nos cauchemars. Je voudrais lui éviter la période de crise de larmes et de malheurs sentimentaux (qui risque de ne jamais se résoudre si on ne s'en occupe pas comme il faut). Inutile de te dire que les mecs, même ceux qui jurent être amoureux, ne comprennent pas quand une fille éclate en sanglots alors qu'ils essayaient juste de la relaxer à grands renforts de caresses... Par contre, la solitude est bien là, comme un étau qui se resserre sur un petit cœur malheureux qui n'osera jamais extérioriser l'horreur vécue [...].

Camille, 16 ans.

L'inceste est une autre forme de violence, dramatique et très fréquente. En 1992, aux Entretiens de Bichat, l'évaluation du nombre de victimes d'abus sexuels montrait que l'ensemble de ces abus sur les mineurs, parmi lesquels l'inceste est majoritaire, est beaucoup plus élevé qu'on ne l'imaginait.

L'inceste est une relation sexuelle entre deux membres d'une même famille, en général de la famille nucléaire. Le plus souvent, il s'agit d'incestes père-fille, bien que l'inceste mère-fils existe également. L'inceste frère-sœur existe aussi mais il ne pose pas le même type de problèmes : les frères et sœurs ont à peu près le même âge, et cette relation est moins traumatisante lorsqu'elle est vécue librement et sans violence. Cet inceste existe également avec d'autres membres de la famille, oncles, grands-parents...

Dans les familles éclatées, il existe aussi des incestes vécus avec le beau-père ou la belle-mère, présents dans le foyer et qui constituent un référent parental. Ces actes sont à placer au même rang que les violences parentales ; ils encourent les mêmes peines.

Les incestes sont rarement avoués. Pourtant, ils sont très préoccupants, car ces relations sont totalement subies par l'enfant et par l'adolescent, de manière très passive. Elles vont profondément perturber leur développement psycho-affectif.

Tout se passe comme si une cassure, une rupture survenait au moment de l'éveil psycho-affectif, et donc du passage le plus important de l'évolution de leur sexualité. Cela provoque de profonds désordres, et des troubles qui perdurent, pour resurgir, en général de manière aiguë, dans des situations de blocage au cours de la vie adulte.

Ces situations d'inceste sont souvent vécues au sein de la famille dans une certaine ignorance, comme si on ne voulait pas voir ce qui se passe. On peut noter par exemple que souvent, dans un inceste père-fille, la mère ne se rend compte de rien et ignore les attitudes incestueuses du père envers sa fille. Les structures de ces mères sont toujours assez semblables : elles vivent elles-mêmes leur sexualité de femme avec une certaine difficulté, ou en tout cas elles ne revendiquent pas une sexualité épanouie. C'est une façon un peu naïve de vivre leur sexualité – ou de la nier – qui peut expliquer qu'elles ne voient pas ce qui se passe dans leur famille. Cette ignorance n'en est pas moins coupable, car elle installe des situations qui laisseront des traces, le plus souvent indélébiles.

Très souvent, ces relations incestueuses apparaissent de la même manière. Elles se mettent en place progressivement. Cela se passe souvent de manière « douce ». Il n'y a pas de violence physique. Cela commence par des gestes tendres, puis des attouchements, pour arriver à des relations sexuelles : fellation, ou pénétration anale ou vaginale lorsque l'âge le permet. Peu de brutalité : le processus est plutôt lent, et, chose cruelle, il perdure généralement assez longtemps. L'enfant n'a aucune raison de craindre l'attitude de son père, qui en général n'est pas violent ; il n'a aucune raison de vivre cette sexualité avec culpabilité ; il laisse faire les choses, vivant dans une certaine ignorance de ce que peut être la sexualité adulte. D'autant plus que les pères justifient souvent leurs actes par de bonnes paroles : « je l'aime », « je ne veux que son bien », « il n'y a que moi qui puisse lui apprendre cela correctement », « tant que ça reste dans la famille... ».

Même quand il n'y a pas de violence physique, il y a toujours une violence. L'enfant sent bien, confusément ou clairement, qu'il y a quelque chose d'anormal dans les formes de domination que l'adulte exerce sur lui pour éviter d'être dénoncé. Il peut s'agir de menaces de sévices physiques, ou de chantages affectifs : « Si tu me dénonces, j'irai en prison, ce sera de ta faute. » Il ne faut pas céder à ce genre de chantage ou de tentative d'intimidation dont le seul but est d'échapper à une éventuelle dénonciation.

Les différentes recherches montrent que les incestes, comme les violences, ne sont pas spécialement liés à la situation économique de la famille, mais traduisent les troubles psychologiques des adultes qui en sont responsables. Simplement, dans les milieux intellectuellement plus « favorisés », ils sont davantage niés, cachés, et moins avoués. L'inceste est un crime, condamné par toutes les sociétés et par toutes les religions, et la loi est sévère, à juste titre, lorsqu'elle constate ce type d'agression. Il faut donc réagir le plus rapidement et le plus fermement possible lorsqu'on constate un inceste. Il faut avertir les enfants et les adolescents des recours dont ils disposent. Le premier est bien sûr d'avertir les autorités, en en parlant éventuellement avec un adulte de l'entourage. On peut aussi en parler aux travailleurs sociaux, assistantes sociales, DDASS, brigade des mineurs et au juge pour enfants qui entendra l'enfant victime de ces sévices. Il fera pratiquer un examen médical pour essayer de constater physiquement les traces des relations sexuelles. Il sera bien obligé également de pratiquer un interrogatoire le plus discret et le plus respectueux possible, et interrogera aussi l'adulte coupable, qui très souvent niera, mais finira toujours par avouer.

Le corollaire, bien sûr, d'un tel crime est la prison pour l'adulte responsable. Il n'y a pas d'autre solution. C'est un crime, et il est normal que les parents qui agissent ainsi envers leur enfant, et qui manquent à tous leurs devoirs de parents (assurer le bien-être matériel, protéger et favoriser l'épanouissement affectif de l'enfant jusqu'à sa complète autonomie), soient considérés comme totalement responsables. On ne peut en aucun cas incriminer une responsabilité de l'enfant et de l'adolescent. C'est important, car, comme je l'ai dit, l'enfant victime d'inceste vit cela avec une certaine culpabilité, souvent véhiculée par les autres adultes (« c'est bien fait pour toi », « tu n'avais qu'à pas l'aguicher », « tu as vu comme tu es », etc.).

Il est normal que l'attitude des adolescents au moment de la puberté comporte des éléments de séduction et de provocation. Les adultes doivent le savoir, et faire en sorte de les respecter et de leur faire comprendre que ce n'est pas possible. Ils doivent aider les enfants à faire le deuil de ce type de relation. C'est une façon d'exprimer sa personnalité, sa sexualité adulte naissante. Ces attitudes sont naturelles, sans désir de passer à l'acte.

Les sanctions sévères, une fois encore, soulignent à quel point il est nécessaire de repérer ces attitudes et de les prévenir. En effet, les parents incestueux, profondément perturbés dans leur développement psycho-affectif et dans leur sexualité, méritent une prise en charge thérapeutique, qui pour eux est la seule solution pour se débarrasser de leur problème.

Mais cela suppose une fois encore qu'on ose en parler. Il n'y a rien de pire dans les situations de violence que de ne pas en parler. L'évoquer permet d'une part d'alerter les autres et d'arrêter cette violence, mais aussi de la comprendre et de la resituer dans son cadre. Si on ne fait pas ça, le danger est réel.

La mort des proches

Lorsque ma mère est morte d'un cancer j'avais onze ans. Depuis, on essaye de vivre au mieux chez moi... Il y a des hauts, des bas, je n'ai pas à me plaindre. Sauf d'une chose : je rêve beaucoup de ma mère qui me soulage en me disant que je la reverrai très bientôt et que de toute façon elle est vivante et elle me surveille. Voilà mes rêves, pratiquement plus d'une fois par semaine, et il m'est arrivé de me réveiller soit en larmes de peur, soit en larmes de tristesse car elle me manque c'est un fait. Elle me manque au point de me demander pourquoi je n'irais pas la rejoindre [...]. *J'ai vingt-deux ans, je n'ai pas encore de passé trop conséquent. Alors pourquoi pas ? On dit que là-haut c'est super...*

J'ai vraiment envie d'aller voir car je sais que je la retrouverai. Je n'ai jamais fait de tentative de suicide et ça ne me dit rien. Je voudrais que ce soit naturel. Si on n'a plus envie de rester ici, pourquoi se forcer ? [...]

Victoire, 22 ans.

[...] *Bon, il y a deux ans, je suis sortie avec un mec. Nous sommes restés un an ensemble. C'était le grand amour. Cela faisait trois ans que j'étais amoureuse de lui. Il m'a tout appris, à aimer, à pardonner, tout... puis la rupture a eu lieu, d'abord de lui, puis de moi.*

Nous sommes entrés au lycée, mais rien n'était comme avant, je ne lui parlais plus, alors que lui voulait ressortir avec moi, et il y a un mois un connard l'a tué dans sa voiture. Je n'en peux plus. Ce mec-là je l'aimais toujours mais je ne voulais pas le lui montrer parce qu'il avait été salaud avec moi. Mais maintenant j'ai des remords, il me manque, je m'en veux. Je n'ai plus goût à rien. J'étais assez bonne à l'école et maintenant plus rien. J'aimais rigoler mais maintenant c'est fini. La seule chose qui me fait sourire maintenant, c'est la MORT. J'attends la mort avec impatience. Mes parents mes amis en ont marre, je gueule pour un rien, j'envoie chier tout le monde, je pleure tous les jours. Je baisse les bras. Là, j'ai été chez le médecin qui m'a donné des médicaments [...].

Alice, 16 ans.

Salut Doc,

Je m'appelle Claire et j'ai dix-huit ans. Voilà mon problème : il y a dix mois de cela mon père est mort. Il était malade depuis plusieurs années, mais ça s'est aggravé rapidement et il est mort subitement [...]. *Comme tu vois il est mort dans des circonstances assez pénibles pour lui. Mon problème est que j'ai passé toute mon enfance et mon adolescence à le traîner plus bas que terre, à l'humilier, à l'insulter, à le haïr et même à souhaiter sa disparition car je trouvais qu'il nous exploitait grâce à sa maladie. Aujourd'hui je suis très malheureuse car j'ai réalisé tout le mal que je lui avais fait, j'ai compris que je l'aimais sans même le savoir, et qu'il était une des rares personnes prêtes à tout pour m'aider. Mais j'étais aveuglée par ma haine et mon égoïsme. J'ai vécu cette mort intimement. Personne ne sait que j'en souffre et que le remords me ronge. Par pudeur je ne peux pas dire à mon entourage que je regrette... eux se sont mieux conduits que moi et j'aurais honte. Plus les mois passent et plus je vais mal. Il y a plusieurs mois c'était tellement lourd à porter comme « fardeau » que seule, en cachette, je me suis couchée et j'ai inhalé beaucoup d'éther (j'avais lu qu'on pouvait tomber dans le coma comme ça). J'ai juste réussi à être dans les vapes pendant deux heures, et à être froide et comme paralysée pendant quelques instants.*

Maintenant, je n'essaie plus de mourir pratiquement, mais en théorie si demain j'avais une maladie grave et sans issue autre que la mort, cela ne m'ennuierait pas. Ce serait à mes yeux une façon élégante de partir sans que les autres sachent l'enfer que je vis. Il m'arrive souvent de faire des cauchemars violents ou de me réveiller sans raison en pleine nuit ou une heure avant l'heure à laquelle je dois me lever. J'ai perdu tous mes amis petit à petit car je ne m'amuse pas dans les fêtes ou boîtes de nuit...

J'aurais voulu qu'on m'aide mais personne n'a rien vu. Il ne me reste que deux amies, mais quand j'ai essayé de leur dire mon malaise, soit elles n'ont pas compris, soit elles s'en foutaient... Dans les deux cas de figure c'est le même résultat. Je me sens horriblement seule. J'ai l'impression d'avoir tout à donner (car cet événement m'a fait piger beaucoup de choses), mais je n'y arrive pas. Tu vois, Cyril Collard dans son film à la fin il dit : « le monde n'est pas seulement une chose posée là, extérieure à moi-même. J'y participe, il m'est offert [...] *Je suis dans la vie »* [...].

Je rêve d'arriver à être dans la vie [...].

Claire, 18 ans.

L'orage pleure et continue de gronder,
Les murs décorés de ma chambre n'existent plus,
Et cela fait des mois qu'on n'a rien fêté,
J'ai peur et souffre de ne plus grandir,
dans tous les coins de rues gisent des corps inconnus.
Je sais et je vois que cette vie finira par me nuire.
Comment est-il possible qu'à mon âge je connaisse les horreurs de la guerre ?
Je vis le rêve de mon père mort, l'âme percée
Je le revois vomir cette nourriture, amer
de combattre avec pitié le peuple de ses frères.

Farida, 22 ans.

Perdre quelqu'un de proche, c'est toujours une épreuve. La mort nous entoure, nous la côtoyons sans vraiment savoir de quoi il s'agit. Les médias en parlent tous les jours ou presque. Mais elle est perçue de manière abstraite. Les corbillards aseptisent la mort. Pour la connaître, il faut y avoir été confronté et nous ne l'y avons pas toujours été. Nous vivons dans une société qui la nie. La mort dérange.

Quand on est jeune, c'est une réalité lointaine. On peut en parler souvent, mais la vivre, c'est autre chose. Lorsqu'on y est confronté, c'est toujours une prise de conscience brutale. Tout ce que l'on a pu imaginer autour de la mort prend un autre visage. Un corps immobile, inerte... Une absence. On aimerait que ce soit comme un jeu, au cinéma, pas pour de vrai.

Tout un processus se met alors en route et conduit à prendre pleinement conscience de la mort. Il faut admettre cette réalité, il n'y a plus de détour possible. On ne peut se dérober et on s'aperçoit que tout ce qu'on imaginait sur la mort, la façon un peu brutale, provocante, dont on en parlait, tout cela n'a rien à voir avec cette réalité si cruelle. On ne joue plus.

Et pourtant, la mort touche chacun de nous, tôt ou tard. On l'oublie tellement facilement que l'on peut se demander si ce n'est pas nécessaire pour fonctionner. C'est vrai que chacun, surtout parmi les jeunes, vit comme s'il était invincible, éternel, immortel. Et pourtant... Quand quelqu'un meurt, d'un seul coup, tout devient relatif. On l'aimait. Il faisait partie de notre entourage et, brutalement, plus rien. Il disparaît. Son âme n'est plus là. Son corps n'est plus animé. Et tout cela d'un seul coup. Accepter cette mort ne va pas de soi. On est d'abord terrassé, abasourdi, puis un long processus de deuil s'installe. On revit tous les moments passés ensemble, les difficultés, les bonnes et les mauvaises choses.

Le deuil réclame un certain repli sur soi, une rupture avec les habitudes sociales. On s'entoure du cercle familial, des amis proches, on se tient les coudes, même si tout cela se passe dans le silence, du moins au début. Plus tard, on en parle peut-être... on se rappelle les souvenirs, on parle de lui ou d'elle. Ça fait du bien. Ça nous aide à accepter cette disparition, à vivre avec celui ou celle qui n'est plus là, et à le rendre présent d'une certaine façon. Le deuil est une succession de bons et de mauvais moments, d'instants où l'on a mal, où l'on souffre, où l'on n'accepte pas, et d'instants plus sereins, où les bons moments reviennent, et où l'on se souvient parfois avec plaisir, surtout après un certain temps.

Faire le deuil de quelqu'un est un travail personnel. Chacun le fait à sa manière. Ce n'est pas toujours facile, on ne se comprend pas toujours, on ne comprend pas toujours les autres. Là encore, l'important, c'est d'accepter. Accepter que les autres soient différents, même si on ne comprend pas toujours. Être là, attentif et présent, suffit. Exiger, conseiller, raisonner ne sert à rien. Tolérance et patience sont plus utiles. C'est une marque de générosité, essentielle dans les liens familiaux ou amicaux, chaque fois que l'on partage des sentiments.

Jadis, être en deuil signifiait quelque chose. On savait qu'il fallait du temps pour accepter la disparition, guérir la douleur. C'était une phase de repli et de solitude. On ne participait pas aux fêtes pendant un an, on s'habillait en noir. Le deuil était une réalité et la mort était acceptée avec toutes ses souffrances.

Il a fallu l'éclairage de la psychanalyse pour que nous comprenions l'essentiel du travail de deuil... Un lent travail de maturation, qui a ses propres contraintes et ses exigences, et qui aboutit à l'acceptation de la mort de quelqu'un qu'on aimait. Ne pas faire ce travail, c'est nier la mort. C'est donc, par certains aspects, s'approcher de la folie.

La mort est devenue un fait divers dont le palmarès apparaît à la télé ou à la radio dans ses aspects les plus spectaculaires : les accidents de la route et les catastrophes, les crimes et les suicides, à condition qu'ils sortent un peu du commun. C'est la mort spectacle. On présente cela comme au cinéma. Comme si on était dans notre imaginaire. On la caresse, on alimente notre passivité et notre tendance à la fuite. C'est aussi une mort qui risque de devenir un modèle comme je le montrais en parlant du suicide.

C'est une mort anonyme et inhumaine, les gens disparaissent dans l'anonymat, proprement et silencieusement. Juste un corbillard aseptisé... Comme si les morts devaient être cachés. La mort dérange.

Et pourtant, une fois encore, la mort est une réalité qui nous entoure à chaque instant, nous attend tous et devrait d'abord nous faire percevoir tout ce que la vie a de merveilleux, précieux, magique...

On ne doit pas la nier. On doit la connaître : c'est aussi une réalité de la vie.

CHAPITRE 4

La médecine du sexe

Questions médicales

Des questions sur vous, votre corps et votre sexualité, vous m'en posez des milliers. Vous auscultez votre corps, vous le mesurez, je reçois même des dizaines de photographies. Une de vos grandes angoisses, c'est de savoir si vous êtes « normaux ». Ce n'est pas une question absurde. Bien sûr ce n'est pas grave de n'être pas tout à fait comme les autres – quand ce n'est pas pathologique – mais il est normal de vouloir le savoir et de pouvoir se situer. Je ne peux pas ici répondre en particulier à toutes vos questions. Je ne le souhaite pas non plus. Je ne veux pas plus vous apprendre tout ce que l'on sait aujourd'hui de la biologie de la reproduction. Je souhaite vous donner des repères, les grandes lignes qui permettront à la plupart d'entre vous de se situer ou de poser les bonnes questions.

Connaître son corps reste l'un des éléments essentiels pour s'épanouir dans sa sexualité. L'ignorance sur ces questions est liée en partie au manque d'informations, mais également au fait que le sexualité reste un tabou, et que la culpabilité concernant ce sujet est fréquente. Cette ignorance est le plus souvent globale : la sexualité est niée, à tous ses niveaux. Pourtant, chez nous tous, la pulsion sexuelle primaire, la plus animale, la plus difficile à contrôler, ne demande qu'à s'exprimer. La nier, la vivre avec culpabilité, conduit au déséquilibre et à la dysharmonie.

Notre premier point de repère sera donc la description

la plus simple et la plus complète possible des organes génitaux.

Les organes génitaux de l'homme

Chez l'homme, on peut distinguer les organes génitaux externes, visibles, et les organes génitaux internes.

Dans les organes génitaux externes, le premier, et le plus valorisé – ou considéré comme honteux suivant les modes –, est la verge. Anatomiquement, la verge est un organe érectile, composé de plusieurs parties. La partie érectile est composée de trois « cylindres » : deux à l'arrière qui s'appellent les corps caverneux, et un à l'avant qui s'appelle le corps spongieux. Ce sont des cavités qui contiennent du sang et peuvent se distendre et se remplir, ce qui conduit à l'érection. Comme nous le verrons, ce remplissage se déclenche lors de l'excitation.

Au-dessus de ces trois cylindres se situe le gland. Celui-ci a des formes tout à fait variables, et se termine par le méat, orifice externe du canal urétral. Ce canal, situé à l'intérieur de la verge, véhicule les urines et le sperme. Le gland est recouvert par une peau, qui peut se rétracter. À la base du gland, en arrière, se trouve le frein. C'est un petit lambeau de peau qui relie le prépuce au gland. Toutes ces structures (peau, gland et frein) sont des parties du corps riches en petits récepteurs sensitifs, ce qui leur confère leur extrême sensibilité.

La forme de la verge et du gland est extrêmement variable d'un sujet à l'autre. Il n'y a pas de format type. J'insiste sur ce point à cause de très nombreuses lettres. La taille d'une verge au repos est en moyenne de sept à huit cm, mais peut être un peu plus petite ou un peu plus grande, une petite verge au repos peut être plus ou moins extensible. En érection, la taille de la verge varie selon les individus :

il est classique de dire qu'elle mesure en moyenne 15 cm, mais elle peut être un peu plus petite : 10-12 cm, et dans certains cas mesurer jusqu'à 20-24 cm. Son diamètre varie également : entre 3,5 et 5 cm. La forme, la taille et la couleur de la verge et surtout du gland varient énormément d'une personne à l'autre : il n'y a pas de norme en ce domaine.

De nombreuses questions me conduisent à rappeler que la qualité de la relation sexuelle n'a rien à voir avec la forme ou la taille de la verge. Les zones sensibles de la femme, dites zones érogènes primaires (dont la stimulation déclenche l'orgasme), sont le clitoris, qui est externe, et le tiers inférieur du vagin : la taille de la verge est donc totalement accessoire. Elle préoccupe nombre de garçons surtout au cours de l'adolescence. À cet âge, certains pensent qu'une grosse verge est synonyme de virilité. Cette préoccupation disparaît quand on a fait le voyage de la relation sexuelle et du plaisir partagé.

De même le prépuce, qui est une zone particulièrement sensible, n'existe plus dans certains cas. C'est le cas après une circoncision, ablation du prépuce dans un but religieux, dans les religions juive et musulmane, mais également pratiquée dans des pays comme les États-Unis. On rappellera simplement que lors de la relation sexuelle le prépuce se rétracte, et que la sensibilité du gland suffit à provoquer le plaisir et à déclencher l'orgasme.

Une autre question fréquente concerne le phimosis. C'est un rétrécissement du prépuce qui empêche le décalottage. Contrairement aux idées reçues, il n'existe pas obligatoirement dès la naissance. Il peut être dû à une inflammation secondaire du prépuce. Lorsqu'il est très serré, il est nécessaire de pratiquer une petite intervention : élargissement de ce prépuce ou circoncision.

Des examens médicaux sont nécessaires. L'examen de la verge en fait partie. Cette anomalie devrait ainsi être repérée avant l'adolescence, et donc avant tout rapport sexuel, car ce phimosis, rappelons-le, empêche toute relation sexuelle.

Au cours de l'érection, dès qu'il y a stimulation – physique ou non – les corps caverneux et le corps spongieux se remplissent de sang. Celui-ci est bloqué à l'intérieur de la verge parce que les artères qui l'amènent sont coupées des veines qui le ramènent vers le cœur. L'érection peut durer un certain temps, aussi longtemps que dure l'excitation, en principe jusqu'à l'orgasme.

L'érection a des inclinaisons variables, mais est toujours dirigée vers le haut.

Master et Johnson, deux chercheurs américains, ont montré que la taille de la verge en érection n'est pas proportionnelle à la taille de la verge au repos. Les pénis qui mesurent de 6 à 7 cm au repos gagnent en moyenne 7,5 cm au moment de l'érection, tandis que les pénis de 10-11 cm ne gagnent qu'environ 7 cm en érection. Mais de toute façon, la taille de la verge reste accessoire.

Une autre petite anomalie, assez classique, mais qui préoccupe visiblement beaucoup ceux qui en sont atteints, est l'incurvation de la verge. C'est ce que vous appelez les verges « tordues ». Cette inclinaison peut être orientée vers la gauche ou vers la droite. À votre âge, il s'agit de malformations congénitales, c'est-à-dire qui datent de la naissance. Les nombreuses hypothèses échafaudées par les adolescents, comme le rôle de la masturbation, sont donc presque toujours fausses. Lorsqu'elles sont très marquées, ces incurvations peuvent effectivement rendre les rapports sexuels plus compliqués, du moins la pénétration vaginale. Elles sont alors du ressort de la chirurgie qui peut les corriger facilement. En revanche, lorsque ces incurvations sont légères, lorsque la pénétration est possible, il serait stupide de recourir à l'intervention chirurgicale. Le plus simple est de consulter un chirurgien pour lui demander son avis...

Je sais qu'il n'est pas évident d'aller consulter un médecin pour lui parler de cela. On a parfois un peu honte. Mais ce sont des professionnels ; pour eux, c'est une chose tout à fait normale. Il est vrai aussi que montrer sa verge en érection n'est pas non plus évident. Mais il y a au moins deux possibilités : prendre une photo de sa verge en érection ou demander au médecin de la déclencher à l'aide d'un médicament qui dilate les vaisseaux, ce qui n'a donc rien à voir avec l'excitation sexuelle.

À l'intérieur de cette verge, on trouve un canal, qui s'appelle l'urètre. Il part de la vessie et aboutit au méat, à l'extrémité de la verge. Il a deux fonctions : l'évacuation de l'urine et l'émission du sperme. Lorsque la verge est en érection, l'orifice de la vessie est bloqué. L'émission d'urine au cours du rapport sexuel est donc impossible. La seule fonction de ce canal à ce moment-là est l'émission du sperme.

L'autre partie des organes génitaux externes, constituée des bourses et de la peau qui les entoure est appelée le scrotum. En général, la peau est fine, foncée. Elle contient des glandes sébacées. Sous la peau se trouvent de petits muscles, permettant une rétraction ou une dilatation du scrotum.

Les testicules sont de petits corps souples, de forme ovoïde, accolés l'un à l'autre mais libres à l'intérieur du scrotum. Ils sont enfermés dans des sortes de sacs qu'on appelle les bourses. Celles-ci sont constituées de plusieurs couches et contiennent également des muscles qui ont pour fonction de contrôler la hauteur des testicules.

La préoccupation concernant la taille des testicules est moins marquée, mais elle existe. En moyenne, ils mesurent 4 cm de long pour 1,5 à 3 cm de large. Il faut signaler également que l'un est situé plus haut que l'autre, ce qui permet de marcher sans les écraser.

Les testicules adultes ont deux fonctions : produire l'hormone mâle, la testostérone, qui imprègne l'organisme et contrôle le développement des caractères sexuels primaires (verge, testicules) et secondaires (muscles, pilosité, etc.) ;

produire les spermatozoïdes, les cellules reproductrices qui seront émises au moment de l'acte sexuel lors de l'éjaculation.

Sur la face postérieure de ces testicules, un petit organe est repérable à la palpation : l'épididyme. Il joue un rôle essentiel, puisqu'il stocke les spermatozoïdes produits dans les testicules. Cet épididyme est un tout petit canal, presque microscopique, fortement enroulé. Si on le déroulait, il mesurerait environ 5 à 7 m. Il permet une grande capacité de stockage. Après cet épididyme, on trouve un petit canal, appelé le canal déférent, qui achemine les spermatozoïdes dans les vésicules séminales. Ces vésicules séminales se situent à l'intérieur du ventre. Elles sont constituées de différents canaux, qui conduisent les spermatozoïdes et le liquide séminal, et se rejoignent au niveau de la prostate, pour former le canal éjaculateur ; celui-ci traverse la prostate et débouche dans l'urètre, à l'intérieur de la verge. Il permet au sperme d'être évacué lors de l'éjaculation. Ces vésicules séminales contiennent également un liquide visqueux, blanchâtre, dans lequel nagent et vivent les spermatozoïdes, qui s'en nourrissent. Ce liquide est complété par des sécrétions de la prostate. C'est ce qui forme l'éjaculat.

L'éjaculat, produit de l'éjaculation, a un volume de 2 à 4 ml suivant les moments et selon les personnes.

La prostate est un organe célèbre. Tout le monde a entendu parler d'un grand-père qui a été opéré. En effet, elle développe fréquemment une anomalie : l'adénome de la prostate, qui gêne au moment d'uriner. Elle se situe juste sous la vessie. Lorsque les médecins pratiquent un examen, ils la perçoivent avec le doigt (toucher rectal).

Voilà décrite, peut-être de manière un peu rébarbative, l'anatomie sexuelle du garçon. Mais je crois qu'il est important de la connaître, de l'apprendre, car cela permet de comprendre le fonctionnement du corps.

Les organes génitaux de la femme

Les organes génitaux féminins sont peu accessibles à la vue, d'autant plus qu'ils sont habituellement recouverts d'une pilosité.

La vulve comporte plusieurs structures. Les plus visibles, externes, s'appellent les grandes lèvres. Plus petites, à l'intérieur, on trouve ce qu'on appelle les nymphes, qui sont en fait les petites lèvres, au sommet desquelles se trouve le clitoris.

Ces grandes lèvres s'étendent de l'anus au pubis, en bas du ventre. Ce sont des plis de peau qui recouvrent en général les autres organes génitaux externes. Constituées de tissus, elles contiennent des glandes, et également des vaisseaux. Les sécrétions de ces glandes sont importantes, elles ont une odeur particulière et exercent généralement un effet excitant et attirant sur les hommes. Comme le scrotum des hommes, une lèvre est plus développée que l'autre.

Les petites lèvres, à l'intérieur des grandes lèvres, sont également des replis de peau. Elles contiennent des glandes qui sécrètent une substance dont le rôle est de lubrifier le vagin, et ces sécrétions, associées à d'autres, jouent un rôle protecteur vis-à-vis des microbes, des urines et également du sang menstruel.

La taille des petites lèvres et des grandes lèvres varie selon les personnes, et peut être particulièrement développée. Comme nous le verrons plus tard, lors de l'excitation sexuelle, ces lèvres se gorgent de sang et augmentent de volume.

On doit ajouter à cette description l'orifice urétral. L'urètre est ce canal qui permet d'éliminer le contenu de la vessie. Son orifice est situé juste en dessous du clitoris. Son inflammation dans certains cas va déclencher des brûlures qu'on appelle cystites.

On parle souvent du clitoris sans savoir de quoi il s'agit vraiment. C'est un organe très sensible et sa stimulation suffit à déclencher un orgasme. C'est un organe unique, au sommet des petites lèvres. Bien qu'il n'y ait pas de comparaison possible, sa structure peut faire penser à celle de la verge. Sa taille est tout à fait variable : autour de deux à trois cm. Son extrémité ressemble un peu à un gland. Elle est recouverte d'un capuchon qui peut faire penser au prépuce, et naturellement cet organe est très riche en récepteurs nerveux, ce qui explique sa grande sensibilité. Lors de l'excitation sexuelle, le clitoris va augmenter de volume et se durcir un peu, mais beaucoup moins que la verge.

Juste derrière les petites lèvres, il existe une membrane très fine, qui s'appelle l'hymen. L'hymen est en général perforé, le contraire est rare. Sa forme est très variable d'une femme à l'autre, sa solidité l'est également. Il peut même dans certains cas être particulièrement résistant et ne pas céder lors du premier rapport sexuel. En effet, comme chacun sait, cette membrane va généralement se rompre lors du premier rapport sexuel. Mais il faut rappeler qu'elle peut s'être accidentellement rompue durant l'enfance, lors d'exercices sportifs ou lors de pénétrations comme cela se produit au cours d'activités masturbatoires. Enfin, contrairement aux idées reçues, la rupture de cet hymen au cours du premier rapport sexuel est beaucoup moins douloureuse qu'on a bien voulu le dire.

Après ces organes génitaux externes vient le vagin. C'est une cavité qui va de la vulve à l'utérus (au col de l'utérus). Sa taille est tout à fait variable, autour de huit cm. Il peut changer de volume, son extensibilité est grande et il s'adapte à toute taille de pénis (il s'adapte même à une taille de bébé !). Cette dilatation bien sûr peut s'accentuer sous l'effet de la pénétration lors des rapports sexuels. Composé de fibres et de muscles, très irrigué, le vagin subit de nombreuses transformations lors de l'excitation sexuelle : de fortes dilatations et un phénomène de transsudation qui produit la « mouillure vaginale ».

L'intérieur du vagin est tapissé de plis que l'on peut repérer par la palpation. Cette muqueuse qui tapisse le fond du vagin sécrète en particulier du glycogène. Cette substance favorise une fermentation bactérienne qui entretient une certaine acidité du vagin. Ces bactéries, bien sûr, ne provoquent pas d'infection. L'acidité au contraire protège des infections. C'est pour cela qu'il est important de ne pas perturber cet équilibre, par exemple par les douches vaginales qui peuvent entraîner irritations, inflammations et éventuellement, allergies. La lubrification est également sous le contrôle de glandes appelées glandes de Bartholin, situées en arrière du vagin, un peu sur les côtés. Ces glandes ont un rôle dans le rapport sexuel, même s'il semble secondaire par rapport à la mouillure vaginale. Il est important d'en connaître l'existence car, dans certains cas, elles s'infectent et provoquent un abcès que les médecins appellent bartholinite. Il existe aussi à l'intérieur du vagin une couche de muscles, disposés en longueur, et également riches en vaisseaux sanguins. Ces muscles, par leur seule action, permettent l'ouverture ou la fermeture. Il faut rappeler, dans cette cavité, l'existence d'une structure particulière, située dans son tiers inférieur et un peu en avant, très riche en récepteurs sensitifs. C'est ce que l'on appelle le « point G », recherché par de nombreuses femmes.

Au fond du vagin, on trouve le col de l'utérus. On peut le toucher avec les doigts en pratiquant un toucher vaginal. De chaque côté du col de l'utérus se trouvent ce que l'on appelle des culs-de-sac vaginaux puisque l'utérus pénètre un peu à l'intérieur du vagin. Au cours du rapport sexuel, ils recueillent le sperme et le stockent provisoirement. Ils accueillent aussi le pénis et protègent ainsi le col de l'utérus. Ce dernier, lors du rapport sexuel, s'ouvre en un petit canal qui permet la pénétration et conduit à l'intérieur de l'utérus. L'ouverture de ce col favorise nettement la montée des spermatozoïdes. L'utérus a une grande importance puisque c'est lui qui recueille l'œuf fécondé et permet son développement jusqu'à la complète maturation, jusqu'à la naissance du bébé.

Lorsque la femme n'est pas enceinte, l'utérus pèse une centaine de grammes, et mesure environ huit centimètres sur cinq. Il comporte essentiellement une couche de muscles que l'on appelle le myomètre. Ces muscles servent à la contraction de cet organe, notamment au moment de la naissance.

L'intérieur de l'utérus est tapissé d'une couche de cellules, appelée l'endomètre, qui se renouvelle chaque mois.

Les trompes de Fallope sont les conduits qui vont de l'utérus aux ovaires. Elles se terminent en haut, près des ovaires, par des pavillons. Leur rôle essentiel est de recueillir l'ovule, petit œuf qui est émis à chaque milieu de cycle par un ovaire. L'ovule progresse à l'intérieur de cette trompe. Lorsqu'il y a possibilité de fécondation, celle-ci se passe habituellement dans les trompes

On a tous entendu parler de trompes bouchées. Il s'agit généralement d'une maladie acquise, notamment, à la suite d'une infection. Lorsque ces trompes sont bouchées, on est stérile, puisque l'ovule ne peut en sortir et que les spermatozoïdes ne peuvent y entrer.

Les ovaires ont deux rôles : produire les hormones sexuelles femelles et produire les ovules. Ils se situent à un niveau variable à l'intérieur de l'abdomen, en général dans la partie basse de l'abdomen de chaque côté du bassin. Ils sont soutenus par des ligaments. Leur mode de fonctionnement est différent de celui des testicules, qui eux produisent en permanence des spermatozoïdes. Les ovaires produisent des ovules chaque mois, au milieu du cycle menstruel, sous contrôle hormonal. Globalement, les ovaires sont constitués de deux couches. La première est composée de follicules ovariens qui contiennent les ovules en cours de maturation. Au fur et à mesure de leur maturation, ils se rapprochent de l'extérieur des ovaires, pour pouvoir en être éliminés le moment venu. Cette « ponte ovulaire » – c'est le terme – a lieu sous l'effet des hormones, en général à chaque milieu de cycle, au quatorzième jour à partir du premier jour des dernières règles.

La deuxième fonction des ovaires est la production d'hormones sexuelles, qui ont un rôle essentiel. Ces hormones sont les œstrogènes et la progestérone. Les sécrétions s'effectuent de manière successive. Globalement, la première phase du cycle est celle de la production des œstrogènes, qui préparent la cavité de l'utérus et permettent le développement de l'endomètre, qui, ainsi préparé, pourra accueillir l'ovule fécondé. Lorsque l'œuf est « pondu », la cavité qui le contenait – le follicule – voit apparaître des cellules qui sécrètent une autre hormone : la progestérone. Celle-ci prépare la paroi de l'utérus en la modifiant.

Comme chez les garçons, les sécrétions hormonales des organes sexuels sont sous le contrôle du cerveau, et en particulier de deux structures : l'hypothalamus et l'hypophyse. L'hypothalamus est une structure centrale du cerveau qui sécrète les précurseurs des hormones sexuelles, mais aussi des hormones thyroïdiennes, hormones surrénales, etc. L'hypophyse, elle, est située dans une petite loge à la base du cerveau.

Ces hormones déclenchent l'apparition de tous les caractères sexuels féminins : les seins, la répartition des graisses, la peau... Elles sont le carburant de l'« énergie sexuelle » et déclenchent les pulsions. Elles jouent un rôle important auprès des organes génitaux externes qu'elles rendent aptes à la relation sexuelle.

Une grande différence entre l'homme et la femme vient du fait que l'homme produit des spermatozoïdes du début à la fin de sa vie, de manière continue, sans être soumis à aucun cycle particulier et que la femme, elle, a un fonctionnement cyclique : chaque mois elle produit des ovules sous l'effet de sécrétions hormonales, cycliques elles aussi.

Ce cycle comporte deux phases. Jusqu'au quatorzième jour, une sécrétion d'œstrogènes permet le développement de l'endomètre et le prépare à accueillir l'ovule. À partir du quatorzième jour, moment de l'ovulation, il y a sécrétion d'une autre hormone : la progestérone. Au vingt-huitième jour, la production de ces deux hormones chute brutalement ce qui déclenche les règles : l'endomètre n'étant plus stimulé, la paroi interne de l'utérus est détruite et éliminée. La couche intérieure de l'utérus est donc complètement renouvelée chaque mois.

Les caractères sexuels secondaires

Mis à part cette description anatomique, les hommes se différencient des femmes par les caractères sexuels secondaires. Ceux-ci se développent sous l'effet de sécrétions hormonales femelles (œstrogènes) et mâles (testostérone).

LES CARACTÈRES SEXUELS SECONDAIRES DE LA FEMME

Les seins sont des glandes développées, dont la fonction essentielle est de nourrir le bébé. Ce sont également des zones érogènes qui ont un rôle important dans la sexualité par la grande sensibilité qu'ils développent et par le stimulant sexuel évident qu'ils représentent pour l'homme.

La pilosité est développée au niveau du pubis, suivant une forme triangulaire, et également au niveau des grandes lèvres. Des poils se développent également au niveau des aisselles, et de manière beaucoup plus modeste sur les membres. Sur le tronc, la pilosité est généralement faible, il y a éventuellement quelques poils épars au niveau des seins. Elle est assez peu développée sur le reste du corps, sauf peut-être sur les jambes, ce qui fait le bonheur des marchands de produits et de systèmes dépilatoires. Des développements plus forts de la pilosité chez les femmes en d'autres endroits peuvent exister. Il peut s'agir alors soit d'hypertrichose, soit d'hirsutisme.

Les cheveux ont également une texture plus particulière. Ils sont plus fins et plus soyeux, avec une implantation différente de celle de l'homme, et ils sont en moyenne plus longs. La peau est plus fine. Le squelette féminin est plus petit, son bassin est plus large afin d'accueillir le fœtus. Les os sont plus fins. Les masses musculaires sont moins développées. Les graisses ont également une répartition différente : essentiellement au niveau du bassin (hanches) et des seins. Elles sont également plus développées au niveau du haut des cuisses. Le larynx est plus court, conformé différemment, ce qui vous donne un timbre de voix plus aigu.

CARACTÈRES SEXUELS SECONDAIRES DU GARÇON

Les seins du garçon ne sont pas développés, mais il existe cependant des mamelons et des aréoles rudimentaires généralement recouvertes de poils. Les glandes mammaires existent mais sont atrophiées. Néanmoins, cette zone reste une zone de sensibilité particulière, dont la stimulation suffit à déclencher une excitation sexuelle.

La pilosité a la forme d'un losange, au niveau des organes sexuels (pubis). Elle remonte vers l'ombilic. Modeste au niveau des bourses, elle est beaucoup plus développée sur le reste du corps. Elle apparaît particulièrement au niveau des aisselles et de la face, les sourcils sont beaucoup plus épais. La pilosité est souvent développée au niveau du tronc (face antérieure mais parfois même sur la face postérieure), et au niveau de l'abdomen. Les membres ont également une pilosité plus développée, même si cela varie : il y a des garçons qui ont une pilosité peu développée (au niveau des bras par exemple). Les très nombreux appels que je reçois me poussent à insister, une fois encore, sur le fait que le développement de la pilosité est très variable d'un garçon à l'autre, et qu'il n'a rien à voir avec la virilité.

Les cheveux sont moins longs, plus épais et moins serrés, et leur implantation est un peu différente, notamment au niveau du front et de la nuque où elle est rectiligne. La peau est plus épaisse, sèche et rude, ce qui se remarque facilement à la palpation. La répartition des graisses et des muscles est différente. Les graisses sont peu développées au niveau du bassin mais beaucoup plus au niveau des épaules. Les muscles sont globalement plus développés : épaules, bras et jambes. Il en va de même pour le squelette qui, s'il est plus étroit au niveau du bassin, est formé d'os plus longs. Les traits du visage, qui est souvent plus large, sont plus marqués, par exemple au niveau des sourcils et du menton.

Quant au larynx, il a une conformation particulière : il est plus allongé, plus saillant, ce qui va donner cette voix plus grave des garçons.

Les cellules sexuelles et la fécondation

Il faut maintenant rappeler ce que sont les ovules et les spermatozoïdes et comment ils permettent la reproduction.

Toutes les cellules de notre corps contiennent une information génétique. Cette information est contenue dans une macromolécule appelée l'ADN, et stockée par paquets : les *chromosomes.* Un être humain possède 46 chromosomes rangés en paires. Il a donc 23 paires de chromosomes. Chaque chromosome est une véritable banque de données, une usine d'informations.

Pour obtenir des cellules sexuelles contenant 23 chromosomes au lieu des 2 × 23 = 46 chromosomes que contiennent toutes nos cellules, une division cellulaire appelée la méiose donne une cellule particulière à 23 chromosomes (par exemple l'ovule) qui peut s'associer avec une autre cellule à 23 chromosomes (le spermatozoïde), pour donner un œuf fécondé possédant 2 × 23 = 46 chromosomes. Les 23 chromosomes de l'ovule résultent eux-mêmes de combinaisons aléatoires des informations de la maman. Les 23 chromosomes du spermatozoïde résultent du même type de brassage. Chaque cellule sexuelle apporte ainsi la moitié de l'information génétique qui nous organise.

Les chromosomes s'associent de manière à former une nouvelle information reçue pour moitié de chacun des parents. Cette information programme donc chaque fois un être totalement unique. La seule identité biologique possible est celle des vrais jumeaux. Dans ce cas, l'ovule fécondé se sépare en deux après fécondation. Ces deux cellules souches, qui sont donc génétiquement identiques, évolueront chacune de leur côté, et donneront chacune un bébé. C'est ce que l'on appelle les vrais jumeaux. En dehors de ce cas particulier, *il naît après chaque fécondation un être unique.*

La reproduction sexuée, qui n'est pas le seul type de reproduction dans la nature, comprend donc deux phénomènes : une réduction du nombre de chromosomes, puis la fusion des deux moitiés de matériel génétique. Les deux chromosomes sexuels de la mère sont « identiques » : on les appelle XX car ils portent tous les deux l'information sexuelle X. Les deux chromosomes du père sont différents. Ils portent les informations sexuelles X et Y. L'ovule, qui contient la moitié du patrimoine génétique de la mère, apporte donc toujours un chromosome X. Si le spermatozoïde contient un chromosome X, le bébé sera une fille (XX). En revanche, s'il contient un chromosome Y, le bébé sera un garçon (XY).

La fonction reproductrice

À l'âge adulte, ces fonctions sexuelles s'expriment différemment suivant les sexes. Les fonctions sexuelles de l'homme sont opérantes jusqu'à la fin de ses jours. La sécrétion des hormones telles que la testostérone diminue après quarante ans mais la fonction sexuelle se poursuit. La poursuite de relations sexuelles régulières semble d'ailleurs jouer un rôle, même si celui-ci ne semble pas déterminant.

La fonction reproductrice de la femme est limitée dans le temps : à un certain moment, ses ovaires cessent de répondre aux stimulations des hormones des structures cérébrales (l'hypothalamus et l'hypophyse), la ponte ovulaire cesse et la sécrétion hormonale se modifie. C'est ce qu'on appelle la *ménopause* : perte de la possibilité de se reproduire avec arrêt de la production d'ovules. Elle se produit vers la cinquantaine.

On peut rappeler, cela vous intéressera un jour, que les perturbations hormonales liées à la ménopause, et peut-être aussi l'impact psychologique de la perte de la capacité reproductive, entraînent des perturbations importantes chez les femmes, variables suivant l'état psychologique de chacune, où la sécrétion hormonale joue certainement un rôle, et où le facteur psychologique entre également en ligne de compte. Objectivement, on constate des modifications des organes génitaux externes (vulve, vagin) directement liées à la chute des sécrétions hormonales.

La médecine, ayant pris en compte ces modifications, a permis à ces femmes d'avoir une vie sexuelle active et satisfaisante lors même que les sécrétions deviennent déficientes, grâce à la supplémentation hormonale. C'est important, car l'allongement de l'espérance de vie, qui dépasse soixante-dix ans pour les femmes, et la manière dont la sexualité est actuellement considérée (elle n'est plus vécue comme tabou, ni comme un simple moyen de reproduction), rendent la poursuite d'une vie sexuelle satisfaisante nécessaire pour ces femmes. La supplémentation hormonale retentit notablement sur le fonctionnement psychologique.

La réaction sexuelle

LA RÉACTION SEXUELLE MASCULINE

La réaction sexuelle au moment du rapport sexuel comprend un ensemble de modifications objectives et observables.

L'excitation sexuelle masculine se déroule généralement suivant quatre phases : la phase dite d'excitation, la phase en plateau, la phase orgasmique et la phase de résolution.

La phase d'excitation, qui est variable suivant les individus, dure de trois à cinq minutes mais peut être très rapide. La verge entre en érection (allongement et durcissement), elle se redresse et le prépuce est décalotté.

Le gland qui était rosé au repos devient rouge violacé. L'orifice de la verge, le méat, s'ouvre et devient béant.

En même temps débute dans l'urètre la sécrétion d'un liquide blanc transparent qu'on appelle parfois la rosée du désir.

Ensuite vient *la phase en plateau*, qui est de durée variable suivant les individus. C'est une phase de plaisir. Durant cette phase, la sécrétion de rosée du désir atteint son maximum.

La phase orgasmique, elle, est tout à fait particulière chez le garçon. Elle dure de cinq à dix secondes. En général, le garçon la sent venir mais elle devient ensuite incontrôlable. Durant cette phase, on ressent une très intense sensation de plaisir, les vésicules séminales se contractent quatre ou cinq fois et propulsent le sperme en jets successifs (deux, quatre ou six suivant les cas).

La quatrième phase est une *phase de résolution* : les organes érectiles se dégonflent et il devient impossible de recevoir une nouvelle stimulation. C'est la fameuse phase réfractaire pendant laquelle l'homme est inapte à toute relation sexuelle. Cette phase est de durée très variable suivant les individus, elle peut aller de trois à cinq minutes (chez les sujets jeunes) et jusqu'à vingt-quatre heures. Outre les particularités individuelles, elle s'allonge avec l'âge.

Après l'orgasme, toute stimulation peut être douloureuse, et il se peut que dans certains cas les garçons ressentent le besoin de se retirer, de s'éloigner.

D'autres modifications accompagnent ces phénomènes. Pendant la phase d'excitation, les muscles des testicules se contractent et on observe un gonflement des testicules. Lors de la phase de plateau, ils peuvent monter ou descendre et la montée s'accentue au cours de l'orgasme. La phase de résolution entraîne un relâchement rapide des muscles et un dégonflement des testicules.

D'autres phénomènes généraux se produisent lors de l'excitation puis du rapport sexuel : rougeurs, augmentation de la transpiration, accélération du rythme cardiaque qui atteint 100 à 120 pulsations par minute et jusqu'à 160-180 au moment de l'orgasme, et augmentation de la pression artérielle. La respiration se modifie également, et le rythme respiratoire s'accentue particulièrement au moment de l'orgasme, s'accompagnant parfois de gros soupirs. On peut aussi observer au moment de l'orgasme un blocage de la respiration, appelé apnée, qui peut durer quelques secondes.

On constate en fait une action de tous les muscles sous forme de tension musculaire, variable d'un sujet à l'autre. Ces muscles jouent un rôle important au niveau de la posture lors de la relation sexuelle.

LA RÉACTION SEXUELLE FÉMININE

La réaction sexuelle féminine peut également se décrire en quatre stades, semblables aux quatre stades de la réaction sexuelle masculine.

La phase d'excitation dure quelques minutes (trois à cinq), avec des modifications au niveau des grandes lèvres qui gonflent et changent de couleur. Les petites lèvres et le clitoris se gorgent de sang, gonflent et changent de couleur, le tiers supérieur du vagin se dilate tandis que le tiers inférieur se rétrécit, en même temps que se produit une lubrification : la mouillure vaginale, produite par la transsudation de la muqueuse vaginale.

Durant *la phase en plateau* qui est une phase de plaisir, on n'observe pas de grande modification, sauf une sécrétion des glandes de l'intérieur du vagin qui prennent le relais de la mouillure vaginale.

Pendant *la phase orgasmique,* en dehors de la modification de la coloration des organes génitaux, on observe une réaction du clitoris qui entraîne une sensation de raccourcissement et la dilatation du vagin, c'est la rétraction. Celui-ci se rétracte vers le haut, ce qui aboutit à une sensation de raccourcissement et à une accentuation de la dilatation du vagin.

L'orgasme féminin est tout à fait variable et n'a rien à voir avec l'orgasme masculin. Sa polarité de déclenchement est double : d'une part le clitoris, qui subit toujours une stimulation lors de la relation sexuelle (volontaire par mains, ou involontaire lors de la fusion des deux corps), et d'autre part le vagin, dont la stimulation du tiers inférieur peut, à elle seule, déclencher l'orgasme.

Objectivement, on observe un rétrécissement du tiers inférieur du vagin, avec des contractions des muscles qui l'entourent (de trois à huit toutes les dix secondes), l'utérus subit également des contractions, plutôt expulsives, indolores, avec une légère ascension.

Les orgasmes de la femme sont répétitifs, ce qui veut dire que la phase réfractaire décrite chez l'homme n'existe pas, et une femme a donc la possibilité d'avoir plusieurs orgasmes successifs.

La sensation orgasmique féminine peut être très intense.

Elle s'accompagne d'un blocage de la respiration avec comme chez l'homme une accélération du rythme cardiaque. Les femmes décrivent une sensation d'évanescence et de perte de contrôle, d'absence de soi, alors que les médecins, eux, vont décrire des phénomènes plus objectifs comme la contraction des muscles que je décrivais tout à l'heure.

Il y a également une rougeur du visage et du torse, et des mouvements spasmodiques du bassin.

S'associe à cela une contraction vaginale, avec comme chez l'homme un cri ou un spasme qui libère et succède à l'apnée, avant la reprise du rythme respiratoire.

La phase de résolution survient souvent après plusieurs orgasmes successifs, en pointe ou ondulatoires. Elle se manifeste par un dégonflement de tous les organes génitaux externes, la vulve, le vagin et l'utérus qui descend également un peu. Elle s'accompagne d'une tendance au sommeil et d'une sensation de béatitude, semblable à ce qui était observé chez l'homme.

Cette phase de résolution est essentielle dans la relation sexuelle. Elle permet d'exprimer la tendresse qui est le complément essentiel et souvent mal précisé de la relation sexuelle.

Durant cette phase, le fameux bien-être doit être partagé. Il est essentiel à l'épanouissement du couple. Je rappelle que le besoin de sommeil est parfois très violent, notamment chez les hommes qui ont subi une forte tension durant la relation sexuelle et sa résolution brutale dans l'orgasme. Elle est souvent un peu frustrante pour les femmes. Là encore, l'échange et le partage sont essentiels. Il serait dommage de s'en tenir à cette simple violence. Le plaisir sexuel procuré par cet orgasme ne saurait prendre toute sa valeur s'il n'y avait pas cette douceur et cette tendresse après l'acte.

L'orgasme

La description du circuit orgasmique est un sujet important, qui peut sembler technique, mais qui est essentiel. Celui-ci n'a strictement rien à voir avec la volonté.

Cette réaction réflexe démarre dans les zones érogènes primaires (chez l'homme, la verge et toutes ses structures ; chez la femme, le clitoris et le vagin). Une stimulation de ces zones suffit à déclencher l'orgasme. La stimulation des zones érogènes secondaires, quant à elle, peut déclencher la réaction sexuelle. Toutes les parties du corps sont des zones érogènes, certaines sont simplement plus ou moins investies suivant les individus. Les zones érogènes secondaires les plus fréquentes sont les seins, les aisselles, le cou, la bouche, l'anus, etc.

La stimulation de ces zones déclenche donc une réaction sexuelle qui se poursuit dans le circuit nerveux. Les nerfs qui partent de ces zones érogènes vont dans la moelle épinière – à l'intérieur de la colonne vertébrale –, où ils rejoignent des circuits nerveux réflexes. C'est important car ces derniers ne sont pas accessibles à la volonté. En revanche, ils reçoivent des racines nerveuses en provenance du cerveau, qui peuvent à tout moment interférer dans ce circuit orgasmique, et en particulier le perturber. Inversement, des racines nerveuses vont au cerveau et permettent la perception de ces sensations de plaisir et d'orgasme.

Il faut souligner à quel point l'état psychologique et l'état physique dans lesquels on se trouve jouent un rôle important dans le déclenchement et dans la perception des informations apportées par ces circuits orgasmiques. Tous les sens sont impliqués dans l'acte sexuel. Outre le toucher, il ne faut pas oublier le goût, l'audition, la vue et l'odorat.

L'appétit sexuel

Je reçois également beaucoup de questions sur l'appétit sexuel. Dans un premier temps, on peut rappeler que cet appétit sexuel démarre à la puberté, avec le début de la sécrétion d'hormones sexuelles en quantités très importantes. Ces hormones vont déclencher la puberté, mais en même temps l'éveil des sens. Ce qui ne veut pas dire que l'on découvre la sexualité à cet âge. La perception, simplement, devient différente.

On dit souvent que l'appétit sexuel est particulièrement important entre quinze et vingt ans, et diminue ensuite. En fait, il est variable d'un individu à l'autre. Certains ont une sexualité « débordante », d'autres moins. Une rencontre amoureuse peut aussi être marquée par un appétit sexuel plus important. Les facteurs affectifs peuvent jouer un rôle dans les deux sens : renforcement de l'appétit sexuel ou, au contraire, blocage.

Toutes les activités : sportives, culturelles ou professionnelles, peuvent modifier cet appétit sexuel. Elles peuvent aussi permettre de sublimer la libido, c'est-à-dire de transformer l'énergie sexuelle en action.

L'activité sexuelle dépend également de l'hygiène de vie. Une fatigue excessive, le manque de sommeil peuvent modifier l'appétit sexuel.

Les facteurs professionnels peuvent aussi jouer un rôle non négligeable et lorsqu'on se trouve dans une phase d'intense activité professionnelle, on y investit beaucoup d'énergie, parfois aux dépens de l'énergie sexuelle.

Enfin, il y a un phénomène d'entraînement, les relations sexuelles régulières permettant d'entretenir cet appétit, tandis que la baisse de l'activité l'atténue.

Tous ces facteurs peuvent avoir une grande importance.

L'essentiel est de vivre ces variations de l'appétit sexuel dans l'homogénéité du couple, d'apprendre à s'adapter l'un à l'autre et d'en parler. C'est d'autant plus facile que la relation est plus harmonieuse et équilibrée au plan affectif, et que l'équilibre psycho-affectif de chacun des partenaires est satisfaisant.

Mis à part les variations individuelles, il peut être utile de rappeler la « consommation sexuelle » habituelle. Si les relations sexuelles quotidiennes sont fréquentes lors des premières rencontres au moment de l'adolescence, la fréquence des rapports s'abaisse en moyenne à deux à trois par semaine au bout d'un certain temps.

Le seul inconvénient de l'excès sexuel, si tant est que l'on puisse le considérer comme tel, est celui d'une inflammation (échauffement) de la verge ou de la vulve. Cet échauffement est de brève durée, et s'atténue en général tout seul. Dans certains cas, il peut être utile d'utiliser des médicaments, prescrits par un médecin, afin d'atténuer la douleur liée à cette inflammation passagère. Quant à la consommation d'énergie lors d'un rapport sexuel, on peut rappeler qu'elle est relativement faible. Techniquement, elle se mesure en consommation d'oxygène par unité de poids et par minute (dans une unité qui s'appelle de MET). Un acte sexuel consomme au maximum 5 MET environ, tandis qu'une marche tranquille consomme de 3 à 5 MET. Cette consommation est donc tout à fait modeste.

Le but de la relation sexuelle, outre la reproduction qui est sa finalité, est certainement de consolider l'harmonie du couple, et de procurer, outre le plaisir, une sensation d'apaisement et de sérénité. Tout cela se passe dans le partage.

La masturbation, l'auto-érotisme, l'érotisme

Je transpire énormément [...]. *Je vous assure que ce n'est pas une plaisanterie. J'ai deux explications : la première, c'est que je suis un peu obèse : 82 kg pour 1,80 m, d'où la transpiration lorsque je pratique un sport ; la deuxième, c'est qu'elle est due à la masturbation. En effet, cette transpiration est apparue au même moment que le début de la pratique régulière d'un sport, mais aussi de la masturbation, et jusqu'à maintenant je me masturbais énormément, presque tous les jours.*

Pouvez-vous me dire à quoi cela est dû ? Que puis-je faire pour y remédier ? [...]

Antoine, 18 ans.

Je voulais savoir s'il est vrai que les relations sexuelles ou la masturbation la veille des courses peuvent vous faire manquer d'énergie [...].

Vincent, 17 ans.

Après avoir décrit l'anatomie et la réaction sexuelle, je poursuivrai logiquement par l'auto-érotisme et la masturbation. La masturbation est une pratique qui consiste à déclencher le plaisir par une autostimulation.

C'est en général la première source d'orgasme avant la

maturité sexuelle et le premier rapport sexuel. Elle peut se pratiquer avec la main – c'est le cas le plus fréquent, en particulier chez les garçons. Mais elle peut également se pratiquer, pour les filles, soit par des manœuvres de contraction et de sciage des cuisses et du vagin, soit, dans certains cas, en utilisant divers objets.

Parler de la masturbation, c'est obligatoirement évoquer les premières années de la vie. J'ai rappelé au début de ce livre que l'activité masturbatoire démarre dès les premières années de la vie. C'est une façon de découvrir son corps. Tout comme on découvre ses oreilles, son nez, etc. avec ses mains, on découvre son sexe, les sensations de plaisir, et leurs manifestations objectives comme l'érection, réaction physiologique normale chez le garçon et qui peut se produire de manière réflexe dès les premières heures de la vie.

Cette activité masturbatoire avec plaisir peut se prolonger durant toute l'enfance, jusqu'à cinq à sept ans. Ensuite, elle s'arrête pour ressurgir pendant l'adolescence, au moment de l'imprégnation hormonale et de la puberté. Mais il n'y a pas de norme, ces activités masturbatoires peuvent être moins intenses, et il arrive aussi que cette activité persiste entre l'enfance et la puberté.

L'activité masturbatoire des premières années ne laisse pas de trace consciente : on n'en a aucun souvenir. Et pourtant, c'est une fonction importante de la maturation sexuelle psychique. Elle permet la maturation des circuits neurologiques orgasmiques par un phénomène d'auto-entraînement.

La masturbation, en général, réapparaît de manière quasi instinctive au cours de l'adolescence. L'imprégnation hormonale déclenche des manifestations de désir ou de plaisir, et des signes objectifs, pour les garçons comme pour les filles. Les caresses prodiguées à cet endroit peuvent déclencher toutes les phases de la réaction sexuelle : excitation, phase en plateau, jusqu'à l'orgasme. Il est classique de dire que pratiquement tous les garçons connaissent la masturbation et que chez les filles, elle est plus secrète. Elles en parlent probablement moins.

La masturbation joue un rôle essentiel dans la maturation psycho-affective. Il faut connaître son corps pour avoir des relations sexuelles satisfaisantes. Chacun réagit de manière particulière et personnelle, avec ses zones de sensualité propres. C'est l'activité masturbatoire qui apprend à connaître son corps et ses réactions, à découvrir le plaisir et à en avoir toute satisfaction.

Cette activité s'accompagne d'une activité intellectuelle productrice de fantasmes. On imagine une relation sexuelle avec l'autre qui peut être totalement imaginaire, ou revêtir les traits d'une personne de l'entourage. Ces images peuvent parfois être d'une violence extrême, difficiles à contenir, mais restent au stade de fantasme, c'est-à-dire sans passage à l'acte.

Le fait est que l'activité masturbatoire a longtemps été vécue avec beaucoup de culpabilité et dénoncée comme quelque chose de très néfaste pour la santé. Cela a atteint le point où l'on se sentait sali et dévalorisé par ses activités masturbatoires.

L'histoire de notre société actuelle permet en partie de comprendre ce qui s'est passé. La sexualité, qui était vécue au Moyen Âge de manière très libre, a connu des moments difficiles à partir du XVIIe siècle. Des écrits et des textes ont commencé à décrire avec de grands détails les effets nocifs supposés de la masturbation. Ces textes étaient largement diffusés dans l'enseignement. Cela pouvait aller jusqu'à des punitions et réprimandes physiques chez le sujet que l'on soupçonnait de pratiquer la masturbation et à qui l'on prédisait les pires maux. Chez les filles, on est allé jusqu'à des mutilations physiques pures et simples, avec par exemple des brûlures clitoridiennes, etc.

Il a fallu l'avènement de la psychanalyse, au début du XXe siècle, pour que soient contredites ces idées qui avaient commencé à imprégner la conscience populaire. Elles sont cependant restées incrustées dans l'inconscient de chacun, et sont véhiculées de manière passive de génération en génération. Bien que la masturbation ait été totalement innocentée et même valorisée pour sa contribution à l'épanouissement sexuel, il semblerait que ces préjugés demeurent et que la masturbation reste encore vécue sur un mode relativement coupable.

Il ne s'agit pas pour autant de faire l'apologie de la masturbation, car on peut aussi accéder à un épanouissement sexuel en la pratiquant peu ou pas complètement. Il faut rappeler aussi que se masturber, c'est simplement se caresser et se procurer du plaisir avec ses organes sexuels. Cela ne va pas obligatoirement jusqu'à l'orgasme, même si c'est plus fréquent chez le garçon, compte tenu de ses réactions sexuelles plus simples que celles de la femme.

Cette phase est importante durant l'enfance et l'adolescence, mais elle reste un passage et n'a pour effet que la découverte de son corps afin de pouvoir un jour partager cette sexualité avec un partenaire.

Parfois des sujets en couple ou ayant des relations sexuelles régulières poursuivent une pratique masturbatoire. De même, les gens qui n'ont plus de relation sexuelle y recourent instinctivement. Il semblerait que cela ne soit pas néfaste et permette d'entretenir la sexualité et les circuits orgasmiques.

Je crois que, sans être une fin en soi, l'activité masturbatoire est une pratique qui ne regarde que soi, qu'il n'est pas nécessaire d'évoquer et qui doit être vécue de la manière la plus naturelle possible. D'autre part, en l'absence de relation sexuelle, elle permet la libération d'une certaine tension sexuelle accompagnée de la production d'images très fortes qui symbolisent ce que sera la relation ultérieure.

Le fait de la vivre sur un mode coupable provoque certainement des distorsions. La considérer dans certains cas comme pathologique et même perverse ne fait qu'accentuer la répression sexuelle que l'on s'inflige à soi-même et risque même de provoquer certaines perversions. Une fois pour toutes, il faut donc dire que la masturbation n'est pas une perversion.

Il faut distinguer la masturbation des pratiques dites hétéro-érotiques, c'est-à-dire du plaisir que l'on peut donner à son partenaire en le caressant. On dit souvent que l'on « masturbe » son partenaire alors qu'il s'agit simplement de pratiques érotiques.

Il faut savoir situer l'érotisme par rapport à la relation sexuelle. Schématiquement, on peut dire que la relation sexuelle, de par la conjonction des organes génitaux masculins et féminins, a pour but la reproduction, tandis que l'érotisme est une façon d'exprimer sa sexualité en dehors de la reproduction, par la sensualité, les caresses et la découverte de toutes les expressions du plaisir : attitudes, façon d'être avec l'autre, paroles. Cette pratique érotique ne se reconnaît aucun interdit à partir du moment où elle s'exprime dans un couple, de manière harmonieuse et partagée. Elle est essentielle à l'épanouissement sexuel et psychoaffectif des individus et des couples.

L'érotisme, c'est l'apprentissage de l'autre, la découverte de son corps, de sa sensibilité, de sa manière de réagir. C'est aussi une façon de trouver un équilibre dans le couple et dans la relation sexuelle. C'est pour cela que les préliminaires sont si importants.

Cette attitude est trop peu développée en Europe alors qu'elle est très développée en Orient.

C'est ainsi que le kama-sutra est considéré chez nous comme quelque chose de très violent, à mi-chemin entre l'érotisme et la pornographie, alors qu'il n'est qu'un développement de l'érotisme où la pénétration sexuelle n'est pas une finalité en soi.

Les maladies sexuellement transmissibles

Salut Doc ! Salut Difool !

Je n'ai pas vraiment de problème mais j'entends souvent parler du Sida. J'écris Sida avec un grand S car cette maladie est vraiment de plus en plus parmi nous et elle fait de plus en plus de victimes et pourrit la vie à beaucoup de gens qui vont souffrir et mourir alors qu'ils pouvaient vivre heureux et libres. Je trouve, et je ne suis pas le seul, que nous ne sommes pas assez informés et que nous manquons d'explications sur ce VIRUS ! [...]

Laurent, 14 ans.

Doc,

je suis préoccupé par plusieurs questions concernant le SIDA :

1) Est-ce que les fellations avec éjaculation risquent de contaminer ma partenaire ou de me contaminer moi-même ?

2) À l'inverse est-ce que les sécrétions vaginales contaminent par la voie buccale ?

3) À combien est estimé le nombre de séropositifs en France (est-ce qu'il y a autant d'hommes que de femmes ?).

4) Qu'est-ce que l'ADN et l'ARN et quelle est leur différence ?

5) Quelle est la différence entre le VIH1 et le VIH2 ?

6) Comment réagissent les personnes quand elles apprennent qu'elles sont contaminées par le virus ?

7) Pourquoi certains restent asymptomatiques et d'autres développent la maladie ?
8) Comment le virus du SIDA *attaque-t-il le système immunitaire ?*
9) Est-ce vrai qu'il est possible qu'il provienne d'un virus existant chez les chimpanzés ?
10) Le SIDA *est-il héréditaire ?*
11) Quel est environ le taux de mortalité pour les enfants contaminés à leur naissance ?
12) Le personnel de la santé prend-il des précautions ?
13) Où en sont les recherches sur le SIDA *?*
14) Est-ce que le préservatif féminin préserve des MST *?*
[...]

J'ai été atteint d'une hépatite B. *Après ma guérison, j'ai appris que cette maladie pouvait s'attraper ou par un rapport sexuel ou par une transfusion sanguine. N'ayant pas eu de rapport sexuel ni de transfusion sanguine une seule fois dans ma vie, j'aurais voulu savoir s'il n'y a que ces deux transmissions pour être contaminé* [...].

Patrick, 19 ans.

Les maladies sexuellement transmissibles (MST) entachent l'histoire de l'humanité depuis toujours. Par exemple, en 1495, l'épidémie de syphilis a beaucoup influencé les lois régulant le fonctionnement du couple. La chasteté et le mariage n'avaient pas pour seuls buts l'épanouissement des familles et le développement harmonieux de l'enfant, mais aussi la lutte contre l'épidémie de syphilis qui se développait.

L'épidémie récente de SIDA a largement remis ces MST à l'ordre du jour, de manière tragique, puisqu'elle provoque des ravages dans certaines parties du monde. On est même en droit de se demander si l'humanité dans son intégralité n'est pas en danger.

Cette épidémie survient alors que ces MST avaient été un

peu oubliées. Avant les années cinquante, donc avant l'avènement des antibiotiques, la syphilis faisait de nombreux ravages, la blennorragie également... Ces MST étaient une véritable plaie. Évoluant de manière moins violente que le SIDA, mais provoquant des dégâts certains, se transmettant de la mère à l'enfant nouveau-né, elles entraînaient des maladies mortelles. Je souhaite, là encore, vous donner des points de repère sur ces MST et bien sûr sur leur prévention et sur les moyens thérapeutiques. Mais d'emblée je me permets d'insister sur l'importance d'un diagnostic précoce dès les premiers signes, seul moyen de renforcer l'efficacité du traitement. Cela veut dire qu'il est nécessaire de consulter un médecin dès les premiers symptômes.

La syphilis

La plus ancienne et la plus connue des MST est la syphilis. Liée à un germe qui s'appelle *treponema palidum*, elle se contracte par contact sexuel (pénétration vaginale ou anale), mais aussi par tout contact avec la zone atteinte : rapports oraux-génitaux, ou utilisation du doigt ou de la main.

Elle évolue en quatre phases :

– une première lésion (le chancre) apparaît trois semaines après la contamination. C'est une sorte de plaie qui apparaît à l'endroit où la bactérie a pénétré, et qui dure de trois semaines à un mois ;

– quelques mois plus tard, une phase secondaire appelée roséole. C'est une éruption sur tout le corps, accompagnée d'un suintement qui contient des microbes ;

– plus tardif, le stade tertiaire entraîne une atteinte de la moelle épinière, du cœur et du système nerveux ;

– au quatrième stade apparaît la paralysie générale. C'est une atteinte du cerveau qui peut survenir longtemps après.

La syphilis est contagieuse pour le bébé au cours de la

grossesse. On peut la traiter à temps si on a utilisé les moyens de dépistage, aujourd'hui largement développés. Les tests biologiques permettant de découvrir la syphilis sont obligatoires pour toutes les femmes enceintes. Ils l'étaient jusqu'à une période récente pour se marier. La syphilis peut être efficacement traitée grâce à un traitement médical à base de pénicilline, à condition bien sûr d'avoir repéré l'infection dès le premier stade, donc dès la petite érosion, là où il y a eu contamination (c'est une érosion suintante, non douloureuse, qui ne guérit pas, et peut se situer au niveau des organes sexuels, mais aussi de la bouche, ou à tout autre endroit du corps).

La syphilis se diagnostique grâce à des tests biologiques sanguins : on détecte les anticorps antisyphilis, et le traitement permet une guérison complète et définitive. Il est essentiel de rappeler cela. Un suivi médical s'impose naturellement pendant toute la durée du traitement.

La blennorragie

La deuxième MST bien connue est la blennorragie, liée à un germe appelé le gonocoque, communément appelée « chaude-pisse » (ou « pisse-chaude » pour Rabelais). La maladie survient en moyenne dix jours après la contamination (deux à quatorze jours).

Chez l'homme, elle porte bien son nom, puisqu'elle se manifeste par une inflammation de l'urètre à l'intérieur de la verge. Les médecins appellent cela une urétrite purulente : suppuration avec une forte inflammation. Le début est marqué par des démangeaisons du méat qui devient plus ou moins rouge, s'accompagnant d'un suintement et d'une sensation de brûlure au moment de la miction. Cet écoulement s'accentue très rapidement et donne lieu à un écoulement purulent jaunâtre ou blanchâtre accompagné de fortes brûlures mictionnelles (de manière populaire, on appelle ça « pisser des lames de rasoir »). Lors de récidives, cette sensation est atténuée. À un stade plus avancé, cette infection s'étend aux organes sexuels, c'est-à-dire l'épididyme et la prostate, et peut diffuser par voie sanguine, entraînant des complications articulaires, cardiaques, nerveuses, etc. L'atteinte du rectum (extrémité inférieure du tube digestif) ou du pharynx est liée au mode de contamination.

Chez la femme, l'atteinte est d'emblée totale, c'est-à-dire qu'elle touche tous les organes sexuels. Du vagin, l'infection remonte jusqu'aux trompes. Elle se manifeste soit de manière aiguë, avec des envies fréquentes d'uriner, des douleurs vaginales lors des rapports accompagnées de pertes purulentes, soit de manière plus discrète, voire muette au début, évoluant de façon capricieuse et dans ce cas, c'est la maladie du partenaire qui amène à la découvrir. Comme chez l'homme, elle peut diffuser dans tout l'organisme. Cette maladie se transmet au bébé au moment de l'accouchement et entraîne une atteinte de l'œil et sa destruction. À chaque naissance, en France, il est en effet obligatoire d'instiller un collyre dans les yeux des bébés à titre préventif.

Le diagnostic se fait grâce à un prélèvement avec examen direct au microscope et la mise en culture du microbe afin de tester sa sensibilité aux antibiotiques. Le traitement prescrit par le médecin doit impérativement être poursuivi jusqu'à la fin et la guérison contrôlée.

Le chlamydiae trachomatis

Se manifestant de manière beaucoup plus sournoise que la précédente, l'infection à *chlamydiae trachomatis* est souvent diagnostiquée tardivement, ce qui accroît considérablement la contamination. Sa phase d'incubation dure en moyenne de quatre à quinze jours. Chez le garçon, elle provoque essentiellement une urétrite, un peu comme la précédente, mais beaucoup moins aiguë. Elle se manifeste très discrètement par un écoulement et de petites brûlures ainsi qu'une atteinte de l'épididyme. Chez la fille, elle provoque une atteinte du col, une inflammation des glandes de Bartholin et parfois une atteinte des trompes, la salpingite, responsable de nombreuses stérilités. Cette maladie peut s'étendre aux yeux, aux articulations, aux poumons, etc. Elle se transmet au nouveau-né lors de l'accouchement et peut provoquer chez ce dernier des atteintes oculaires ou pulmonaires.

Le diagnostic se fait par un prélèvement accompagné d'un examen sanguin. Le traitement avec un antibiotique adapté est souvent prolongé de manière à éviter les complications et notamment l'atteinte des trompes, source de récidive.

Le mycoplasme et les trichomonas vaginalis

Le mycoplasme et les trichomonas vaginalis sont deux autres maladies sexuellement transmissibles. Elles provoquent des symptômes assez proches des précédents : affections des organes génitaux féminins et masculins, et troubles associés avec un degré de gravité moindre. Elles sont également accessibles à un traitement.

L'herpès

L'herpès est une maladie sexuellement transmissible d'origine virale. Il y a deux types d'herpès : le type 1 et le type 2. Ils se manifestent tous deux par l'apparition de petites vésicules trois à sept jours après la contamination.

Lors d'une première infection, on peut repérer des ganglions au niveau de l'aine, une petite fièvre, un petit malaise général. Cela dure une semaine.

L'herpès est très contagieux par contacts sexuels, oraux ou génitaux. Il est source de complications au cours de la grossesse : ce virus transmis au nouveau-né, celui-ci développera souvent une maladie d'une extrême gravité, l'encéphalite herpétique. Il développe aussi souvent un herpès généralisé, qui donne une septicémie, et qui a longtemps été mortel, faute de moyen thérapeutique. Un nouveau traitement a été découvert il y a une quinzaine d'années : l'acyclovire. Il permet d'obtenir une guérison si le bébé est traité dès le début.

Le problème de cet herpès est qu'il récidive. Certaines personnes peuvent guérir spontanément après une infection, mais d'autres récidiveront, au niveau des organes génitaux ou de la bouche. Ces récidives pourront avoir lieu au cours des périodes de stress, de fatigue, ou, chez les femmes, au moment des règles.

L'hépatite

Les virus de l'hépatite sont également transmissibles par voie sexuelle. Le principal est le virus de l'hépatite B qui peut se transmettre par voie orale, mais également, comme le virus du SIDA, par voie sexuelle ou par voie sanguine. L'incubation est longue : un à six mois.

L'évolution de la maladie peut être très variable : hépatite aiguë qui peut être mortelle, ou hépatite chronique, qui peut entraîner des complications telles que la cirrhose ou le cancer hépatique.

Depuis 1985, il existe un vaccin très efficace contre cette

maladie, qui peut donc être absolument évitée. Pourtant, à l'heure actuelle, la majorité de la population n'est pas vaccinée contre ce virus.

Les pouvoirs publics ont pris conscience de cette anomalie, et ont commencé à partir de cette année 1994 une campagne d'information qui devrait permettre de vacciner tous les sujets jeunes, notamment les adolescents. Cela pourrait enrayer l'épidémie.

Infection anogénitale à papillomavirus humain

L'infection au papillomavirus est une maladie virale, sexuellement transmissible, qui évolue de manière discrète et atteint la peau et les muqueuses. On constate qu'elle peut se manifester de deux manières, soit visible sous forme des classiques « végétations vénériennes » (de petits morceaux de chair observables là où il y a eu contamination), soit invisible sous forme de lésions planes légèrement surélevées que seul un examen médical peut permettre de déceler.

Le problème est l'augmentation régulière de ce type de lésions dans la population générale. Elles sont par ailleurs responsables de cancers du col de l'utérus qui, de ce fait, apparaissent chez des femmes de plus en plus jeunes (vingt à quarante ans). Il est probable que cette fréquence augmentera dans les années qui viennent.

C'est dire l'importance d'une surveillance gynécologique régulière, annuelle ou bi-annuelle, avec cœlioscopie et frottis du col, seul moyen de détecter à temps ce type d'anomalie. Comme pour toutes les autres MST, le seul moyen de prévention reste le préservatif. Selon les cas et l'avis du médecin, le traitement peut utiliser soit une solution, la condyline, soit le laser CO2.

Le SIDA

La dernière en date de ces maladies est sans doute celle qui soulève les plus grandes émotions. C'est le « syndrome immuno-déficitaire acquis », plus connu par ses initiales : SIDA.

Cette maladie a été identifiée dans les années quatre-vingt grâce à des travaux épidémiologiques américains. Constatant la fréquence de maladies infectieuses dans les populations homosexuelles et ne pouvant l'expliquer par la seule action des microbes en cause, les chercheurs ont établi qu'elles étaient dues à une déficience de l'immunité. Cette déficience, apparemment, n'existait pas auparavant chez ces gens. Elle était donc acquise.

Deux ans plus tard, en 1983, l'agent causal a été identifié. C'est un virus, qui appartient à la famille déjà connue des rétrovirus. Cette découverte a été effectuée en France, à l'Institut Pasteur, dans l'équipe du professeur Montagnier.

Ce virus a pour caractéristique essentielle de s'attaquer à des cellules sanguines de l'homme : les lymphocytes T et les macrophages. Ces cellules jouent un rôle essentiel dans la production des anticorps, molécules qui ont pour mission de nous défendre contre toutes les agressions virales, bactériennes (microbes) et également parasitaires.

Le mode de contamination a rapidement été identifié. Elle peut avoir lieu soit par voie sanguine, c'est-à-dire en recevant du sang ou des dérivés sanguins contaminés – je pense ici aux hémophiles qui, recevant beaucoup de transfusions, ont pu être contaminés en recevant du sang porteur du virus – soit par voie sexuelle. La contamination sexuelle peut s'effectuer au cours de tous les actes sexuels : pénétrations vaginale et anale. Le virus, présent dans les sécrétions sexuelles (chez le garçon : sperme et rosée du désir, chez la fille : toutes les sécrétions sexuelles), peut pénétrer dans l'organisme dès que ces sécrétions sexuelles entrent en contact avec une petite plaie. Il infecte alors les cellules de l'organisme.

Nous reviendrons plus tard sur le détail des différents modes de contamination, qui est parfois sujet à controverse, mais qui est désormais bien étudié.

LE VIRUS ET L'ÉPIDÉMIE

Si l'on voulait caractériser ce virus par deux propriétés, on retiendrait sa latence et sa variabilité. Le virus peut rester inactif entre le moment où l'individu est infecté et le moment où la maladie se déclare : c'est la latence. Cette période peut être plus ou moins longue suivant les individus. Nous y reviendrons.

La variabilité est responsable du fait que ce virus est très difficile à identifier. Il se comporte un peu comme un caméléon, ce qui veut dire que sa structure est très variable, non seulement d'un sujet à l'autre, mais aussi chez un même sujet. Le virus se reproduit dans la cellule en utilisant son matériel génétique, l'ADN, et ses caractéristiques changent au fur et à mesure qu'il se reproduit. C'est à l'heure actuelle le principal obstacle aux traitements de cette maladie, qu'il s'agisse de traitements directs (molécules qui s'attaquent au virus), ou de vaccins. On peut par exemple fabriquer un vaccin contre le virus, mais le virus deviendra rapidement résistant. Cela explique peut-être aussi pourquoi les anticorps naturels du sujet ne sont pas efficaces.

L'apparition de la maladie a également posé des problèmes. On s'est efforcé de savoir : 1) si le virus est apparu de toutes pièces au cours des années quatre-vingt ; 2) s'il a été transmis à l'homme à partir d'un animal ; 3) s'il existait déjà chez l'homme.

Plusieurs thèses ont été soutenues, mais personne n'a de

preuves formelles. L'hypothèse la plus probable, me semble-t-il, est que le virus existait auparavant sous une forme latente. Cette hypothèse est soutenue, entre autres, par le fait que le virus africain semble plus ancien que celui qui ravage les États-Unis.

Il existe en Afrique deux virus VIH (virus de l'immunodéficience humaine). L'un se situe en Afrique centrale, c'est le VIH1, et l'autre, le VIH2, en Afrique occidentale. L'hypothèse la plus fréquente est que ce virus se serait développé à la suite des profondes mutations subies par ces pays, en particulier l'exode rural massif, la concentration de la population dans les villes, entraînant la détérioration des conditions d'hygiène, et une modification de la sexualité qui devient multipartenariale.

Il est possible que le virus ait existé sous forme latente, touchant quelques individus de manière sporadique, mais n'étant pas détecté comme tel... Dans ces pays, on peut facilement mourir d'une infection banale, sans que l'agent viral soit repéré. On dirait en médecine que ces sujets n'étaient pas « explorés ». Ensuite, le comportement sexuel des gens, les modifications profondes de la société ont été des facteurs de propagation de l'épidémie, qui a alors explosé. Virus ancien, épidémie récente. Cet éclairage est important, notamment pour la stratégie de *prévention* qui, pour l'instant, est la seule capable d'enrayer l'épidémie.

Dans le monde, l'amplitude de l'épidémie a augmenté de plus de cent fois depuis sa découverte en 1981. Et encore, ces chiffres officiels sont certainement en deçà de la réalité. La science épidémiologique n'est pas également structurée dans toutes les régions du monde et ne permet pas une évaluation très précise.

En Europe, on recensait, au 31 décembre 1992, 81 091 cas de SIDA, dont 22 939 en France. Le groupe des homosexuels et des bisexuels représente la majorité des cas, mais on constate une modification nette de l'épidémie, et cette proportion tend à diminuer. La maladie se répand désormais parmi les toxicomanes et les hétérosexuels.

Les toxicomanes, dont la contamination est liée à l'utilisation commune des seringues, représentent 50 % des cas de SIDA détectés en Espagne et en Italie, et entre 25 et 30 % des cas en France. Mais cette fréquence augmentera sans doute, car le risque de contagion de ces populations est particulièrement élevé.

La population hétérosexuelle sera également de plus en plus atteinte : tout le monde peut attraper cette maladie.

Il ne faut pas non plus oublier qu'un certain nombre de malades ont été contaminés par voie sanguine, et je pense ici aux hémophiles qui payent un lourd tribut à la maladie.

En France, suite aux constatations et aux prévisions effectuées à partir de plusieurs enquêtes [1], on estime qu'il y a entre 80 et 133 000 personnes qui portent le virus. Mais ces résultats ne sont pas encore validés.

Actuellement, en France, l'épidémie serait stabilisée. Elle semble rester endémique, et les rapports, qui s'avancent peut-être un peu, semblent considérer qu'il y a peu de chances pour qu'elle flambe. Ce n'est pas le cas évidemment pour les populations « à risque » : toxicomanes et homosexuels. Pour les transfusés sanguins, le risque est moindre bien qu'il ne soit pas nul. Grâce au dépistage, ce risque est évalué à moins de 1 pour 100 000.

Je rappellerai simplement, car j'ai donné ces chiffres pour être honnête, qu'il ne s'agit que de prévisions et qu'il est difficile de prédire le moment où une épidémie va flamber. Je crois qu'il faut savoir rester modeste et se dire que c'est comme pour la météo : on peut se tromper. Surtout, ces prévisions reposent sur l'hypothèse que les gens continueront à être prudents. Il faut se dire aussi que, même s'il n'y a

1. Notamment l'enquête Prévagest (auprès des femmes enceintes) et le fameux rapport Spira, enquête sur la sexualité des Français qui date de 1992.

« que » 200 000 morts, ces morts sont inacceptables. Il faut tout faire pour amoindrir ce bilan.

Dans d'autres pays, particulièrement en Afrique, la population infectée est beaucoup plus importante et surtout différente : le virus touche tout le monde. En cinq ans, le nombre d'Africains touchés par le VIH a triplé, passant de 2,5 millions à 7,5 millions. Plus d'un million d'enfants sont déjà effectivement infectés dans le monde, et la population féminine touchée a rapidement augmenté, passant de 25 % des malades en 1990 à 40 % en 1992.

Des experts du monde entier s'efforcent d'établir des prévisions. On annonce avec une certaine froideur, mais qui poussera peut-être les gens à réfléchir, qu'il y aura en 1995 plus de 20 millions de personnes infectées par le VIH dans le monde, 17,5 millions d'adultes et 2,5 millions d'enfants. De 1992 à 1995, 3,8 millions de personnes développeront le SIDA. Ces chiffres dépassent largement les valeurs jusqu'alors connues. D'ici à l'an 2000, les prévisions varient, ce qui montre que la prévision épidémiologique a encore bien des limites. On estime que le nombre de personnes touchées pourrait varier entre 38 et 110 millions d'adultes (quel écart !) et que plus de 10 millions d'enfants seront infectés par le VIH à travers le monde. 24 millions de personnes, dix fois le chiffre actuel, développeront la maladie. Une large proportion touchera l'Asie (environ 42 %), l'Afrique, l'Amérique latine, et les Caraïbes, où la population est moindre, mais très touchée.

L'apparition de l'épidémie en Asie est récente, mais le SIDA y connaît une flambée monstrueuse.

FONCTIONNEMENT DU VIRUS

La connaissance exacte et détaillée du virus est bien sûr essentielle pour la découverte et la mise en place de nouveaux traitements, qu'ils permettent de détruire ce virus, ou de le prévenir par exemple sous forme de vaccins. Mais chacun devrait connaître les quelques éléments de base qui permettent de comprendre et d'appliquer les mesures de prévention.

Il existe de très nombreux virus répartis en différentes familles.

Les deux virus de l'immunodéficience humaine sont des rétrovirus (j'expliquerai ce terme) de la famille des lentivirus.

Les virus, pour donner un ordre d'idées, sont de petites particules qui ont un diamètre de 110 à 120 nanomicrons, ce qui est ultra-microscopique.

Sans faire une description complète du VIH, qui est d'ailleurs très variable, je voudrais citer deux caractéristiques qui expliquent son fonctionnement dans l'organisme : le mode d'infection d'une cellule saine, et la propriété de faire fusionner des cellules de l'organisme malade.

Dès qu'il est entré dans le sang, le virus attaque en priorité deux types de cellules du sang : les lymphocytes (lymphocytes CD4) et les macrophages. Les lymphocytes CD4 sont appelés ainsi à cause du récepteur CD4 qu'ils portent à leur surface. Le virus a une grande affinité pour ce récepteur, grâce à des structures qui lui permettent de s'y fixer, puis de pénétrer à l'intérieur du lymphocyte. La structure virale qui lui permet de reconnaître le récepteur CD4 est très variable et on ne peut donc pas agir sur elle (notamment par l'intermédiaire d'un vaccin).

Une découverte très importante vient d'être effectuée par le docteur Ovanessian de l'Institut Pasteur. Il s'agit d'un autre récepteur du lymphocyte, le récepteur CD26, lui aussi indispensable au virus pour pénétrer dans la cellule. La partie du virus qui reconnaît ce récepteur semble très stable. Si ces données sont vérifiées, on pourrait donc mettre au point des médicaments visant cette structure. Le récepteur et le virus fonctionnent en effet comme une clé et une serrure, et on va chercher à bloquer la clé du virus. C'est le premier espoir thérapeutique. Ce n'est pas pour tout de suite, mais on peut désormais entamer des recherches ciblées.

Une autre caractéristique de ce virus est le gène dit *env*. Un gène est un fragment de l'information génétique d'un organisme. Celui-ci permet au virus de faire fusionner des cellules : une cellule infectée par un ou plusieurs virus fusionnera avec d'autres et favorisera ainsi leur destruction.

QU'EST-CE QU'UN RÉTROVIRUS ?

Vous savez que toute cellule de l'organisme possède un noyau, qui contient de très grandes molécules appelées de l'ADN (acide désoxyribonucléique) regroupées en « paquets » : les chromosomes. Cet ADN contient toute l'information génétique, un peu comme un ordinateur. L'« ordinateur » transmet ses ordres par l'intermédiaire d'un messager qu'on appelle l'acide ribonucléique ou ARN. Ce messager est l'ouvrier qui permet de fabriquer des substances particulièrement utiles de l'organisme : les protéines. Sans entrer dans les détails, il faut savoir que ces protéines peuvent être des constituants majeurs des cellules et des tissus, ou bien des canaux qui permettent la communication, des hormones parfois, ou encore des enzymes, qui fabriquent tous les autres constituants des organismes.

Toute l'information est codée dans la séquence d'ADN. L'ARN (l'ouvrier) capte puis transmet cette information.

Le virus fonctionne un peu comme les virus informatiques, que certains de vous connaissent bien, et qui tirent d'ailleurs leur nom des virus biologiques. Il contient une substance qui va détourner le fonctionnement de la cellule à son avantage. Il contient en effet un ARN, qui va commander au « patron » (l'ADN) ce qu'il faut faire. C'est l'un des seuls cas dans la nature où l'information va de l'ARN à l'ADN.

Le virus demande à l'ADN de fabriquer d'autres virus, ce qu'hélas il va faire. Une fois entré dans le lymphocyte, il va donc s'y multiplier, puis évoluer vers la surface de la cellule, diffuser dans le sang, et infecter d'autres cellules.

Chaque fois que ce virus est recopié par l'ADN, il est « mal » copié. Il se produit des erreurs qui font que la copie est différente de l'original. Cela explique la variabilité qui donne tant de soucis aux chercheurs. Le virus change sans arrêt de visage d'un individu à l'autre, mais surtout chez le même sujet. C'est pour cela qu'il n'y a pas de traitement radicalement efficace.

La découverte récente du récepteur cellulaire CD26, et du gène viral qui lui correspond, a enfin permis de trouver une caractéristique stable du virus, et offre donc des perspectives thérapeutiques très attendues.

LE SYSTÈME IMMUNITAIRE

Les cellules infectées sont les lymphocytes T, et les macrophages. Ces deux types jouent un rôle important dans la défense de notre organisme contre ces agresseurs microscopiques (virus, bactéries, parasites) ; elles font partie de notre système immunitaire. Ce système est complexe et comporte plusieurs groupes un peu comme une armée avec ses différents corps. Les lymphocytes font partie de l'immunité à médiation cellulaire (anticorps fabriqués par des cellules).

Ces lymphocytes repèrent les intrus puis fabriquent les armes nécessaires pour les repérer et les neutraliser, évitant leur prolifération. Ils persistent toute notre vie, nous protégeant contre toute agression ultérieure par le même agent et tant que le système est en bonne santé.

Quand ce système est parasité par un virus tel que celui du SIDA, ce virus s'y multiplie. Ces nouveaux virus quittent la cellule et infectent ainsi de plus en plus de cellules, aboutissant à leur destruction quasi complète. C'est là qu'on devient la proie de tous types d'infections contre lesquelles

les agents anti-infectieux habituellement très efficaces ne peuvent agir car ils se retrouvent seuls pour lutter.

Les macrophages sont les éboueurs, ils font du nettoyage un peu partout dans l'organisme, le cerveau notamment, ce qui expliquerait les atteintes cérébrales fréquentes au cours du SIDA.

LES DEUX VIRUS

Le VIH2 est un virus du SIDA qui a été mis en évidence plus tard que le VIH1. Il a été détecté en Afrique occidentale par des médecins portugais travaillant avec une équipe de l'Institut Pasteur. Les deux virus infectent les mêmes cellules et agissent de la même façon. Mais leurs structures sont différentes, et surtout, le VIH2 semble moins pathogène que le VIH1. Il provoque le SIDA, mais les périodes de latence sont prolongées.

La découverte de ce deuxième virus a été essentielle : on dispose désormais de deux virus de structures différentes ayant le même fonctionnement. C'est un peu comme un système avec deux équations (mais combien d'inconnues ?). Ces deux équations sont une base importante pour les chercheurs, afin de découvrir de nouveaux traitements.

LES RÉTROVIRUS ANIMAUX ET L'IMMUNODÉFICIENCE

En 1985, on a également découvert sur des macaques Rhesus un virus du singe, qui donne aussi une immunodéficience. Il en existe de nombreux types. Ces virus ne sont pas les mêmes que les virus de l'homme, VIH1 et VIH2. Ils ont des parentés, certes, mais ils ne sont pas transmissibles à l'homme. Cela est important. VIH1 et VIH2 ne sont pas non plus transmissibles au singe, sauf le VIH1, qui peut être transmis au chimpanzé, mais pas aux autres types de singes.

Il existe d'autres rétrovirus provoquant des immunodéficiences. Il y en a par exemple un qui attaque le chat, et également un virus des ovins.

LES MODES DE CONTAMINATION

La porte d'entrée de la transmission du virus se situe au niveau des muqueuses génitales ou rectales, mais aussi au niveau la voie parentérale, c'est-à-dire par le biais des transfusions sanguines ou de plaies importantes, par exemple au cours d'un acte chirurgical. La contamination chirurgicale est cependant impossible en France, où l'on utilise toujours du matériel à usage unique ou correctement stérilisé. Il existe enfin une voie dite périnatale, c'est-à-dire une transmission directe de la mère au fœtus.

Le virus a été isolé dans le sang, dans le sperme, dans les ganglions, dans les sécrétions vaginales, et aussi dans le liquide céphalo-rachidien, qui entoure le cerveau et la moelle épinière – c'est le fameux liquide qui est infecté dans les méningites notamment. Il a aussi été isolé dans la salive, dans les urines, dans les larmes et dans le lait maternel.

Ces données permettent de récapituler les différents modes de contamination connus à ce jour.

La transmission peut se faire *par le sang et les dérivés sanguins* – substances actives qui ont été extraites du sang, par exemple pour les hémophiles. Cela a été mis en évidence en 1982. En 1985, avec la découverte de tests biologiques permettant de repérer les anticorps, on a pu effectuer un dépistage de la maladie chez tous les donneurs de sang. Cela est essentiel. Il est vrai, comme chaque fois que l'on cherche à dépister massivement une maladie, que certains résultats peuvent être faussement positifs ou faussement négatifs. Les pouvoirs publics contrôlent régulièrement la qualité de ces tests. On a montré que le risque de résultat faussement négatif est inférieur à un pour 100 000 *dons de sang*.

On peut estimer que, quelle que soit la sensibilité des tests employés, ce risque ne pourra plus baisser. En médecine et en biologie, le 100 % n'existe jamais.

Un autre mode de transmission, *la voie parentérale,* c'est-à-dire la blessure avec du matériel souillé, concerne essentiellement les professionnels de santé et les toxicomanes par voie veineuse qui utilisent du matériel contaminé.

Les toxicomanes qui se droguent par intraveineuse sont essentiellement touchés à cause des échanges de seringues. Ils forment une catégorie largement touchée. Il faut donc rappeler que, pour ces gens, la prévention passe par le matériel à usage unique, ou, à défaut, par la stérilisation. Des campagnes, modestes, ont lieu. On en parle peu, mais elles sont utiles. Elles consistent en la distribution de seringues et de matériel de stérilisation (eau de Javel). Il y a urgence, et ce n'est pas le moment de faire la morale.

Des études ont été faites sur les professions de santé. On a étudié en France et aux États-Unis 2 500 personnes ainsi contaminées. Le risque d'une contamination par piqûre accidentelle est évalué à moins de 0,5 %. Il est donc bien inférieur au risque de contamination par le virus de l'hépatite B (qui était de 20 à 40 %).

L'autre mode de transmission, malheureusement le plus fréquent, est *la transmission sexuelle.* Elle peut avoir lieu au cours de n'importe quel type de rapport, homosexuel ou hétérosexuel, quel que soit le mode de pénétration. Il faut rappeler que, si en Europe et aux États-Unis l'épidémie s'est répandue dans un premier temps dans les populations homosexuelles, c'est surtout parce que ces populations étaient plus réduites, et vivaient dans une certaine promiscuité. En Afrique en revanche, la population hétérosexuelle est touchée en majorité. Mais là aussi il existe une forte promiscuité, et cette promiscuité paraît être le facteur de risque essentiel.

On me pose beaucoup de questions sur les pratiques sexuelles mises en cause. La première est *le multipartena-*

riat. C'est le facteur de risque majeur pour la contamination. *La voie anale* représente aussi un risque de contamination un peu plus important, car elle est un peu plus traumatisante et provoque de petites plaies. *Les relations bucco-génitales* pourraient présenter des risques (c'est sujet à polémiques, il n'existe pas encore d'études épidémiologiques sérieuses à ce sujet). Dans ce cas, le virus serait transmis par une plaie des muqueuses.

Selon une statistique globale, qui ne tient pas compte des groupes spécifiques et des pratiques, le risque d'attraper la maladie lors d'un seul rapport sexuel avec une personne contaminée est de moins de 1 %. Mais des relations sexuelles régulières avec un partenaire séropositif pendant six mois entraînent un risque de contamination compris entre 9 et 60 %. Ces variations sont liées au fait que la maladie se transmet plus ou moins facilement selon le type de virus et selon l'état de la maladie : on est beaucoup moins contagieux lorsque la maladie est en phase de latence que lorsqu'elle est déclarée, car la quantité de virus est alors importante.

Certains facteurs semblent augmenter le nombre de contaminations : rapports anaux réceptifs, stade avancé de la maladie, présence d'ulcérations génitales...

D'autres facteurs sont évoqués mais non démontrés : prise de pilule, règles. Mais rien pour l'instant n'a été démontré. Les infections associées joueraient aussi un rôle dans la transmission de la maladie. La grossesse enfin pourrait être impliquée, puisqu'on constate pendant cette période une baisse de l'immunité. Le premier rapport sexuel, par la rupture de l'hymen et les petites plaies qu'elle entraîne, pourrait aussi accroître le risque.

On me demande souvent aussi si les baisers peuvent transmettre le virus. Rien ne prouve que ce soit possible. La salive contient des virus, mais en faible quantité et elle possède également des anticorps qui les neutralisent.

Pour les pratiques oraux-génitales, tant que des études n'ont pas été faites, on ne peut exclure la possibilité d'une contamination. Le virus est contenu dans les sécrétions sexuelles : une fellation pourrait éventuellement en favoriser la transmission. Une seule étude semble démontrer ce risque. Elle a été effectuée il y a quelques années sur les prostituées new-yorkaises et montrait que les femmes, à pratique sexuelle et à ancienneté égales, qui avaient des rapports oraux-génitaux sans préservatifs étaient plus atteintes que les autres. Mais une hypothèse d'explication résiderait dans la prise de drogues par voie orale (cocaïne, crack), et l'on sait que ces drogues provoquent des lésions et des inflammations dans la bouche. Ces plaies sont une voie d'entrée facile pour le virus. En outre, il ne faut pas oublier que ces femmes ont des pratiques sexuelles fréquentes et une clientèle étendue.

Il faut préciser que *seule* l'utilisation de préservatifs masculins permet de réduire le risque de contamination (à plus de 90 %). À ce sujet je voudrais mettre une chose au point. On évite souvent, par crainte, de dire que le préservatif ne supprime pas tout risque de contamination. On préfère avancer qu'il y aura une sécurité absolue. Il faut dire la vérité et annoncer ce chiffre. Mais il faut aussi expliquer que, pour la médecine, une protection de 90 %, et même à partir de 70 %, permet d'assurer que l'épidémie sera enrayée. La couverture vaccinale de plus de 70 % d'une maladie donnée permet d'enrayer une épidémie. Vaccins et préservatifs peuvent ici être mis en parallèle. L'utilisation systématique de préservatifs permettrait d'enrayer l'épidémie.

La transmission périnatale est elle aussi particulièrement importante. C'est une contamination qui a lieu de la mère vers l'enfant pendant la grossesse. Elle se fait à travers le placenta, organe qui assure les échanges sanguins entre la mère et l'enfant, et qui permet de le nourrir et de favoriser son développement. Le risque évalué est très variable, de l'ordre de 0 à 65 %. La seule chose actuellement admise en France est que le taux d'infection des enfants nés de femmes séropositives est de l'ordre de 20 %, et ce, depuis le dépistage systématique de toutes les femmes enceintes.

Un autre mode de transmission se fait par *l'allaitement.* Le virus, étant contenu dans le lait, peut être transmis lorsque des mamans séropositives allaitent. En France, l'allaitement est déconseillé dans ces cas-là, ce qui n'est hélas pas le cas en Afrique où le risque de malnutrition est plus important que le risque de contamination.

LES MODES DE TRANSMISSION DISCULPÉS

Devant l'angoissante progression de la maladie et ses résonances symboliques, on a imaginé beaucoup d'autres modes de transmission, qui sont aujourd'hui disculpés.

Le premier concerne la transmission par les insectes, qui piquent l'homme afin de prélever un peu de sang pour s'en nourrir. On a pu imaginer que le moustique, piquant une personne atteinte par le virus, puis en piquant une autre, pouvait lui transmettre le SIDA. C'est une question que j'ai souvent entendue. Il n'est pas possible d'attraper le SIDA par l'intermédiaire des moustiques ou d'autres insectes,

À propos du risque de contamination du personnel médical, on doit signaler qu'il n'y a pas, en proportion, plus de séropositifs parmi le personnel médical que dans le reste de la population. On peut affirmer que le personnel médical n'est pas spécialement touché par une voie liée à son activité professionnelle. Travailler au contact d'une population séropositive n'expose pas à une contamination spéciale. Les cas rapportés – exceptionnels – de contamination l'ont été par le biais de piqûres accidentelles avec du matériel, notamment des aiguilles, ayant servi à soigner des personnes séropositives. De même, une étude a été faite à New York, sur 1 950 dentistes, montrant qu'un seul d'entre eux était séropositif. Cette fréquence étant inférieure à la fréquence d'atteinte dans la population générale, on peut penser que ce malheureux dentiste a été contaminé hors de son activité professionnelle.

Si ce risque est faible, c'est parce que les mesures d'hygiène qu'appliquent les médecins et professionnels de la santé sont strictes. Ces mesures, qui sont une obligation professionnelle, visent aussi bien le respect du malade (éviter de transmettre le virus de l'un à l'autre) que la protection du médecin. Ce sont elles qui font que l'on peut dire que le risque de contamination n'existe pas plus chez les professionnels de santé que dans le reste de la population, et que le risque d'attraper le SIDA chez son médecin est nulle.

Au sujet de la vie en communauté (en famille, entre amis, en couple), des enquêtes sérieuses ont été faites qui n'ont jamais permis de mettre en évidence une contamination de l'entourage direct des patients, mis à part le cas de relations sexuelles. Le fait de vivre avec quelqu'un qui porte le virus, de partager le même lit, les affaires de toilette et tout ce qui se trouve dans une salle de bains, les ustensiles de cuisine (couteaux, fourchettes, verres), ou tout ce qui a pu être en contact avec le malade, n'entraîne pas de risque de contamination par le virus du SIDA.

Les contacts corporels (prendre quelqu'un dans ses bras, le caresser, l'embrasser), en dehors des rapports sexuels, n'ont pas entraîné de transmission connue. Les morsures (ça peut arriver...), les échanges de brosses à dents ou de rasoirs, n'ont jamais pu être directement impliqués non plus.

C'est important car beaucoup trop de malades atteints du SIDA vivont dans l'isolement, et sont parfois même rejetés par l'entourage, ce qui ne fait qu'accentuer leur détresse. Il faut insister sur l'aspect humain de toute maladie et particulièrement de celle-ci. C'est un moment où l'on a particulièrement besoin d'être entouré. Il faut crier haut et fort que vivre régulièrement, chaque jour, sous le même toit qu'un patient atteint de la maladie ne comporte aucun danger.

LA MALADIE ET SON DÉROULEMENT

Après la contamination, il y a d'abord une phase aiguë dite de *primo-infection*. Dans les quinze jours à trois mois qui suivent la contamination, la maladie se manifeste une première fois avant d'entrer en phase de latence (séropositivité). Souvent, les gens ne s'inquiètent pas, et ne la signalent pas, mais, d'après les interrogatoires, cette manifestation aurait lieu chez 50 à 70 % des personnes qui présentent des signes cliniques de la maladie. La primo-infection se manifeste par des ganglions au niveau du cou et des aisselles, une fièvre persistante qui peut se prolonger jusqu'à un mois, des courbatures partout, des douleurs musculaires, quelquefois des boutons sur la peau qui ressemblent à de l'urticaire, un mal de gorge (œsophage) en avalant, des douleurs au niveau des articulations, et parfois quelques petites infections : dans la bouche, des aphtes, ou un champignon qu'on appelle le muguet, plus rarement des atteintes neurologiques. En gros, la primo-infection se manifeste donc un peu comme une maladie virale banale.

Dans ce cas, une prise de sang suffit à observer les premières modifications des lymphocytes qui réagissent, et on voit apparaître dans le sang des anticorps que l'on peut repérer par les tests sanguins.

Après cette phase vient celle d'*infection chronique*. Cette fameuse phase de latence ou de séropositivité est caractéristique de la maladie. La séropositivité ne se manifeste pas tellement, elle est asymptomatique. Simplement, on porte le virus dans son sang, et celui-ci s'y multiplie. Le virus peut être détecté dans le sérum, d'où le terme de séropositivité.

Sans entrer dans le détail, on peut, à la lumière des études récentes, dire qu'après cinq ans d'évolution, le taux de progression de la maladie est de 10 à 50 % chez les homosexuels, et également chez les toxicomanes où il est assez élevé. Ce taux de progression correspond au pourcentage de séropositifs qui ont réellement développé la maladie.

Globalement, la période d'incubation varie entre deux et sept ans.

Il existe des chiffres que l'on donne rarement alors qu'il faut les rappeler. Chez les homosexuels, après dix ans, le taux de déclaration de la maladie est de 30 à 60 % selon les groupes d'homosexuels. Chez les hémophiles, dont la date de contamination est facilement repérable, on constate le même taux. L'existence de porteurs asymptomatiques, portant la maladie de manière prolongée, sans la déclarer et souvent même sans le savoir, est l'un des principaux facteurs de risque de transmission. L'ensemble des constatations permet de dire que moins de 5 % des adultes développent le SIDA dans les deux premières années, que sans traitement 20 à 25 % développent le SIDA dans les six ans, et que 50 % le développeront dans les dix ans après l'infection.

Parmi la première communauté où le virus a été remarqué, celle des homosexuels de San Francisco (à la fin des années soixante-dix), on connaît quelques cas (rares) qui n'ont jamais développé la maladie. Il est regrettable que ces cas n'aient pas été mieux étudiés, car ils auraient permis de mieux comprendre pourquoi ces sujets ne développent pas la maladie. En revanche, lorsque la maladie est développée, on ne connaît pas de cas de guérison.

Une des caractéristiques de la maladie, pendant la phase de latence, est la présence de petits ganglions, de moins de un cm de diamètre, et que l'on retrouve un peu partout : dans le cou, sous les aisselles, sous la mâchoire. Parfois également, on constate que la rate augmente un petit peu de volume. Ces ganglions peuvent s'associer parfois à des fièvres, des sueurs nocturnes, voire un amaigrissement.

Les premières manifestations du SIDA sont des formes mineures d'infections chroniques, notamment au niveau de la peau et des muqueuses. Sans entrer dans les détails techniques, signalons que l'on peut observer des dermites séborrhéiques (la peau est grasse et présente des squames), de petites infections cutanées (impétigo : la peau suppure avec des boutons blancs), des champignons autour des voies génitales et de l'anus, des infections autour des ongles, des atteintes virales comme l'herpès ou le zona ainsi que des lésions et infections buccales, comme le muguet buccal récidivant.

Chez les femmes, on observe également des mycoses vaginales et des cancers du col de l'utérus.

D'autres maladies, rares dans la population générale, peuvent se manifester. Ce sont des maladies liées à la déficience de l'immunité, dont je ne donnerai pas toute la liste.

Toutes les cellules sanguines peuvent être touchées par le SIDA, mais sa principale caractéristique est la diminution du nombre des lymphocytes.

D'autres symptômes apparaissent : mauvais état général, fièvre et sueurs nocturnes, diarrhées chroniques, probablement responsables de la perte de poids. Ces symptômes, et les atteintes répétées dans la bouche par les champignons, sont regroupés sous le nom d'ARC (Aids Related Complex). Ce n'est pas tout à fait le SIDA, mais un stade intermédiaire.

À ce stade, le SIDA n'est pas encore déclaré. On s'efforce de mettre en place des facteurs de pronostic. Tous les critères ne sont pas également repérables, mais certains peuvent être utilisés pour prédire l'apparition de la maladie : les champignons de la bouche, l'atteinte des cheveux, un zona au niveau des yeux (c'est une maladie virale due au même virus que la varicelle), permettent de prédire un taux d'apparition de la maladie supérieur à 50 % dans les deux ans. S'il y a une fièvre, des diarrhées, une perte de poids significative, ces risques augmentent notablement.

Des signes « biologiques » permettent de prédire l'évolution de la maladie : abaissement du nombre des cellules, et de lymphocytes CD4, normalement supérieur à 500, et dosage particulier de certaines molécules (bêta-deux-microglobuline, ou anticorps IgGA). On les repère par des examens sanguins.

Il y a encore d'autres marqueurs. Tous ont été développés par la recherche médicale et ont pour but de définir l'évolution de la maladie, de la prédire, et d'essayer d'agir avant qu'elle ne se déclare.

En pratique, mis à part le fait que l'on continue ces recherches sur de nombreux marqueurs, les examens permettant de déceler la maladie sont : le nombre absolu de CD4, les bêta-deux-microglobulinémies, et l'antigénémie (recherche des antigènes, donc des virus). Il s'agit encore une fois de prévenir l'apparition de la maladie. Comme on le redira en effet, cette maladie s'accompagne de maladies infectieuses contre lesquelles on pourra lutter préventivement.

D'autres facteurs favorisent la maladie. C'est important et il faut le savoir. Le fait de contracter d'autres maladies sexuellement transmissibles, ou n'importe quelle autre infection, ou même de se recontaminer sont des facteurs facilitants. Même lorsqu'on est déjà contaminé, il faut se protéger.

À cette phase succède *le déclenchement de la maladie* elle-même. Le SIDA est la forme tardive et compliquée de l'infection par le VIH qui atteint les défenses immunitaires. Pour définir la maladie, un certain nombre de critères sont employés :

– des maladies infectieuses qui récidivent (tuberculoses disséminées, qui attaquent tout l'organisme, infections à la salmonelle, bactérie digestive dont le sujet normal peut se débarrasser, atteintes du système nerveux et du cerveau, qui se manifestent d'une certaine manière) ;

– amaigrissement important, avec une perte de la masse musculaire et des graisses.

D'autres critères ont été ajoutés plus récemment :

– une atteinte tuberculeuse strictement liée aux poumons ;

– des infections bactériennes, qui atteignent les poumons et qui ne cessent de récidiver, alors qu'habituellement, on peut s'en débarrasser après un traitement par des antibiotiques ;

– le cancer qui peut atteindre le col de l'utérus chez la femme, et évoluer beaucoup plus vite que les autres ;

– un nombre de lymphocytes T – les cellules qui fabriquent les anticorps et qui sont attaquées et détruites par le virus – que l'on dit « inférieur à 200 » (par mm^3) alors que chez le sujet normal il est supérieur à 500.

L'existence de ces critères permet de décrire trois catégories de la maladie, appelées A, B et C. Je ne vais pas entrer dans le détail de ces catégories : la liste des atteintes, infectieuses ou tumorales, est impressionnante.

En gros, dans la catégorie A, on trouve les gens qui sont infectés mais présentent peu de symptômes (des ganglions par exemple).

Dans la catégorie B se rangent des sujets atteints de la maladie, mais ne présentant pas d'infection grave, avec parfois de la fièvre et surtout des récidives d'infection.

La catégorie C correspond à la maladie proprement dite : le syndrome immunodéficitaire acquis. Les sujets sont alors atteints d'infections très graves.

La maladie se manifeste par des infections de toutes sortes qui auraient donné chez un individu en bonne santé des infections légères ou de gravité moyenne (parasites, champignons, bactéries et virus) et qui, en cas d'immunodéficience, se transforment en infections évolutives catastrophiques. Se développent également des cancers des cellules sanguines (lymphomes) et des tumeurs des cellules de la peau, comme le sarcome de Kaposi. Cctte forme de cancer était connue depuis longtemps, mais survenait en général chez des personnes de plus de soixante ans. En Europe et aux États-Unis, son association au SIDA est essentiellement constatée chez les patients homosexuels et dans 40 % des cas, elles sont chez ceux-ci le premier signe de la maladie.

Ces tumeurs et ces infections peuvent atteindre toutes les parties de l'organisme.

LE DIAGNOSTIC

On diagnostique cette maladie en recherchant dans le sang les anticorps développés contre elle. C'est ce qu'on appelle des tests sérologiques. L'isolation du virus est certes possible et nécessite le concours de laboratoires spécialisés, mais ne fait pas partie des méthodes de diagnostic utilisées habituellement.

De manière courante, cette recherche d'anticorps s'effectue avec plusieurs confirmations successives : Elisa, confirmée par le Western Blood, puis, si nécessaire, par le test Elisa III. Les pouvoirs publics y accordent une grande attention et en contrôlent la qualité et la fiabilité.

Ces tests sont importants. Je vous rappelle (cf. annexe) que l'on peut les faire effectuer dans les centres de dépistage anonymes et gratuits, quel que soit son âge, mais aussi dans des laboratoires privés, sur prescription médicale, et qu'ils sont remboursés dans ce cas. Leur coût est de 165 francs. Le seul inconvénient des centres de dépistage, qui somme toute est mineur, est que le délai de réponse est d'environ huit jours.

Ce test devrait être pratiqué chaque fois que l'on a une attitude à risque : rapports sexuels sans protection, mais aussi toxicomanie par voie veineuse avec échange de seringues.

Ce test n'est pas une mesure de prévention. Il ne suffit pas de pratiquer le test tous les six mois. J'insiste sur ce point car on constate que souvent le test rassure et conduit à être moins prudent. Il devrait au contraire permettre de percevoir la réalité, d'ouvrir les yeux et d'agir en responsable. Utiliser des préservatifs est essentiel. Chacun devrait prendre conscience de l'épée de Damoclès qui est suspendue au-dessus de sa tête dès lors qu'il adopte un comportement à risque.

Encore une fois, il ne s'agit pas de se culpabiliser, mais de prendre ses responsabilités. Je crois que l'épidémie de SIDA est vraiment l'affaire de tous, et de chacun en particulier.

Pour qu'un test soit fiable, il doit être pratiqué trois mois après le risque de contamination. C'est en effet le délai maximum de séroconversion. Si, après trois mois, le test est toujours négatif, on peut être certain de ne pas avoir été contaminé.

Il existe ensuite des examens biologiques qui permettent de suivre l'évolution de la maladie, en particulier le taux de lymphocytes CD4, mais également bien d'autres. Les personnes atteintes par virus savent que cette surveillance biologique est plus précise que la surveillance clinique, notamment lors de la phase de latence, et permet la mise en route du traitement plus tôt, dans un but d'efficacité afin d'allonger l'espérance de vie. Ces thérapeutiques visent à lutter directement contre le virus, mais aussi à lutter contre toutes les maladies infectieuses qui vont se déclarer en raison de cette déficience immunitaire.

LES PERSPECTIVES THÉRAPEUTIQUES

En ce qui concerne ces thérapies, on a beaucoup parlé d'une molécule qui s'appelle l'AZT, et d'un essai d'évaluation qui s'appelle Concorde. On avait fondé beaucoup d'espoirs sur l'AZT qui effectivement est active contre le virus. Mais hélas, le virus a été plus malin et, en général au bout d'un an, il devient résistant. On a déjà parlé de cette grande variabilité du virus. Lorsqu'il devient résistant, l'AZT n'agit plus. L'essai Concorde, dont il a largement été question dans la presse, a surtout mis en évidence le fait qu'il n'y a pas de grand bénéfice à utiliser l'AZT tôt, et qu'il suffit de l'utiliser après le déclenchement de la maladie.

Il ne faut pas pour autant baisser les bras. L'AZT a malgré tout une certaine efficacité, et permet d'augmenter nettement l'espérance de vie. On doit faire confiance à la recherche, qui ne cesse de mettre au point des molécules actives à partir de molécules connues, et de les modifier. De nombreux essais thérapeutiques sont effectués en association avec l'AZT, et devraient permettre d'augmenter encore cette espérance de vie.

Deux autres produits agissent directement sur le virus : il s'agit du DDI et du DDC. Leur efficacité n'est pas prouvée, mais leur association avec l'AZT est actuellement à l'essai. Il semblerait que l'association AZT-DDI-DDC soit bénéfique et limite la résistance du virus au traitement.

Bien d'autres traitements sont à l'étude sans que l'on sache exactement s'ils sont efficaces ou pas, mais c'est le propre de tout traitement médicamenteux. Il faudra être patient, même si c'est difficile. Pour l'instant, il n'a pas encore été trouvé de traitement radical de la maladie.

L'autre phase du traitement, essentielle elle aussi, est la lutte contre les infections. Là encore, à la lumière de l'expérience thérapeutique, on a fait de gros progrès en matière de traitement des infections opportunistes.

Le traitement de la maladie vise donc deux objectifs : le traitement contre le virus – les espoirs résident pour l'instant dans l'association de plusieurs traitements – en attendant peut-être une utilisation du CD26 et les traitements visant à lutter contre les maladies opportunistes. Mais, ces perspectives thérapeutiques ne nous permettant pas d'envisager une guérison radicale dans les prochaines années, l'accent doit être mis sur la prévention, seul moyen d'enrayer le développement de cette épidémie. Son extension exponentielle est un risque majeur. Seule l'utilisation systématique du préservatif dès que l'on a plusieurs partenaires ou que l'on vit avec une personne séropositive permet d'éviter la maladie. Pour les toxicomanes, il faut utiliser du matériel à usage unique, ne pas échanger les seringues ou utiliser au moins une méthode de stérilisation simple et accessible à tout le monde. À ce titre, l'eau de Javel ménagère a une grande efficacité.

LA PRÉVENTION

En matière de prévention de la transmission sexuelle, il faut rappeler le problème des prisonniers. Un grand nombre d'entre eux sont touchés par la drogue (dealers ou délinquants). En outre quoi que l'on dise, quoi que l'on fasse, l'homosexualité en prison est une réalité, souvent vécue d'ailleurs avec une certaine violence.

Paradoxalement, l'homosexualité étant interdite en prison, l'administration pénitentiaire interdit l'utilisation du préservatif. Découvrir un préservatif dans une cellule conduit son propriétaire au cachot. C'est aberrant, et je ne vois pas en quoi la privation de la liberté devrait aller jusqu'à interdire la sexualité. Il faudrait au contraire mettre des préservatifs à la disposition des détenus et éviter de porter des jugements quant à la sexualité des prisonniers. C'est d'ailleurs ce que prévoit la loi depuis 1989, mais c'est encore rarement appliqué.

Il faut en outre rappeler que l'article 273 du code de la santé publique impose le dépistage de la syphilis aux détenus en prison, mais qu'en revanche, le dépistage du SIDA, non obligatoire, n'est même pas proposé. C'est une deuxième aberration.

En ce qui concerne la toxicomanie avec injection intraveineuse, qui est elle aussi un facteur important de propagation, il faut rappeler qu'il existe en France un programme de substitution par la méthadone. Ce dérivé morphinique entraîne une dépendance majeure mais offre l'intérêt de n'être utilisé qu'une fois par jour, et surtout de se consommer par voie orale, ce qui limite nettement la propagation du SIDA par voie veineuse. En outre, bien que la dépendance subsiste, la méthadone n'a pas les effets dévastateurs de l'héroïne, et les utilisateurs peuvent commencer à se réinsérer et en particulier à travailler. La méthadone n'est donc pas une solution définitive, mais elle devrait conduire les gens à se prendre en charge, et donc permettre tôt ou tard d'abandonner la prise de drogue.

La contraception

En regardant un article sur la contraception, ma copine et moi avons remarqué que le préservatif n'était pas fiable à 100 % mais à 95 % environ ! Alors deux questions :

– le préservatif est-il vraiment une bonne protection non seulement au niveau de la contraception mais aussi au niveau des maladies comme le SIDA *puisqu'il y a 5 % où ça passe ?* [...]

– d'où viennent ces 5 % (mauvaise pose, déchirement, oubli lors du retrait...) qui nous font peur et nous gênent lors de nos relations sexuelles, comment les éviter et être certains que nous sommes totalement protégés ? [...]

Romain, 17 ans.

J'aimerais prendre la pilule, je l'ai demandé à ma mère mais elle m'a engueulée en disant que j'étais trop jeune (j'ai quinze ans et demi) et que je devrais faire ça après le mariage et pas avant.

Un peu vieux jeu vous trouvez pas ? J'aimerais aller dans un planning pour l'avoir gratos mais quelquefois j'ai un peu peur que mes parents apprennent ça [...].

Si ma mère apprend pour la pilule, pourra-t-elle m'empêcher de la prendre ? J'espère que non [...].

Fanny, 16 ans.

En ce qui me concerne, je voulais vous demander un conseil quant aux règles douloureuses.

J'ai vu un médecin généraliste pour prendre la pilule. Elle n'a pas voulu car je suis réglée depuis seulement l'âge de 16 ans et elle craint que cela me pose des problèmes si je souhaite avoir des enfants par la suite !

Je trouve cela complètement ridicule et c'est pourquoi je demande votre avis.

Je pense que la pilule est pour moi le meilleur remède à mes règles douloureuses.

Car j'ai en général un cycle de 21 jours, mais s'il y a un petit retard je souffre terriblement et dois rester allongée ! La pilule me permettrait donc d'avoir un cycle régulier et cela enlèverait en plus mes quelques petits problèmes d'acné.

Véronique, 17 ans.

– J'ai entendu parler de piqûres aux hormones qui stérilisaient pour une durée d'un mois les spermatozoïdes, est-ce vrai ?

– Qu'est-ce que la vasectomie ?

–À quand la pilule pour hommes ? [...]

Pascal, 17 ans.

1° Le préservatif peut-il être le seul moyen de contraception au cours du rapport sexuel ? Et s'il craque ?

2° Quand un préservatif « éclate », c'est à quel endroit ? Pour quelle raison ?

3° Combien de temps (en moyenne) un rapport sexuel dure-t-il ? [...]

4° La pilule fait-elle grossir ? Sa consommation avec le tabac est-elle dangereuse ? Pourquoi ? [...]

5° Si l'on ne prend pas la pilule régulièrement, combien de temps avant un rapport faut-il la prendre ? Si l'on n'a pas pris la pilule avant un rapport, jusqu'à combien de temps après peut-on la prendre en étant sûre de ne pas tomber enceinte ? Y a-t-il un risque de tomber enceinte même si l'on prend la pilule avant que cette durée soit écoulée ? Si l'on a l'intention de n'avoir qu'un seul rapport sexuel, et si l'on a pris une pilule après le rapport, peut-on arrêter de la prendre ? [...]

Catherine, 17 ans.

Je désirerais connaître les adresses des centres hospitaliers dans lesquels les hommes fidèles et qui ne fument pas peuvent se procurer la « pilule » masculine. Car je suis très heureux avec mon amie et je voudrais la soulager de la prise quotidienne de contraceptifs [...].

Gregory, 18 ans.

La contraception vise à empêcher la sexualité d'exprimer sa finalité organique, la fécondation, et à éviter que les rapports sexuels n'entraînent une grossesse.

Le problème de la contraception est réel puisqu'un adolescent sur trois a son premier rapport sexuel sans protection, et qu'on dénombre tous les ans en France environ 20 000 IVG chez des jeunes filles.

Les trois types de méthodes contraceptives

Les *méthodes naturelles* utilisent les rythmes féminins. Il s'agit d'éviter l'acte sexuel pendant la période de l'ovulation. Les *méthodes mécaniques* permettent d'empêcher le sperme de progresser dans les voies génitales féminines. Enfin, les *méthodes orales* (pilule), ou méthodes hormonales, visent à bloquer l'ovulation chez la femme, ou, comme nous le verrons plus tard, à bloquer la propagation des spermatozoïdes.

Le choix de la méthode de contraception n'est pas facile.

En effet, l'âge du premier rapport sexuel est d'environ seize à dix-sept ans, et les pratiques sexuelles des adolescentes (fréquemment vécues dans la fidélité), ne sont pas régulières. En outre, le développement des maladies sexuellement transmissibles et l'apparition du SIDA ajoutent au problème de la contraception celui de la protection contre ces maladies. Les moyens mécaniques ont donc repris de l'importance.

Il faut rappeler, avant de poursuivre, que toutes les méthodes de contraception nécessitent une information médicale et que, pour cela, une consultation et un suivi médicaux sont nécessaires (consultation particulière chez un médecin ou planning familial). Les moyens de contraception, y compris la pilule, peuvent être prescrits sans autorisation parentale.

Afin de donner un premier repère, je vais décrire les différentes méthodes de contraception, car je crois que chacun a le droit de choisir, en fonction de son état de santé, de ses désirs, et de ses convictions morales ou religieuses.

Les méthodes naturelles

Les méthodes « naturelles » sont fondées sur le rythme du cycle féminin et sur le fait que l'ovulation a lieu au quatorzième jour du cycle. Elles consistent à repérer l'ovulation afin d'éviter tout rapport sexuel à ce moment là. La durée de vie d'un ovule après l'ovulation est de moins de vingt-quatre heures, et la fécondation ne peut avoir lieu au-delà. La durée de vie du spermatozoïde, quant à elle, est d'environ trois jours.

Il faut savoir également que ces méthodes, même appliquées sérieusement et dans des conditions idéales, sont loin d'être sûres. Le risque de grossesse est loin d'être nul. En outre, si tel est votre choix, une information et même un enseignement seront utiles.

Il existe trois types de méthodes naturelles.

LA MÉTHODE DU CALENDRIER

La première est dite « méthode du calendrier », la fameuse méthode Ogino. Elle se base sur la date de l'ovulation, qui correspond en théorie au quatorzième jour après *le début des règles*. Il suffirait d'éviter tout rapport sexuel quatre jours avant et quatre jours après ce quatorzième jour pour éviter de tomber enceinte.

LA MÉTHODE DES TEMPÉRATURES

La deuxième méthode est la méthode des températures. Elle implique de prendre sa température tous les matins avant le lever, à la même heure si possible, et de noter cette température sur un graphique. Au moment de l'ovulation, on observe un petit décalage d'un à trois dixièmes de degré, dû à la modification des sécrétions hormonales, et notamment à la progestérone sécrétée par l'ovaire juste après l'ovulation. Ce décalage thermique, très constant, permet de repérer l'ovulation. Ce repère est plus fiable que la base théorique des quatorze jours après le premier jour des dernières règles, car il existe des variations de quelques jours dans le cycle de chaque femme.

Cette méthode comporte malgré tout des risques d'erreur. Il peut par exemple être difficile de repérer le décalage thermique, en cas d'infection ou de fièvre.

LA MÉTHODE DE BILLINGS

La troisième méthode, appelée méthode de Billings, repose sur les modifications de la glaire cervicale au cours de l'ovulation. Sous l'effet des modifications hormonales, cette sécrétion vaginale devient plus fluide, plus claire, et plus abondante au moment de l'ovulation, pour devenir plus épaisse et moins abondante ensuite. Tant que cette glaire est fluide et claire, il faut éviter tout rapport sexuel.

Les méthodes naturelles comportent toutes des risques d'erreurs importants. Elles s'adressent surtout à des couples stables, et à des gens qui, pour des raisons souvent religieuses, refusent tout autre moyen de contraception et ne souhaitent pas pour autant multiplier les grossesses. Elles reposent sur l'idée que l'essentiel est de respecter l'autre et qu'il n'est pas nécessaire d'avoir des rapports sexuels dès qu'on le désire pour s'épanouir dans sa sexualité. Mais il est vrai aussi que les couples utilisant ces méthodes finissent souvent, devant leur inefficacité, par adopter des méthodes plus conventionnelles, pas toujours bien acceptées par les autorités religieuses. Je considère pour ma part qu'il s'agit d'affaires strictement personnelles, et qu'aucune autorité religieuse ne peut se permettre de dicter une telle morale.

Avant d'évoquer les autres méthodes de contraception, je mentionnerai brièvement le coït interrompu, c'est-à-dire l'interruption du rapport avant l'éjaculation. C'est une méthode inefficace, car le retrait est souvent inopérant (s'il est un peu trop tardif, par exemple). En outre, il faut rappeler que lorsque l'on a plusieurs rapports le même jour, des spermatozoïdes peuvent rester dans le canal de l'urètre, être émis avant la seconde éjaculation et être fécondants. De nombreuses grossesses ont été ainsi constatées après application de cette méthode de retrait. Enfin, c'est une méthode extrêmement frustrante pour les deux partenaires.

Les méthodes mécaniques

Les méthodes mécaniques sont elles aussi au nombre de trois : les préservatifs – ou condoms –, le stérilet et le diaphragme. Elles consistent à créer une barrière qui empêche la progression du spermatozoïde.

LE PRÉSERVATIF

Le préservatif était peu utilisé avant l'apparition du SIDA, ce qui peut sembler paradoxal car les gens avaient déjà des comportements sexuels risqués. Il y avait déjà bien d'autres maladies sexuelles, qui sans être toujours mortelles ont occasionné nombre de stérilités par obturation des trompes.

Le préservatif masculin est désormais devenu une nécessité dès que l'on a plusieurs partenaires, situation relativement fréquente avant la vie de couple, voire ensuite. À mon avis, d'ailleurs, la nouveauté de notre époque en matière de comportement sexuel n'est pas tant la libération des mœurs, ou le fait que les gens soient devenus plus libertins, que le fait que ces sujets sont évoqués avec plus de sincérité, moins de peur et de tabous. Même si l'on peut encore avoir quelque pudeur à évoquer sa sexualité, les comportements sont mieux repérés aujourd'hui.

De toute façon, il ne s'agit pas d'encourager ou de condamner ces comportements, mais d'en prendre acte, et d'éviter qu'ils ne deviennent mortels.

Les préservatifs sont généralement en latex, avec une paroi très fine. La plupart sont fabriqués à l'étranger et distribués par des laboratoires français. Avant d'être diffusés, ils subissent un contrôle de fiabilité et de qualité très strict, effectué par le Laboratoire National d'Essais (LNE). Un certain nombre de lots sont prélevés dans un arrivage et testés. En 1992, par exemple, le LNE a testé 739 lots de préservatifs (1 lot = 150 000 unités). Ces tests concernent la résistance, qui est testée par le gonflement à l'air (environ trente litres) et la porosité.

Lorsqu'on trouve dans un lot testé un ou deux préservatifs défectueux, le lot est accepté. Lorsqu'on en trouve trois ou plus, le lot est rejeté et n'est pas vendu. Dès qu'un lot a été testé avec succès, l'arrivage reçoit la norme française NF, estampillée sur chaque boîte vendue. En France, tous les préservatifs vendus doivent porter l'estampille de la norme française. Si vous trouviez des préservatifs non estampillés, il s'agirait de vente illicite et formellement interdite. Chaque fois que la police a eu à relever de telles infractions, les préservatifs, la plupart du temps vendus à la sauvette, ont été retirés de la vente. Les préservatifs sont vendus en France dans les pharmacies et dans les grandes surfaces. Depuis peu, on en trouve également en distributeurs automatiques. D'autre part, de nombreuses associations prennent des initiatives de distribution gratuite.

En 1992, le marché français, en augmentation de 17 %, représentait environ 110 millions de préservatifs. À titre indicatif, je rappelle cependant qu'en 1991, le Royaume-Uni en distribuait 180 millions, l'Italie 144 millions, alors que ces pays sont moins peuplés. Il semblerait donc que l'utilisation des préservatifs soit mieux entrée dans les habitudes de ces pays.

Le problème du prix a suscité diverses polémiques. Le ministère de la Santé a récemment lancé une grande campagne de « préservatifs à 1 franc ». Mais il s'agissait d'une opération ponctuelle, pour un nombre limité de préservatifs, et ne permettant absolument pas de satisfaire l'ensemble de la demande. Pour le reste, le préservatif reste cher pour des adolescents.

À cet égard, les différents pays d'Europe ont des politiques très variables : au Royaume-Uni, un préservatif coûte en moyenne 3,10 francs ; en Allemagne, 3,30 francs ; en France, 3,80 francs ; en Italie, 4,80 francs ; en Espagne, 5,15 francs ; et aux Pays-Bas, 6,20 francs.

La France n'est donc pas le pays où le préservatif est vendu le plus cher... On peut tout de même préciser que s'il coûte en moyenne 3,80 francs en France, son prix est de 3,95 francs dans les officines, contre 2 francs à 2,50 francs dans les grandes surfaces, pour une qualité et une fiabilité équivalentes ; ce qui place la boîte au prix d'un paquet de cigarettes.

Plusieurs marques de fiabilité équivalente sont distribuées en France. Il existe globalement deux modèles, avec et sans réservoir. La taille est unique (17 cm, mais ils sont très extensibles). Ils sont tous vendus sous emballage hermétique et solide, dans des boîtes en carton ou en plastique. Ils sont lubrifiés ou non. Certains, plus chers, sont colorés, teintés ou parfumés.

Pour être efficaces, les préservatifs doivent être utilisés correctement. Quelques règles simples doivent être observées.

Le préservatif doit être placé sur la verge en érection, le bourrelet à l'extérieur. Il doit être déroulé, en laissant, pour ceux qui sont sans réservoir, une petite poche, et en vidant l'air de cette poche. Il doit être déroulé jusqu'à la base de la verge, en évitant d'altérer le latex avec les ongles ou avec des bagues, ce qui le rendrait non fiable.

Après le rapport sexuel, il doit être maintenu en place, et retiré avant la perte d'érection. Ensuite il doit être enlevé et jeté. Il peut être utile de faire alors un nœud, qui évitera tout risque de contamination.

Si l'on désire lubrifier le préservatif, il faut savoir que seuls les lubrifiants à l'eau peuvent être utilisés. Les lubrifiants à base d'huile, comme la vaseline, sont à proscrire, car ils abîment le latex et les préservatifs ne sont plus fiables.

Les préservatifs sont destinés à un usage unique et ne doivent pas être réutilisés.

Les préservatifs colorés ou parfumés peuvent présenter un plus grand risque d'allergie et d'irritation. Dans certains cas, rares mais possibles, il peut aussi exister une allergie au latex.

Certaines personnes soutiennent que les préservatifs détruisent la spontanéité de l'acte sexuel. S'il est vrai que, parfois, certains peuvent perdre leur érection lors de sa mise en place, il s'agit surtout d'une question d'habitude. Le préservatif peut être intégré dans les jeux amoureux avec beaucoup d'humour, et la partenaire peut le mettre en place elle-même.

Utilisé dans de très bonnes conditions, le préservatif est un contraceptif prévenant les MST de manière très fiable. Dans le cas du SIDA, c'est quasiment la seule façon de se protéger contre les risques de contamination.

Quant aux désagréments qu'il peut produire, comme la sensation, dont se plaignent certains, d'une légère perte de sensibilité, les utilisateurs habituels disent qu'ils ne la ressentent plus. En fait, l'utilisation du préservatif ne diminue, ni pour l'homme, ni pour la femme, la sensibilité et le plaisir du rapport sexuel.

Il arrive que le préservatif se rompe. De tels « accidents » peuvent bien sûr être liés à une mauvaise constitution du préservatif. Mais ils proviennent surtout d'une mauvaise utilisation, et notamment d'une altération du latex lors de la mise en place.

Pour mémoire, il existe aussi un préservatif féminin, appelé femidome. Il s'agit d'une sorte de sac, fabriqué en polyuréthane (une matière synthétique). Il est très résistant. En France, il a été testé dans quelques maternités, mais n'a pas été commercialisé. Il présente quelques inconvénients : si sa mise en place est assez aisée, des risques de contamination par des MST existent. Le risque de transmission du SIDA n'est donc pas nul. L'autre inconvénient cité est le petit bruit que peut provoquer ce préservatif lors des mouvements du coït, et qui peut gêner les partenaires, ce qui n'est pas le cas du préservatif masculin. Un troisième inconvénient est son prix de commercialisation, qui approcherait 11 francs. Il reste peu vendu dans les pays où il est commercialisé.

LE DIAPHRAGME ET LES GELS SPERMICIDES

La femme peut aussi recourir à un diaphragme, qui se place à l'intérieur du vagin au niveau du col de l'utérus, et qui bloque la progression des spermatozoïdes. Il s'utilise en général en association avec un gel ou une crème spermicide. Ce moyen de contraception peut être efficace, mais ne protège pas contre les maladies sexuellement transmissibles.

Il existe aussi des systèmes un peu différents, les capes, qui fonctionnent comme le diaphragme.

Les gels spermicides se présentent soit en ovules, soit en gels, soit enfin sous forme d'éponges. Ce sont des moyens de contraception efficaces, qui modifient la composition de la glaire cervicale et détruisent les spermatozoïdes. Ils peuvent être combinés avec les diaphragmes ou les capes, mais également dans certains cas avec les préservatifs masculins. La mise en place a lieu juste avant les rapports sexuels. Les éponges peuvent être efficaces pendant 24 heures. C'est un moyen de contraception complémentaire intéressant.

On a parfois prêté à certains spermicides la propriété de détruire le virus du SIDA, mais, on doit signaler qu'ils provoquent souvent une petite irritation des voies sexuelles féminines. Cette irritation peut être une voie d'entrée pour le virus. On ne peut donc recommander ces produits pour la prévention du virus du SIDA, même si leur action antiseptique peut parfois contribuer à prévenir d'autres MST.

LE STÉRILET

Je présente le stérilet uniquement pour mémoire car il est déconseillé aux femmes qui n'ont jamais eu de grossesse. (Son utilisation est parfois possible chez les femmes qui n'ont jamais eu d'enfant mais cela dépend de la taille de l'utérus et de l'absence de contre-indication.)

C'est un fil souple, souvent entouré d'un fil de cuivre très fin. Il mesure environ 2,5 cm. Plat et flexible, il est placé par le médecin à l'intérieur de l'utérus généralement pendant les règles car c'est le moment où le col de l'utérus est entrouvert. Sa mise en place est simple. Au bout de ce système, un fil en plastique apparaît au niveau du col de l'utérus et permet de le retirer facilement. On considère généralement que le stérilet empêche la fixation de l'œuf fécondé dans l'utérus, et provoque donc un avortement précoce. Les recherches actuelles apportent un autre éclairage et démontrent que le stérilet agit également sur la fécondation et non sur l'implantation : réduction du nombre de spermatozoïdes dans les trompes et de leur aptitude à féconder, et ralentissement de la progression de l'ovule dans les trompes. Les contre-indications sont les infections génitales ou urinaires non guéries.

On observe parfois des problèmes de tolérance et, la taille de l'utérus étant variable selon les femmes, trois modèles permettent de trouver le stérilet qui convient.

Les inconvénients sont minimes et temporaires : de petits saignements en dehors des règles ou des douleurs abdominales. Ils disparaissent rapidement.

Enfin, sa fiabilité n'est pas totale et des grossesses peuvent survenir dans certains cas rares. La présence du stérilet n'entrave alors pas le développement normal du fœtus.

Les méthodes orales

La troisième catégorie de méthodes de contraception comprend les méthodes orales : elles s'adressent essentiellement aux femmes, bien qu'il existe une contraception masculine et que des travaux soient en cours pour développer une pilule masculine plus efficace.

Ces méthodes consistent en une prise régulière d'hormones, permettant de modifier le cycle. La plupart visent à bloquer l'ovulation. Elles ne peuvent être obtenues que sur prescription médicale et nécessitent auparavant un bilan complet.

Ce bilan médical est assez strict. Il comporte un examen de santé : tension artérielle, palpation des seins pour rechercher de petites anomalies, des questions (recherche des migraines, vérification des règles, des cycles et des saignements au cours du cycle), et des examens biologiques (dosage des glucides et des lipides dans le sang).

Ces bilans doivent être répétés durant toute la prise du contraceptif, tous les trois à dix mois selon les cas. La moindre anomalie impose l'arrêt ou la modification de la contraception orale.

Il est important que votre médecin vous laisse le choix du mode de contraception. Je ne parle pas du type de pilule qui va être prescrite, qui dépend de votre état de santé et des examens cliniques. Je dis simplement qu'un panorama des différentes méthodes contraceptives doit vous être proposé, vous permettant de faire votre choix en toute liberté.

On hésite parfois à poser toutes les questions qui tracassent. C'est une erreur. Je pense que dans tous les problèmes concernant la santé il n'est pas de traitement efficace sans participation active du patient. C'est la même chose pour la pilule : pour qu'elle soit efficace, il est nécessaire de vous expliquer exactement quel est son principe d'action et quelles sont les contre-indications.

LES DIFFÉRENTS TYPES DE PILULES

La pilule dite œstro-progestative, qui combine les œstrogènes et les progestérones, reste de loin la méthode de contraception la plus sûre, à condition d'être bien utilisée. Son efficacité est absolue, et ses contre-indications restent rares à votre âge.

Elle provoque un blocage de l'ovulation et transforme la muqueuse utérine, la rendant impropre à recevoir un œuf fécondé. Elle agit aussi sur la glaire cervicale, empêchant la progression des spermatozoïdes.

Lorsque les pilules sont dosées de façon équivalente en œstrogène et en progestatif, elles sont dites monophasiques. Elles sont toutes de la même couleur. Lorsque le dosage en progestatif change au cours de la plaquette, elles sont soit biphasiques (deux dosages différents donc deux couleurs différentes), soit triphasiques (trois dosages différents donc trois couleurs différentes).

On les regroupe en trois catégories : les pilules « normo-dosées », les pilules « mini-dosées » et les pilules séquentielles :

– les pilules « normo-dosées » sont la pluspart du temps monophasiques, une seule marque est biphasique. Chaque plaquette contient 21 comprimés pris par voie orale à raison d'un comprimé par jour pendant 21 jours puis un arrêt de 7 jours. Cet arrêt provoque les règles. Lors de la première prise, et uniquement dans ce cas, il faut commencer la plaquette le premier jour des règles. C'est la seule méthode totalement efficace ;

– les pilules « mini-dosées » peuvent être monophasiques, biphasiques ou triphasiques. Elles s'utilisent comme les précédentes et ont l'avantage d'être plus faiblement dosées en œstrogènes. En revanche, elles présentent deux inconvénients mineurs : de petits saignements pendant les périodes de prise et parfois une absence de saignement pendant la période d'arrêt. Dans ce dernier cas, on reprend la pilule normalement après les 7 jours d'arrêt ;

– les pilules séquentielles se caractérisent par le fait que les premiers comprimés de la plaquette contiennent une hormone, l'œstrogène, et les seconds contiennent la progestérone ou les deux. Ce mode de contraception a pour but de reproduire le cycle hormonal normal, il est souvent prescrit après un accouchement ou une IVG. Sa seule action est de bloquer l'ovulation.

En fonction de ce qu'il aura constaté, le médecin portera son choix sur le type de pilule que vous tolérerez le mieux. Il est important que ce choix tienne compte de votre état de santé et de vos réactions, car une pilule bien choisie est le meilleur gage d'une bonne utilisation, et permet d'éviter tout arrêt intempestif.

D'autre part, ces pilules peuvent avoir un effet thérapeutique. Elles peuvent permettre de diminuer la dysménorrhée, c'est-à-dire les douleurs menstruelles, et de régulariser les cycles quand ils étaient irréguliers ainsi que le flux des règles. Elles peuvent aussi aider à stabiliser son poids. Enfin, une pilule bien choisie peut être utile en cas d'anomalie des seins (mastodinie ou gonflement mammaire).

Comme je le disais, la prise de pilule nécessite un suivi régulier qui demande une visite médicale tous les trois à six mois, et en particulier, trois mois après la première prise de pilule.

Il faut rappeler qu'il existe des contre-indications. Certains petits inconvénients peu graves mais fréquents sont à signaler. Il peut s'agir de petits saignements qu'on appelle *spoting,* surtout dans le cas des pilules peu dosées (minipilules). Ce n'est pas grave, mais il faut les signaler, car dans certains cas ils ne proviennent pas de la prise de la pilule, mais signifient l'apparition d'une infection génitale. Or, seul un examen clinique permet de mettre cela en évidence puisque les organes génitaux féminins sont internes.

LA PILULE PROGESTATIVE

Il existe un autre type de contraception orale qu'on appelle progestative car elle utilise la progestérone, c'est-à-dire l'hormone mâle toute seule. Globalement, on peut dire qu'à dose normale, ce n'est pas un mode de contraception recommandé à l'adolescence et chez les jeunes femmes.

Dans certains cas, pour les filles qui ont une acné sévère ou un développement trop important de la pilosité (hirsutisme), il existe un médicament appelé cyprotérone, que l'on peut prescrire après un bilan hormonal et métabolique précis, et qui permet d'enrayer l'hirsutisme. Quand je parle d'hirsutisme, il s'agit d'une pilosité développée partout (visage, thorax, etc.) et pas seulement d'un excès de pilosité aux endroits habituels.

LA MICROPILULE

Une autre pilule peut être utilisée chez les jeunes filles. C'est la micropilule, différente de la pilule minidosée.

La micropilule contient de l'hormone mâle en très faible quantité, et assure la contraception, non pas en bloquant l'ovulation, qui dans ce cas a bien lieu, mais en modifiant les sécrétions de la glaire cervicale. La glaire cervicale, en effet, a pour rôle de favoriser la progression des spermatozoïdes dès leur entrée dans l'utérus. Modifiée, elle devient épaisse et imperméable, coagule et empêche la progression satisfaisante des spermatozoïdes.

Elle agit enfin au niveau des trompes où a lieu la fécondation. L'œuf fécondé doit ensuite progresser jusqu'à l'utérus et sa progression est facilitée par la contraction régulière des structures musculaires. La micropilule diminue cette mobilité.

La pilule se prend quotidiennement et sans arrêt parce qu'elle agit sur la glaire cervicale et non sur l'ovulation.

Du point de vue des contre-indications, ces pilules offrent un grand intérêt car elles ne présentent pas de risque sur le métabolisme des glucides et des lipides, pas plus que sur le plan cardio-vasculaire. En revanche, ces hormones peuvent avoir un effet néfaste au niveau de la poitrine, non pas en déclenchant des cancers, mais de petites tumeurs bénignes, ou de petits kystes qui nécessitent l'interruption du traitement.

D'autre part, s'il existe un déséquilibre préalable des sécrétions hormonales (ce qui arrive chez les filles jeunes), la prise de cette micropilule peut l'accentuer.

Enfin, cette micropilule est accusée de favoriser le développement des grossesses extra-utérines (à l'intérieur de la trompe), et cela pose un réel problème car le développement de l'œuf altère les trompes. Celles-ci étant très irriguées, il y a des risques d'hémorragie, qui peuvent être gravissimes. Il faut rappeler en effet que cette pilule ne bloque pas l'ovulation. Donc la fécondation, bien que rare, est toujours possible.

Les risques de la pilule et les contre-indications

Je voudrais aussi répondre à certaines questions pratiques que l'on pose souvent. Elles concernent pour la plupart les risques que la pilule fait courir à l'organisme, ainsi que les maladresses habituelles liées à l'utilisation pratique ou à des problèmes intercurrents qui arrivent fréquemment.

La pilule modifie-t-elle la croissance ? On peut répondre que non, puisque, lorsque l'on prend la pilule, on est réglée, et qu'on est donc pubère. La croissance est alors pratiquement achevée, et la pilule ne peut plus rien y changer.

La pilule met-elle en danger la fertilité ultérieure ? Son effet est entièrement réversible dès l'arrêt et il devient possible d'avoir une ovulation dès le cycle qui suit. Des études très strictes ont été effectuées, et ont montré qu'il n'y avait aucune modification de la fertilité.

La pilule modifie-t-elle le cycle par la suite ? On constate parfois une absence de règles, après l'arrêt de la prise de pilule. En général, elle ne dure pas. Si cette absence durait, cela mériterait des examens médicaux, pour rechercher une anomalie de fonctionnement, car la pilule, par son seul effet, n'entraîne pas d'arrêt prolongé. Dans certains cas, surtout à l'adolescence, il arrive que les cycles soient plus longs et les règles plus espacées. Cet état ne contre-indique pas la pilule. Le médecin vérifiera simplement si l'espacement des règles n'est pas lié à une autre anomalie, surtout si elles sont à la fois espacées et peu abondantes.

La pilule provoque-t-elle des maladies cardio-vasculaires ? On l'accuse souvent d'augmenter le risque de maladie cardiaque et de maladie des vaisseaux, notamment les phlébites et les embolies. Les adolescentes sont rarement concernées par ces problèmes. Cependant, dans certains cas, lorsqu'il existe dans la famille des antécédents de maladies cardiaques et vasculaires, il faut être prudent et éviter la contraception orale. Il faut par ailleurs rappeler que l'association tabac-pilule favorise très nettement l'apparition de maladies vasculaires, notamment de phlébites, voire d'embolies.

La pilule favorise-t-elle le cancer ? C'est également une question fréquente. Certains prétendent que la pilule, prise avant une première grossesse menée à terme, augmente le risque de cancer du sein dans les vingt ans qui suivent, mais il n'y a aucune preuve. Les médecins sont simplement prudents lorsqu'ils soupçonnent une sensibilité familiale particulière, c'est-à-dire lorsque les femmes de la famille semblent avoir plus fréquemment des cancers du sein.

Les erreurs de manipulation

Les petites erreurs que l'on peut commettre en prenant la pilule constituent un problème important, sur lequel on me pose beaucoup de questions, ou, au contraire, dont on n'a pas toujours conscience.

La première erreur est d'oublier l'heure de prise de la pilule. Il est très important de savoir que cette pilule doit être prise à heure fixe.

Pour les pilules minidosées, un oubli de plus de six heures suffit à arrêter toute protection. Il faut prendre toutes les précautions, car l'ovulation peut avoir lieu dans les six jours qui suivent l'oubli, même si on reprend ensuite la pilule. Dans ce cas, il faut considérer que l'on n'est plus protégée jusqu'à la fin de la plaquette et attendre la reprise de la plaquette suivante. Il faut donc utiliser un autre moyen de contraception. Pour les normodosées, après un oubli de 24 heures, il faut en prendre deux à la fois. Un oubli de plus de 24 heures supprime toute efficacité.

Pour la micropilule, un oubli d'une heure seulement peut remettre en cause l'effet contraceptif, et cela durant les deux jours qui suivent. 48 heures après la reprise on est à nouveau protégée. La protection réapparaît donc de manière plus rapide, mais il faut aussi rappeler que la prise de cette micropilule se fait en permanence et sans arrêt.

Pour les pilules séquentielles, un seul arrêt interrompt l'effet contraceptif.

Un autre mode de contraception peut être utile en cas d'oubli, et donc de rapport sans protection particulière. C'est la fameuse « pilule du lendemain », appelée parfois « pilule de secours ». Cette pilule doit être prescrite au plus tard dans les 72 heures qui suivent le rapport, mais elle exerce une efficacité maximale dans les 48 heures, voire les 24 heures qui suivent le rapport. Dans ce dernier cas, l'efficacité est de 100 %. Il s'agit de prendre deux pilules combinées normodosées dans les 24 heures si possible, puis deux pilules douze heures plus tard.

Cette technique est très efficace, mais elle a quelques inconvénients : nausées ou vomissements (qui peuvent être enrayés par des médicaments).

C'est évidemment une méthode de secours, qui ne devrait pas être appliquée de manière régulière. Elle peut être utile en cas d'oubli de pilule classique, quand on se rend compte qu'on a eu des rapports non protégés, ou encore en cas de mauvais maniement du préservatif (déchirure).

On les obtient uniquement sur *prescription médicale.*

Il peut aussi se produire d'autres accidents. On peut perdre sa pilule, la faire tomber dans le lavabo, ou encore ne pas la retrouver. Dans ce cas, au lieu de décaler la plaquette en cours, mieux vaut recommencer une autre plaquette à l'endroit où l'on s'était arrêté. Cela permet de limiter les risques d'erreur.

C'est un peu contraignant, mais il ne faut pas non plus mélanger deux plaquettes entamées. Après tout, le coût de ces plaquettes n'est pas si grand. Cela impose d'avoir toujours plusieurs plaquettes sur soi.

Il faut aussi tenir compte du décalage horaire lors des voyages et être très rigoureux, en le préparant à l'avance. Pour les pilules minidosées, on a une marge de manœuvre de six heures, bien que par prudence il soit souhaitable de ne pas dépasser les quatre heures de décalage. Il faut être prudent, et mieux vaut se lever dans la nuit. Pour les normodosées, la marge de manœuvre est un peu plus grande sans que l'on puisse toutefois dépasser 12 heures.

Pour la micropilule, on n'a pas le choix, il faut la prendre à la même heure.

Une autre question, qui est parfois posée, est le délai de protection. C'est un repère nécessaire. On est protégé dès la première prise de plaquette, il n'y a pas de phase de transition. De même la réversibilité est totale dès qu'on arrête.

On me demande aussi souvent s'il y a des risques pendant la période qui se situe entre les deux plaquettes. La réponse est non. On peut avoir des rapports à tout moment du cycle.

On me demande encore ce qui se passe lorsque, après avoir un peu trop bu, ou trop mangé, ou encore après avoir contracté une petite maladie digestive virale ou bactérienne, des vomissements surviennent après la prise de pilule. Si ces vomissement surviennent plus de trois heures après la prise de pilule, il n'y a pas de problème. Sinon, il faut faire comme lorsque l'on perd une pilule, c'est-à-dire sacrifier une autre plaquette et reprendre une pilule.

On me demande enfin ce qui se passe lorsqu'on a oublié une fois la pilule et que l'on est tombée enceinte sans s'en rendre compte (l'arrêt de la pilule déclenche en effet des « fausses règles », c'est-à-dire de petites hémorragies) et que l'on a pris la pilule pendant les deux ou trois premiers mois de la grossesse. Cela n'a aucune incidence sur la grossesse, le fœtus ne risque rien. La pilule est sans le moindre danger pour ce bébé inattendu.

Une contre-indication doit être précisée : certains médicaments (essentiellement certains antibiotiques et certains médicaments que l'on utilise contre les convulsions ou contre l'épilepsie) peuvent entraîner une baisse d'efficacité de la pilule. Dans ce cas, il faut le signaler à son médecin pour qu'il prescrive un autre mode de contraception.

Pour terminer, je voudrais insister sur une méprise fréquente qui peut être dramatique. Une des grandes erreurs est de croire que la pilule protégera du SIDA ou des autres MST. C'est naturellement une erreur : la pilule ne permet pas de se dispenser du préservatif lorsque l'on a plusieurs partenaires ou des partenaires de rencontre.

La contraception masculine

Je voudrais enfin évoquer la fameuse contraception hormonale masculine, qui existe déjà depuis un certain temps en France, et qui fait l'objet de nombreuses questions. On la trouve dans la plupart des grandes villes, en tout cas dans les consultations hospitalières.

Cette contraception est fondée sur la prise d'hormones qui diminuent la production de spermatozoïdes, pour atteindre une absence totale de spermatozoïdes dans le sperme.

Elle concerne surtout les couples mariés ou stables, ou les gens qui ne fument pas. En effet, on ne prescrit pas cette pilule aux fumeurs. C'est assez paradoxal, car on ne prend pas les mêmes précautions pour les femmes.

Les règles d'utilisation de cette contraception sont relativement simples. Elle réclame bien sûr un examen médical détaillé et présente les mêmes contre-indications que pour les femmes (risques cardio-vasculaires, taux de lipides ou de glucides).

Les médecins qui prescrivent ces pilules ont constaté que son arrêt entraîne dans les trois mois une réversibilité, et une reprise de la fertilité : le sperme contient à nouveau des spermatozoïdes en nombre suffisant pour féconder l'œuf lors d'un rapport sexuel. Le nombre normal de spermatozoïdes revient dans les trois à six mois qui suivent l'arrêt de cette méthode.

Je voudrais simplement rappeler qu'un essai est actuellement en cours – on en est encore aux balbutiements – pour appliquer aux hommes la fameuse pilule RU486 (la pilule abortive pour les femmes).

On pense en effet que cette pilule agit aussi chez les hommes. En bloquant le calcium disponible pour les spermatozoïdes, elle les rend complètement inopérationnels, et donc déclenche une stérilité passagère.

Cette pilule est semble-t-il facile à prendre, active dès la prise, et ensuite pendant plusieurs jours.

Tout cela reste encore à confirmer. Les premiers essais sont en cours, et s'ils semblaient concluants, des essais complets pourraient être entrepris d'ici deux ans, et permettre un moyen de contraception beaucoup moins contraignant pour les hommes. Cela pourrait, dans certains cas, notamment lorsqu'on s'adresse à des couples stables, libérer la femme de la contraception hormonale.

Perspectives d'avenir

Des études pour améliorer la contraception hormonale sont actuellement en cours. Pour mémoire, je vais les citer : la pilule RU486 utilisée une fois par mois, la pilule de l'instant qui pourra être utilisée après un rapport sexuel (cinq par mois maximum), l'anneau vaginal contraceptif contenant les mêmes hormones que la pilule et qui est placé dans le vagin. Enfin, les implants se présentant sous forme de bâtonnets mis en place sous la peau. Il s'agit aussi d'hormones et la protection dure cinq ans (on peut les retirer à tout moment).

Le suivi gynécologique

Toute femme, dès qu'elle a ses règles, doit être examinée au moins une fois par an, même si elle est en bonne santé. Lorsque vous vous adressez à votre généraliste ou à votre gynécologue, vous pouvez vous confier et aborder tous les sujets. La première étape, qui peut être difficile, est l'interrogatoire qui, sans être policier, doit rester précis. Il concerne toutes les femmes de votre famille car leur passé gynécologique peut apporter des renseignements très utiles (par exemple, certaines familles sont plus sujettes au cancer du sein). Ensuite on vous interroge sur votre passé : les premières règles, les cycles, les maladies que vous avez déjà attrapées, la prise de pilules, les grossesses et aussi vos habitudes sexuelles. Cette étape est parfois désagréable mais elle ne se renouvelle pas les fois suivantes. Tout sera écrit et, bien sûr, restera secret.

Ensuite vient l'examen proprement dit, dont les deux pôles principaux sont les seins et les organes génitaux, c'est à dire la vulve, le vagin, l'utérus, les ovaires et les trompes. La position sur le dos, les jambes écartées et pieds à l'étrier, n'est pas très agréable. Le médecin regarde grâce à une lampe puis met doucement en place un spéculum dans le vagin. L'opération n'est pas douloureuse et permet l'observation de ce dernier. Rappelons qu'il existe des spéculums adaptés à la morphologie des jeunes filles vierges. Un système écarte les deux valves de l'appareil, et permet de voir l'intérieur du vagin et du col de l'utérus.

Après cet examen visuel, le gynécologue peut vous renseigner sur votre état de santé et sur votre anatomie. Il va ensuite pratiquer ce qu'on appelle un « toucher vaginal », sauf éventuellement si vous êtes vierge. Le toucher vaginal se pratique avec deux doigts. Le médecin met des gants à usage unique. Il place les doigts à l'intérieur du vagin et l'autre main sur le ventre, puis examine les parois du vagin, le col de l'utérus, les culs-de-sac de l'utérus et de l'autre, l'utérus, les ovaires et les trompes. Cela permet ainsi d'apprécier le volume de l'utérus, la sensibilité ovarienne, et de percevoir éventuellement des anomalies telles que des kystes, ou des douleurs qui signaleraient une infection ou un dysfonctionnement.

Vient ensuite l'examen des seins, qui doivent être contrôlés chaque fois. Ce palper est très important et doit être très minutieux. Il permet entre autres de détecter les cancers du sein. Il faut rappeler à ce sujet que la détection précoce du cancer du sein permet une guérison rapide et non mutilante qui peut être définitive. En même temps, le médecin vous apprendra à pratiquer ce palper vous-même et à vous examiner régulièrement, ce qui est essentiel dans la détection de ces tumeurs. C'est ainsi que vous pourrez le consulter à la moindre anomalie.

Cet examen gynécologique est assorti d'un examen général. Le médecin apprécie votre poids, votre taille, éventuellement votre tension artérielle, il palpe aussi votre ventre. Cela permet d'évaluer votre imprégnation hormonale et le fonctionnement de votre organisme.

Viennent ensuite les examens complémentaires : ceux qui sont effectués régulièrement à chaque visite, une ou deux fois par an.

Le premier de ces examens, que vous pouvez pratiquer vous-même, est le suivi de la courbe de température. Cette température, prise par voie rectale, tous les matins dès le lever, est soigneusement retranscrite sur un graphique. On garde également la date des règles, les saignements éventuels en dehors des règles, et également la date des rapports sexuels. Cela donne des renseignements précieux sur la date d'ovulation, et bien sûr sur les sécrétions hormonales.

Il conseillera d'établir cette courbe d'évolution des températures en fonction de votre état, et des troubles que vous pourrez présenter. S'il vous le prescrit, il vous expliquera pourquoi.

Les autres examens complémentaires ont lieu au cabinet du médecin.

Le premier est l'étude d'une sécrétion vaginale : la glaire cervicale. Cette sécrétion est normale et son rôle est essentiel puisqu'elle facilite dans la fécondation la progression des spermatozoïdes. Mais, dans certains cas et si sa composition varie, elle peut aussi bloquer cette progression. Son examen fournit donc des renseignements importants sur les sécrétions d'hormones et sur la présence d'une éventuelle infection.

Les frottis du col, qui doivent être pratiqués chaque année, permettent la détection précoce du cancer du col. Celui-ci, comme le cancer du sein, est d'autant mieux soigné qu'il est détecté précocement, permettant même la guérison complète. Ce cancer peut apparaître entre vingt et trente ans, même si cela est rare. L'examen du col peut être un peu douloureux, mais l'est en général assez peu. Le médecin, après avoir mis le spéculum en place, gratte le col avec une petite spatule spéciale, et prélève ainsi les cellules superficielles. Puis il étale ce prélèvement sur une lame et l'envoie au laboratoire d'analyses.

De même, d'autres examens peuvent être pratiqués lorsque le médecin soupçonne une anomalie : les biopsies, prélèvement d'un morceau du col de l'utérus ou de l'utérus lui-même, avec pince spéciale, toujours pour détecter un éventuel cancer de l'utérus, mais aussi la tuberculose, qui est tout de même très rare. C'est un examen douloureux mais supportable.

Un autre examen, moins pratiqué, est la colposcopie. Il s'agit d'un examen effectué avec une grosse loupe qui grossit dix fois. Cet examen n'est pas douloureux et peut être utile aussi dans la détection des cancers.

La cœloscopie est un examen plus sophistiqué, que l'on pratique dans certains cas si l'on suspecte une anomalie. Il se fait en général sous anesthésie générale, parfois sous anesthésie locale. On pratique une petite incision dans le ventre – on appelle cela une boutonnière – et le médecin y introduit un appareil, une sorte de tige. L'appareil contient un système optique qui permet de regarder à l'intérieur de votre ventre sans l'ouvrir, et permet de traiter la maladie sans avoir à procéder à une intervention chirurgicale avec ouverture de l'abdomen. Cet examen, qui ne peut être pratiqué que par un spécialiste, permet de détecter et éventuellement de traiter une grossesse extra-utérine, une inflammation des trompes ou une stérilité par obturation des trompes. De plus, il peut permettre de rechercher la cause de douleurs ou d'identifier une tumeur déjà soupçonnée lors de palpations.

Bien sûr cet examen n'est pas douloureux puisqu'il s'effectue sous anesthésie générale ou locale. L'hospitalisation est de deux jours tout au plus.

Le gynécologue peut aussi prescrire des examens radiologiques.

L'hystérosalpingographie tout d'abord est un examen pratiqué par un spécialiste en radiologie. Celui-ci injecte un produit opaque aux rayons X dans l'utérus et au niveau du col, ce qui permet de regarder l'intérieur de l'utérus et les trompes. Cette technique est utile pour le bilan d'une stérilité ou d'une tumeur, en cas d'avortements répétés ou de saignements anormaux. C'est douloureux mais tout à fait supportable.

L'échographie, ensuite, a connu un développement important ces quinze dernières années. Elle est essentiellement utilisée en obstétrique, pendant la grossesse. En gynécologie, on l'utilise pour vérifier la présence d'une tumeur supposée. Elle est indolore et se pratique vessie pleine.

Si cela est nécessaire, l'examen gynécologique sera éventuellement complété par des examens biologiques, pour rechercher par exemple les principales contre-indications métaboliques à la prescription d'un contraceptif oral. Dans d'autres cas, si l'on suspecte un dysfonctionnement des organes sexuels, des dosages hormonaux pourront être demandés et pratiqués.

L'examen gynécologique est essentiel pour la détection de toutes les anomalies, et d'autant plus essentiel que les organes génitaux sont internes. C'est donc une médecine essentiellement préventive. C'est aussi l'occasion de repérer les dysfonctionnements éventuels, d'apprendre à découvrir son corps, de poser toutes les questions concernant sa sexualité, qu'on ait ou non des relations sexuelles, et de recueillir des informations concernant la normalité des phénomènes qu'on observe.

Cet examen permet aussi d'évoquer la relation du couple. Toutes les questions concernant le partenaire peuvent être posées.

En ce qui concerne les garçons, la surveillance des organes génitaux n'est pas habituelle, et pourtant dans certains cas elle serait très utile. En général, les garçons consultent lorsqu'ils constatent une anomalie de fonctionnement.

Il serait pourtant bien utile de consulter un médecin au cours de l'adolescence pour savoir si le développement se fait de manière harmonieuse et normale. C'est également vrai pour les filles. Cela permet de détecter les anomalies éventuelles, mais aussi de se rassurer soi-même sur la façon dont son corps se développe.

L'examen médical des organes sexuels masculins passe bien sûr par un dialogue avec le médecin afin de vérifier si le fonctionnement de ses organes est normal, conforme à ce que nous avons décrit tout à l'heure, au niveau de l'érection, des éjaculations et il peut être l'occasion de renseigner le médecin sur les antécédents familiaux et personnels.

L'examen inclut bien sûr la palpation des bourses, pour rechercher les anomalies, qui restent rares chez les sujets jeunes. Chez les sujets plus âgés, qui présentent des troubles urinaires faisant suspecter un dysfonctionnement de la prostate, il est assorti d'un toucher rectal qui permet de palper la prostate.

Avortement

Il y a un an et demi j'ai rencontré un mec, et ça a été le coup de foudre pour lui et pour moi, il avait 26 ans.

J'étais complètement hypnotisée par ce mec. J'avais tout perdu, mon caractère, mes amis, plus rien ne m'intéressait à part lui. C'est inexplicable.

Bref, il y a deux mois, le drame arrive, il meurt d'un accident de moto. Ce jour est atroce pour moi, c'est une partie de mon corps qui s'en va, toute ma vie s'en va. Je ne veux plus vivre, j'ai tellement mal, c'est comme une flèche qui aurait transpercé mon cœur. Je ne sais pas comment retrouver le goût de la vie, j'ai tout perdu.

Mais il y a un autre problème, je suis enceinte de ce garçon qui est mort, que faire ? Mes parents ne sont pas au courant, je n'ai jamais pu parler avec eux. Je voudrais avorter mais j'ai en moi une vie qui vient de moi et de ce garçon que j'aime toujours autant. Parfois je me dis : « Si tu meurs, tu le rejoindras et tu fonderas ta famille au ciel. »

Je n'ai aucun ami à qui parler [...]. *Je me sens si seule. J'ai peur d'avoir cet enfant, aujourd'hui c'est ma seule raison de vivre (et encore !). Mon cœur est trop lourd de peine. Je préfère mourir que souffrir* [...].

Brigitte, 24 ans.

J'ai vécu trois ans avec un wonderful boy que j'ai aimé trop fort au point de lui faire un bébé, que je ne pouvais hélas pas garder, faute de pension familiale, manque de tunes, divers autres trucs. J'ai dû subir une IVG qui s'est très bien passée, si je puis dire, et si physiquement j'en suis remise, moralement je suis détruite.

Le papa m'a quitté depuis six mois, l'enfoiré, et je tente de me reconstituer avec quelques éphémères aventures et je pense être complètement stérile. Je ne prends plus la pilule depuis six mois et rien. L'IVG peut-elle rendre stérile ? [...]

Virginie, 26 ans.

Salut Doc et salut Difool. [...] *Est-ce que nos mères ont le droit de nous obliger à avorter lorsqu'on a moins de quinze ans et que l'on est enceinte ?* [...]

Marianne, 14 ans.

Biologiquement, la reproduction fonctionne un peu moins bien dans l'espèce humaine que dans beaucoup d'autres espèces. La fertilité est souvent faible, et il existe un certain nombre d'avortements spontanés. Mais je ne parlerai ici que des interruptions volontaires de grossesse.

En 1991, il y a eu en France seize mille interruptions volontaires de grossesse chez des jeunes filles de seize à dix-neuf ans.

Ce chiffre montre bien qu'à cet âge-là, le problème de la contraception n'est souvent pas réglé. Pour des raisons qui leur appartiennent, de nombreuses jeunes filles se retrouvent enceintes sans l'avoir réellement désiré.

Les dispositions légales

La première disposition date de la loi Veil, en 1975. Depuis cette date, l'interruption *volontaire* de grossesse, en dehors de toute pathologie, et pour convenances personnelles, est autorisée à la femme enceinte qui se trouve en « situation de détresse », jusqu'à la dixième semaine de gestation. L'IVG est dépénalisée, c'est-à-dire qu'elle ne fait l'objet d'aucune poursuite. Avant cette date, l'avortement était considéré comme un crime, et passible de la cour d'assises.

Depuis 1982, l'IVG est prise en charge par la sécurité sociale. Si on n'est pas assuré social, on peut alors s'adresser à la DDASS.

L'IVG peut être demandée par la future maman, à partir du moment où elle est majeure. Elle doit rencontrer un médecin, avant la dixième semaine de gestation (qui correspond à la douzième semaine d'absence de règles), et respecter un délai de réflexion de huit jours avant d'effectuer une demande écrite. Pendant ces huits jours, elle s'entretiendra avec une personne qualifiée : psychologue, conseil familial ou assistante sociale. Si le délai d'autorisation risque d'être dépassé, le délai de réflexion peut être raccourci sur l'avis du médecin.

Après la douzième semaine, l'avortement peut être accepté dans certains cas particuliers, improprement appelés « thérapeutiques » – il ne s'agit pas d'un traitement. Ces interruptions de grossesse sont indiquées soit en raison d'une maladie grave de la mère, dont la vie serait mise en danger par la grossesse, soit en raison d'une anomalie du fœtus, qui peut être génétique, ou acquise. Pour cela il est nécessaire d'avoir l'autorisation d'un comité médical composé d'au moins trois médecins. L'interruption de la grossesse peut alors avoir lieu dans un délai allongé à vingt-quatre semaines.

L'avortement illégal existe sans doute encore, lorsque le délai autorisé est dépassé, mais les chiffres ne peuvent être correctement évalués. On se souvient des fameux voyages à l'étranger (Royaume-Uni, Suisse, Hollande) où l'avortement se pratique plus facilement.

Toute personne pratiquant l'avortement de façon illégale,

médecin ou non, encourt de lourdes peines de la part de la justice. Sans compter que ces avortements illégaux, pratiqués dans des conditions de technique et d'hygiène des plus douteuses, peuvent gravement mettre en danger la santé de la mère.

À titre d'exemple, on peut rappeler qu'en Amérique latine les conditions de l'avortement sont à l'origine d'un tiers des décès maternels chez les femmes en âge de procréer.

Désir de grossesse

La loi autorise dans certaines conditions ces interruptions de grossesse, mais il ne s'agit là que d'un constat d'échec de la contraception, sous toutes ses formes. L'avortement ne doit pas être considéré comme une technique de « contraception » ou de régulation des naissances, et l'idéal serait de ne plus avoir à y recourir. Cela supposerait que les méthodes contraceptives soient suffisamment développées, comprises, enseignées et qu'elles permettent une véritable régulation des naissances. Mais on touche là à des problèmes complexes, qui concernent aussi bien une ignorance parfois insouciante qu'un désir de grossesse plus ou moins inconscient. Ce désir est bien réel et bien connu. Ce peut être le désir d'avoir un enfant, mais aussi le désir de « vérifier » qu'on est bien fertile. La grossesse nous ramène alors brusquement dans la réalité et elle devient souvent inacceptable.

Pour rester dans le cadre de cette réalité incontournable, qui implique totalement la mère et la laisse souvent isolée, il faut rappeler que ce désir de grossesse est une réalité. Il faut le prendre en compte, et laisser cette adolescente en face de sa responsabilité, en mettant à sa disposition tous les éléments qui lui permettront de prendre sa décision en toute quiétude. Il ne faut pas prendre cette décision à sa place.

Et c'est souvent là le problème. Une adolescente, mineure, est souvent considérée comme une enfant par le cercle familial. On n'imagine pas que cette « enfant » puisse *faire* un enfant. Ou alors on pense que ça ne peut arriver qu'aux autres.

Le drame principal de ces jeunes filles, comme des filles majeures, est justement la difficulté pour l'entourage de reconnaître cette grossesse. Cela reste un problème, quelle que soit la décision qu'elle prend : interruption ou poursuite de la grossesse. Quand on garde l'enfant, la surveillance précoce est importante dans le développement de la grossesse et dans la prévention de toute pathologie. Elle peut être capitale pour la mère comme pour l'enfant.

La découverte de la grossesse

Dès qu'une jeune fille est réglée, parfois même dès l'âge de douze ans, la grossesse est possible s'il y a des rapports sexuels. C'est une notion que certains semblent ignorer, mais dont il faut au contraire prendre conscience.

Le premier signe de la grossesse est l'absence de règles. Il est vrai qu'il peut parfois arriver qu'une jeune fille n'ait pas de règles pendant deux ou trois mois mais la première cause à envisager devant une absence de règles est la grossesse. D'autres petits signes peuvent survenir comme la tension mammaire, qui peut survenir très tôt, ou les nausées. Quant aux modifications locales, abdominales, et notamment l'augmentation de volume de l'utérus, il est difficile de s'en rendre compte avant un mois et demi ou deux mois de grossesse.

Les tests biologiques sont donc indispensables. Il en existe de plusieurs natures.

Les premiers sont les fameux tests urinaires du commerce. Il s'agit d'un test de dépistage, que l'on se procure en pharmacie, librement. On peut l'obtenir sans ordonnance et le pharmacien a droit de vous le délivrer sans demander de justification. Ces tests se pratiquent sur les urines du matin, et permettent une première détection précoce (deuxième ou troisième semaine de grossesse, soit dix à quinze jours de retard des règles).

D'autres tests, notamment ceux dits de « précipitation sur laque », se pratiquent au cabinet du médecin. Ils sont efficaces dès les premiers jours de retard.

D'autres enfin se pratiquent sur ordonnance médicale, et donc sur la demande du médecin. Ce sont les dosages d'hormones urinaires, les HCG. Ils se pratiquent eux aussi sur les urines du matin et sont très fiables et très sensibles. On a le résultat le jour même. Le dosage peut aussi s'effectuer à partir d'examens sanguins : le dosage des bêta-HCG plasmatiques. C'est également un test très fiable, que l'on peut pratiquer très tôt. Il est positif dès les premiers jours qui suivent la nidation, mais nécessite un laboratoire très spécialisé. Quand le laboratoire existe, le résultat est fourni au médecin dans la journée. Cela est justifié en cas d'urgence, par exemple lorsque l'on suspecte une grossesse extra-utérine, ou lorsque l'on a programmé une interruption de grossesse par induction des règles.

Le deuxième examen que pratique le médecin est l'échographie. Il a l'avantage de préciser le terme exact de la grossesse. C'est important lorsque l'on envisage une interruption de grossesse, mais également lorsque l'on souhaite la poursuivre.

L'œuf peut être visualisé dès la cinquième semaine de grossesse. Les mouvements cardiaques du fœtus sont visibles dès la septième semaine, et les mouvements du fœtus lui-même dès la neuvième semaine d'absence de règles.

La découverte d'une grossesse non désirée chez une jeune fille mineure – après, c'est un autre problème – préoccupe tout médecin. Elle exige une prise en charge sérieuse, et notamment des entretiens les plus complets possible afin d'instruire la personne sur les différentes solutions qui lui sont offertes.

Vous devez rencontrer des gens, des médecins, qui vous écoutent. Ils ne doivent pas prendre la décision à votre place, et cela, vous êtes en droit de l'exiger. Vous devez pouvoir exprimer ce que vous désirez : vos craintes face à cette grossesse, ce que vous attendez réellement, ce qu'est exactement l'IVG pour vous. On doit respecter ce que vous voulez en fonction de vos possibilités.

Le médecin a le devoir de vous apporter une information précise et objective sur le déroulement et les risques d'une interruption de grossesse, sur ce qu'implique la venue d'un enfant, sur les droits qui vous sont accordés et sur ce que l'on peut vous proposer. Il doit aussi vous remettre un dossier qui rappelle les différentes dispositions de la loi.

Le problème du choix se pose toujours brusquement. Il faut être prudente, car il vous appartient totalement.

Prendre une décision et l'annoncer

Les possibilités sont les suivantes :

– l'induction des règles. C'est une possibilité qui dure pendant tout le premier mois de grossesse. On utilise la pilule abortive RU486 dont nous avons déjà parlé ;

– l'interruption volontaire de grossesse, légalement avant dix semaines de grossesse, soit douze semaines d'absence de règles ;

– l'avortement thérapeutique, si la santé de la mère est en danger, ou bien si l'on découvre une maladie ou une malformation chez le fœtus ;

– la poursuite de la grossesse.

Dans le cas d'une jeune fille mineure et célibataire, la loi sur l'IVG stipule qu'elle doit obtenir l'autorisation de l'une des personnes exerçant l'autorité parentale, ou le cas échéant d'un représentant légal.

D'autre part, le consentement de la jeune fille mineure doit être recueilli hors de la présence des parents ou du représentant légal. Une jeune fille ne peut se voir imposer une interruption de grossesse.

Cela veut dire aussi que, quel que soit votre choix, vous devez être reçue seule par le médecin, et obtenir auprès de lui tous les renseignements dont vous avez besoin. Ce doit être aussi l'occasion de formuler toutes vos craintes et d'obtenir toutes les informations nécessaires. Devant ce genre de situation, on est généralement partagée, et c'est normal.

Votre décision doit donc être pesée, puis prise en votre âme et conscience.

Dès que vous aurez pris votre décision, vos parents devront être avertis. Un des deux parents en tout cas. Ce peut être votre père ou votre mère, selon les cas, et, c'est vous qui choisissez. Cette annonce est souvent problématique et crainte par les adolescents.

Une telle annonce à la famille peut sembler insurmontable, surtout lorsque la communication y est difficile. Le médecin aura un rôle important, et pourra vous aider. Si vous le souhaitez, il pourra faire la démarche à votre place, ou au moins vous accompagner. Cela pourra permettre d'atténuer les effets immédiats, et d'aider à rétablir, dans la mesure du possible, une communication avec vos parents.

Si toutefois la pression familiale est importante, voire insurmontable, le médecin pourra demander que vous soit accordée une brève hospitalisation, qui pourra vous permettre de rester isolée et de prendre votre décision.

Si vous avez décidé de recourir à une IVG, et que vos parents, pour des motifs qui leur appartiennent, s'y opposent, vous avez la possibilité, personnellement, et sans aucune aide, de saisir le juge des enfants. Ce magistrat vous recevra, vous écoutera et pourra autoriser l'IVG, contre l'avis des parents, s'il constate une situation de détresse importante.

Il n'en reste pas moins que l'IVG reste la plupart du temps une agression. Elle est rarement bien vécue, tant le désir de grossesse est inconscient et puissant. Pour une femme, la grossesse signifie souvent l'accomplissement de sa féminité et il serait très grave de lui imposer de l'interrompre. Une IVG imposée en effet est beaucoup plus traumatisante que la poursuite d'une grossesse avec toutes ses conséquences à cette période délicate de la vie. Plus grave même que se retrouver seule, sans l'aide du père de l'enfant, et matériellement incapable d'assumer cette grossesse.

Sachez donc, une fois encore, que, quelle que soit votre décision, personne n'a à vous faire la morale, et que les autres n'ont pas à inclure leur histoire personnelle, leurs croyances et leurs désirs, dans une histoire qui vous appartient totalement.

Les méthodes d'avortement provoqué

Lorsque la découverte de la grossesse est précoce, l'utilisation de la molécule RU486 provoque l'évacuation du contenu de l'utérus en provoquant des contractions.

Entre la sixième et la quatorzième semaine, on évacue l'utérus par le col, par aspiration. Entre la douzième et la seizième semaine, il est possible d'utiliser une technique de dilatation et d'évacuation par curetage.

Ces IVG peuvent se réaliser sous anesthésie générale ou locale, mais cette décision appartient au médecin, après discussion avec l'intéressée. Dans certains cas, l'anesthésie générale est préférable car moins traumatisante.

Ces méthodes présentent des risques immédiats, tardifs et à long terme. Ils sont étroitement liés à l'avancement de la grossesse au moment de l'interruption.

À court terme, le risque principal est l'hémorragie, généralement liée à la contraction de l'utérus avec évacuation incomplète, mais peut être aussi liée à une déchirure du col ou à une perforation de l'utérus. Ces saignements peuvent se compliquer par des infections. Il existe aussi des risques liés à une allergie provoquée par les produits utilisés au moment de cet acte.

Les risques tardifs sont essentiellement les risques de saignements prolongés, liés à une évacuation incomplète de l'utérus, avec persistance d'une partie de l'œuf dans l'utérus, et parfois infection. Dans certains cas, on peut aboutir à la péritonite, qui est une infection abdominale.

Un autre risque qu'il ne faut pas oublier est l'échec de l'avortement. Il peut se produire en cas de rupture de l'utérus qui laisse l'œuf en place, ou bien lorsqu'il y a un jumeau, ou que la grossesse se développe hors de l'utérus.

À long terme, des mois ou des années plus tard, il peut y avoir des complications qu'il ne faut pas négliger. Outre les risques de stérilité, on constate des anomalies du col de l'utérus, des anomalies lors d'une grossesse ultérieure, des avortements spontanés ou encore des naissances prématurées. Il est donc essentiel que cette interruption soit pratiquée officiellement, dans un cadre légal, et dans des conditions sanitaires et techniques acceptables, sous le contrôle d'une équipe médicale compétente.

Dans ce dernier cas, on doit cependant observer une certaine prudence. Les avortements spontanés ou les naissances prématurées après avortement peuvent être aussi liés aux mauvaises « conditions socio-économiques » du déroulement de cette grossesse, ou aux conséquences psychologiques de l'interruption volontaire de grossesse, qui sont souvent évoquées, mais parfois un peu négligées par les autorités ou les médecins.

Les séquelles psychologiques sont difficiles à évaluer. Elles sont souvent liées au sentiment de culpabilité devant cette interruption volontaire de grossesse, mais dépendent aussi de l'état psychologique antérieur. C'est pourquoi la demande d'une interruption de grossesse doit être l'occasion de souligner ses difficultés, de prendre conscience de la réalité, de se prendre en charge.

Je voudrais souligner l'importance de cette légalisation, qui permet que l'avortement soit effectué sous contrôle médical complet, et dans le respect du dialogue et de la réflexion. L'IVG peut désormais être effectuée dans les meilleures conditions, en tenant compte des techniques disponibles les plus appropriées, et bien évidemment des contre-indications.

Mais l'IVG ne règle pas tous les problèmes : la mère devra ensuite faire le deuil de l'enfant dont le développement a été interrompu, même si elle n'en a pas toujours conscience.

Il est vrai que ces notions peuvent paraître rétrogrades. On croit souvent – probablement à cause de l'interdiction d'autrefois – que l'IVG pourrait régler tous les problèmes. Il ne s'agit pourtant que d'une solution de dernier recours, et finalement d'un échec, l'échec d'une grossesse non désirée, et souvent l'échec de la contraception. Ce dernier peut être aussi bien lié à une absence de contraception qu'à sa mauvaise mise en œuvre. Dans ce domaine, il est certain qu'une information, la plus précise possible, est des plus utiles.

Grossesse, adoption

La décision de poursuivre la grossesse, elle aussi, vous appartient, et cela quel que soit votre âge, même si vous êtes mineure.

Le suivi de la grossesse

Une grossesse aux alentours de vingt ans peut être source de complications, qui dépendent en partie du contexte dans lequel vous vivez. Dans un environnement psychoaffectif pénible, ou dans des conditions matérielles précaires, les complications seront plus importantes.

Il est important de découvrir la grossesse le plus tôt possible, car elle nécessite une surveillance médicale précoce. Le suivi, comme la prise en charge, doit être attentif, et une surveillance régulière, mensuelle ou bimensuelle, est requise.

Le suivi médical comprend des examens sanguins, des examens biologiques, la surveillance du poids, la surveillance du développement de l'utérus, le suivi de la tension artérielle, des tests sérologiques pour dépister les MST (syphilis, SIDA, hépatite B), et des échographies régulières. Ces dernières représentent un progrès énorme, permettant de déterminer le début exact de la grossesse quand elles sont pratiquées avant dix semaines, mais aussi de détecter de nombreuses anomalies du fœtus (anomalies génétiques, malformations graves, ou anomalies accessibles à un traitement médical). De nombreuses malformations sont détectées suffisamment tôt : anomalies de développement du tube digestif (qui méritent une surveillance pendant toute la grossesse, mais conduisent surtout à planifier l'accueil du bébé à la naissance, car il existe souvent des solutions de traitement dès la naissance) ; malformations rénales, qui seront découvertes avant la naissance et nécessiteront une surveillance aussitôt après la naissance ; malformations cardiaques, dont certaines, rares, seront « létales [1] », ou nécessiteront l'interruption de la grossesse, mais dont la plus grande partie sera accessible à un traitement. La découverte de ces anomalies permet de préparer une surveillance médicale étroite dès la naissance.

On réalise alors une étude des chromosomes du bébé, par prélèvement de liquide amniotique – le liquide dans lequel baigne le bébé. Cela permet d'étudier le nombre des chromosomes, et dans certains cas, de repérer une anomalie génétique qui explique les anomalies observées. Certaines des anomalies considérées comme non viables peuvent conduire à une interruption de la grossesse au-delà du délai requis pour les IVG, jusqu'à vingt-quatre ou vingt-huit semaines. Mais cela se fera toujours avec l'accord de la mère. Auparavant, les médecins pourront lui expliquer la maladie, ses manifestations et les risques éventuels encourus par le bébé. C'est en fonction de ces avis médicaux que vous pourrez prendre la décision de demander une interruption « thérapeutique » de grossesse.

Heureusement, nombre de ces anomalies peuvent être traitées et guéries.

Certaines anomalies, non découvertes avant la naissance, le seront après, lors de l'observation de signes cliniques ou

1. Et conduiront donc le fœtus ou le bébé à la mort.

de troubles du comportement du bébé. Dans ce cas, si la maladie a peu évolué, les traitements sont moins efficaces. On en parle peu, mais les techniques dites de médecine anténatale, fondées sur une surveillance très précise de l'état de santé du bébé, ont une incidence énorme sur sa santé et sa guérison. Le dépistage précoce a profondément modifié le pronostic de certaines maladies ou anomalies.

C'est par exemple le cas de la toxoplasmose. Cette maladie est liée à un petit parasite que l'on trouve dans la viande de bœuf mal cuite, mais également dans les déjections des chats. Contracté par la mère durant la grossesse, le parasite peut atteindre le bébé à travers le placenta et provoquer, suivant l'état de la grossesse, de graves complications cérébrales ou des complications occulaires. Le dépistage précoce permet d'appliquer des traitements efficaces, et, le plus souvent, d'éviter ces complications.

Ces techniques sont de plus en plus sophistiquées. Elles vont jusqu'à prélever du sang sur le bébé lui-même, ou jusqu'à lui appliquer des traitements locaux.

Outre l'état de santé du bébé, on surveille son développement. Il arrive parfois que sa croissance soit ralentie. L'échographie permet alors d'apprécier ses difficultés de développement, qui peuvent être liées à une anomalie maternelle. Cela peut conduire le médecin à provoquer plus tôt la naissance du bébé pour le protéger.

Lorsque tout se passe bien, on réalise trois échographies au cours de la grossesse. L'une, précoce, permet de déterminer l'âge de la grossesse, la seconde, vers la vingt-quatrième semaine, permet une étude morphologique complète et la recherche d'éventuelles anomalies et la dernière, au cours du deuxième trimestre, permet de vérifier que la croissance se fait bien.

Cette surveillance est obligatoire et elle est pratiquée chez toutes les femmes. Elle est d'autant plus importante que les femmes sont jeunes, car on constate alors un risque accru d'accouchements prématurés, de ralentissement du développement de l'enfant ou d'anomalies maternelles comme l'éclampsie, anomalie vasculaire qui perturbe le fonctionnement du placenta, et peut provoquer une élévation de la tension artérielle de la maman et des avortements spontanés. Mais, la surveillance médicale étant désormais très bien codifiée, on intervient désormais la plupart du temps bien avant d'en arriver là.

Ces consultations répétées seront aussi l'occasion de vous mettre en garde contre certaines pratiques durant la grossesse, comme l'intoxication tabagique ou bien sûr l'usage d'autres toxiques. Le médecin pourra aussi vous donner des conseils d'alimentation, d'hygiène de vie, et vous renseigner sur l'évolution de la grossesse, ce qui peut s'avérer important.

Les aides à la jeune mère

La surveillance médicale s'est fortement développée durant ces quinze dernières années pour devenir extrêmement technique et de plus en plus précise et efficace. Mais il reste un deuxième type de problèmes : ceux qu'entraîne la naissance d'un bébé chez une jeune fille demeurant encore chez ses parents, qui n'est pas matériellement prête à assumer cette naissance et de surcroît souvent isolée, abandonnée par le père.

Dans ce cas, il est nécessaire de rencontrer au plus vite des assistantes sociales, qui vous renseigneront sur les différentes aides auxquelles vous avez droit. Ces aides dépendront des conditions dans lesquelles vous vivez. Si vous êtes démunie, une prise en charge est possible, par exemple par le biais des foyers maternels, ce qui n'est jamais idéal, mais toujours mieux que rien. L'idéal serait de vous donner tous les moyens matériels de la prise en charge de votre famille, même si vous êtes isolée, et de vous fournir un logement décent comme c'est le cas dans certaines municipalités. Il faudrait aussi vous donner la possibilité d'être psychologiquement entourée (psychologues ou assistantes sociales). En Suède par exemple, toute mère célibataire bénéficie automatiquement de l'assistance nécessaire, aussi bien en matière d'allocation financière que de logement. Je pense que très rapidement nous devrions être en mesure en France d'apporter cela aux jeunes mères célibataires qui n'ont pas de ressources.

Je me permets de signaler cela avec beaucoup d'insistance, car je crois qu'un enfant est ce qu'il y a de plus précieux au monde et que pour cet enfant la première année est essentielle. Un enfant a vraiment besoin de voir sa mère le plus possible pendant sa première année. Il faut pour cela qu'elle puisse l'assumer totalement et qu'elle soit dégagée de tout souci matériel. Il existe un devoir de la société envers les jeunes mères et leurs enfants qui feront la société de demain.

On peut d'ailleurs se demander dans quelle mesure on ne fabrique pas des délinquants en négligeant ces naissances sur le plan matériel et social, puis en laissant ces enfants grandir dans une telle précarité. La protection de l'enfance devrait mieux prendre ces problèmes en compte, aussi bien lorsque la mère est célibataire que lorsqu'il s'agit d'un couple en situation délicate, financièrement, ou même psychologiquement.

La reconnaissance de l'enfant

Une mère, même mineure, a la possibilité de reconnaître son bébé, même sans l'autorisation de ses parents. Elle n'est même pas obligée de les informer. De la même manière, le père, même mineur, peut reconnaître l'enfant, et d'ailleurs même sans l'accord de la mère de l'enfant.

Il faut rappeler également qu'une mère, même mineure,

aura toujours la possibilité d'intenter un procès en recherche de paternité, même si le père est lui-même mineur. Cette recherche se fait au tribunal, et c'est le juge qui, accédant à cette demande si elle lui semble justifiée, fait pratiquer les études biologiques. Ces tests comprennent les études comparatives des groupes sanguins et des groupes tissulaires. Ils sont très sophistiqués, et permettent d'une part d'exclure une paternité, et d'autre part, d'affirmer une paternité réelle avec une probabilité de 99,95 %.

Le cas dont nous parlons est celui de la grossesse acceptée et déclarée, c'est-à-dire le cas où l'on a réussi à vaincre son appréhension et à en parler. Dans ce cas, l'attitude de la famille, qui peut parfois être négative ou aller jusqu'au rejet lors de l'annonce de cette grossesse, se termine généralement par une acceptation implicite de cette grossesse lorsqu'elle est menée à terme. Le fait d'être porteuse d'un enfant, en effet, va obligatoirement placer la jeune fille dans un statut d'adulte.

Il faut le rappeler, car c'est presque toujours ainsi que cela se passe. Lorsque survient cette grossesse dans cette famille, cela permet presque toujours de s'affirmer en tant que telle. Dans la plupart des cas, cela impose le respect, ce qui est essentiel aux rapports humains.

Le consentement à l'adoption

Un autre cas doit être rappelé, c'est le consentement à l'adoption. Cette solution s'offre à une jeune fille qui souhaite mener la grossesse à son terme, ou à une jeune fille qui découvre la grossesse indésirée trop tard (après la dixième semaine de grossesse), ne peut recourir à l'avortement, et doit donc la mener à son terme. Après la naissance, elle a la possibilité de ne pas garder l'enfant et d'accepter qu'il soit adopté.

Je rappelle que de nombreuses demandes d'adoption en

France ne sont pas satisfaites, principalement faute d'enfant à adopter, et que cela pousse parfois certaines familles souhaitant adopter un enfant à effectuer des démarches vers des pays étrangers. Dans les pays sous-développés, en effet, le nombre de grossesses illégitimes avec abandon est très nettement supérieur à ce que l'on peut rencontrer en France. Ces nombreux abandons se font hors de toute loi, mais réclament souvent des compensations financières. Cela signifie en substance que ces enfants sont « achetés ».

Il existe aujourd'hui dans pratiquement tous ces pays une législation qui permet à une famille française d'y adopter des enfants en situation économique précaire. En France, le nombre de consentements à l'adoption (c'est le terme légal, qui est bien moins péjoratif, et plus proche de la réalité, que le terme d'abandon) est moins élevé que le nombre des demandes d'adoption. La loi à ce sujet a été assouplie, mais il faut savoir que les futurs parents adoptifs subissent de nombreux entretiens avec des psychologues, des médecins, des assistantes sociales, avant que l'autorisation d'adoption leur soit accordée. C'est essentiel et c'est un gage en tout cas pour que ces enfants soient accueillis dans une famille vivant en situation de couple équilibré, psychologiquement et matériellement apte à les recevoir. Le consentement à l'adoption permet que cet enfant soit pris en charge. Ce n'est pas l'abandonner.

Certes, remettre son enfant, le quitter, l'« abandonner » dans une certaine mesure, est quelque chose qui peut être traumatisant. Ça l'est sans doute encore plus lorsqu'on utilise en outre une autre possibilité prévue par le droit français, qui est l'accouchement « sous X ». C'est un accouchement anonyme : la mère ne déclarant pas son identité à la maternité, et l'enfant étant séparé rapidement de la maman, puis placé en pouponnière. On n'est pas obligée d'accoucher « sous X » pour que l'enfant soit adopté, même si, dans certains hôpitaux, on vous le conseillera parfois. Une femme peut accoucher sous son nom et consentir à l'adoption. C'est plus digne, et plus facile à vivre pour l'enfant qui a été reconnu et non pas abandonné. Là encore, la décision vous appartient et ne doit pas être prise à votre place.

Lorsqu'on déclare vouloir confier son enfant à l'adoption, on dispose d'un délai durant lequel on peut revenir sur sa décision. Ce délai est de trois mois. Dès qu'elle a déclaré cette intention, la mère peut recevoir toutes les informations nécessaires, mais il n'est pas souhaitable, et généralement ce n'est pas le cas, qu'elle subisse une quelconque influence dans un sens ou dans l'autre.

Dès que ce délai est dépassé, l'enfant peut être adopté : il l'est alors rapidement car cette période de la vie est très importante, et une présence parentale (qu'il s'agisse d'un parent génétique ou pas) est essentielle pour son développement psycho-affectif.

Ces notions sont importantes à préciser. Une maman en situation de difficulté psycho-affective ou matérielle, et incitée à une telle démarche, doit savoir qu'elle a rempli son rôle en permettant à l'enfant d'évoluer dans un cadre satisfaisant. Cette attitude doit être considérée comme un acte de générosité, non pas envers les parents adoptifs, bien sûr, mais envers cet enfant. Avoir dans ce cas conscience de ses limites et de ses difficultés, même si elles ne sont que temporaires, est essentiel.

Dans certains pays (Royaume-Uni, États-Unis), les textes de loi interdisent d'effacer toute trace du concepteur, ce qui permet à l'enfant, à sa majorité, de rechercher ses parents biologiques. Cela peut sembler une entrave à l'adoption. En fait, ce n'est pas le cas, et la France devrait s'inspirer de ces dispositions. Il faut en effet considérer qu'il y a deux formes de paternité et de maternité : la paternité ou la maternité biologique est importante, bien sûr, mais la paternité et la maternité de cœur, celles des parents qui sont là, auprès de l'enfant, sont essentielles. C'est ce que considèrent presque toujours les enfants. Les parents de substitution, dès qu'ils remplissent leur rôle, sont les vrais parents.

Il faut savoir annoncer cette adoption, c'est logique et je pense qu'il faut savoir dire les choses, et que cela ne posera aucun problème. Je pense aussi qu'on peut le dire lorsque l'enfant est jeune. Et même lorsque cet enfant recherche par la suite ses géniteurs, les parents adoptifs ne doivent pas se sentir menacés. Cela doit être vécu avec beaucoup de sérénité. Je crois que c'est une chose normale, et le fait de retrouver ses géniteurs ne veut pas dire que l'on change de parents. Dans la tête de celui qui le fera, les parents effectifs sont ceux qui l'ont entouré pendant toute cette période. Et si on a l'honnêteté et l'intelligence d'expliquer à l'enfant que l'acte de ses géniteurs était un acte de générosité à son égard, et même un acte de responsabilité envers un enfant que, momentanément, ils ne pouvaient assumer et qu'ils ont préféré confier à des gens qui étaient plus en mesure d'assurer l'éducation et le développement de cet enfant, tout se passera bien.

Une fois encore dans ce domaine, on s'imagine souvent qu'il faut cacher les choses, ne rien dire. Je pense que c'est exactement le contraire : il n'y a rien de pire que le non-dit. En fait, ces choses sont toujours perçues par l'enfant, au fond de son inconscient en tout cas. Et dans ce cas, il ne pourra pas vraiment comprendre, il ne pourra verbaliser, et cela provoquera toujours un trouble. C'est ce qu'on appelle un « secret de famille ». Le lui dire est la seule façon de l'inscrire dans la réalité de sa filiation et, en sachant qui il est, de vivre une relation parentale structurante.

Tout individu a besoin de connaître toute sa filiation et tous les chemins de sa filiation. Cela correspond à des points de repère tout à fait structurants. Sinon, c'est le désert.

Pour les enfants, il faut savoir aussi qu'il n'y a rien de honteux à vouloir connaître ses parents biologiques, que ce n'est pas une trahison, et que c'est légitime. Et il faut aussi peut-être savoir dire aux parents adoptifs que ça ne veut pas dire qu'on les aime moins.

CHAPITRE 5

L'amour, première rencontre de l'autre

La maturation sexuelle psychique et la découverte de l'amour

L'amour que je cherche n'est pas charnel.
Il est absolu, il est ailleurs,
il n'existe pas.
Mon corps a repris des formes,
alors que je l'aurais aimé androgyne
asexué, enfantin... Il me déprime
j'aimais ce squelette à vif
il me donnait une puissance,
une puissance incroyable.

Farida, 22 ans.

Le problème dont je vais te parler n'est pas si simple que cela.

Je te précise que je suis OK par avance pour t'en parler sur les ondes si tu l'estimes nécessaire toi.

J'ai 25 ans et je suis mal-voyant : on appelle cela presque aveugle pour être compris de la société.

J'ai énormément de mal à faire des rencontres avec des jeunes filles de mon âge et de plus je n'ai pas de vie sexuelle.

Dur dur comme qui dirait.

Cela fait quatre ans que je n'ai plus fait craque craque comme dit un monsieur ; [...]

La situation est dans un blocage total et pour moi c'est pas la joie.

Je me suis fait avoir par X associations plus bidon les unes que les autres et côté agences matrimoniales où j'ai perdu pas mal de fric je préfère ne plus y penser.

De ce fait et suite à l'exposé de mon problème je désire SVP *te poser quelques questions.*

1. Y a-t-il un fichier ou autre chose de dames qui rencontrent des gens comme moi ?

2. Y a-t-il un organisme ou autre qui s'occupe de jeunes comme moi ?

3. Y a-t-il des médecins ou gynécologues spécialistes en cela et ayant des adresses utiles pour des jeunes comme moi ?

4. Que puis-je faire ?

Gérard, 25 ans.

J'ai 20 ans [...] *et j'ai en quelque sorte un problème :*

Je fais en ce moment un stage en entreprise. Jusque-là tout va bien, mais le problème est mon directeur de stage... Il est tombé amoureux de moi. Il me l'a dit de lui-même, il veut absolument m'embrasser. Il me fait des caresses un peu partout, n'arrête pas de me faire des bisous dans le cou, sur la joue, enfin j'en passe...

Le plus gênant dans tout cela, c'est la différence d'âge. Il a 45 ans. Moi, je me suis attachée à lui, je pense à lui tout le temps. Je n'arrive plus à me concentrer dans mon travail. Mais quand il me demande de l'embrasser, je ne peux pas, je suis bloquée. C'est plus fort que moi, et pourtant quand je rentre chez moi je le regrette, et c'est comme ça à chaque fois !

Que dois-je faire ? Si j'ai une relation amoureuse avec lui, cela n'aura aucun avenir, et je serai obligée de me planquer pour le voir vis-à-vis de mes parents. D'un autre côté, je suis incapable de le laisser tomber. Je suis trop attachée à lui [...].

Élodie, 20 ans.

Salut Doc, Salut Difool,

Voilà : Ma Petite Amie et moi, nous avons tout notre amour merveilleux qui est très fort à chaque instant et chaque jour. Nous avons beaucoup parlé de vivre ensemble, mais son ancien mari n'arrête pas de s'incruster chez Ma Petite Amie et dans sa vie qui ne le regarde pas, il est pas normal. Il faut qu'il s'incruste et soit toujours chez elle ou partout où elle est, enfin presque, et ma petite amie n'a vraiment pas envie de le voir et ne l'aime pas et ne l'a jamais aimé. Elle en est complètement détachée. Et c'est vrai qu'il lui en a fait subir des malheurs [...].

Mathieu, 23 ans.

La sexualité est partie intégrante de l'être humain, dès sa naissance.

Il existe, Freud l'a bien décrit, une sexualité infantile essentiellement psychologique. Elle s'inscrit très rapidement dans les rapports – relationnels évidemment et pas encore sexuels – avec les adultes, particulièrement nos parents. L'éveil psychologique de la sexualité est très précoce. Il existe objectivement chez le petit enfant des sensations de plaisir sexuel, en général auto-érotiques (masturbation). C'est une chose bien connue, qui joue un rôle important dans la maturation ultérieure des circuits orgasmiques et par le souvenir qu'elle en laisse de manière inconsciente. Cette sexualité, dès les premières années, se manifeste sur le même mode avec la perception de sensations et d'émotions équivalentes. Mais elle est différente de la sexualité adulte. Le corps n'est pas mûr.

À l'adolescence, sous l'effet de la sécrétion d'hormones sexuelles se produit le grand bouleversement que j'ai décrit. Ces hormones, contrôlées par les structures cérébrales, sont reçues dans l'ensemble du corps, qui est devenu capable d'être stimulé. Le corps et les organes génitaux deviennent adultes, aptes à la relation sexuelle, et donc à la reproduction.

Cette aptitude est ressentie par tout un chacun de manière naturelle, pulsionnelle, par l'éveil du désir sexuel. Cela conduit de nombreux adolescents de cet âge à la masturbation. C'est normal, très naturel, et pas toujours contrôlable.

Pour s'exprimer physiquement, cette maturation sexuelle nécessite une maturation psychique. Il faut être prêt. Et cela dépend essentiellement de l'éveil psycho-affectif, qui demande un long travail de maturation. Ce travail est lent, probablement plus lent que la maturation physique, et dépend de notre vécu inconscient, celui des premières années comme celui des expériences et des découvertes ultérieures.

Le premier point à souligner est qu'il n'est pas nécessaire de passer à l'acte rapidement pour mûrir le rapport psychoaffectif, pour mûrir sa sexualité. Dans certains cas, ce n'est même pas souhaitable. Notre conscience est obligée d'intégrer tous ces faits, de gérer cette pulsion sexuelle. Ce n'est pas toujours simple tant la sexualité animale qui nous habite s'intègre dans notre vécu affectif.

La maturation sexuelle à l'adolescence est impossible si l'on n'a pas fait le deuil des relations qui furent la cause de nos premiers émois. Il faut donc gérer de manière inconsciente le vécu psychologique des premières années et en particulier ce qu'il est convenu d'appeler, de manière peut-être pompeuse, le conflit œdipien.

Ce n'est pas toujours évident, car souvent les parents sont dans la même situation que les adolescents, et ont eux-mêmes du mal à intégrer toutes ces données. Ces conflits se reproduisent souvent de manière tout à fait inconsciente. C'est ce qui permet d'expliquer l'attitude parfois très secrète des adolescents. Ils semblent s'éloigner un peu, ou se mettre un peu en retrait par rapport à leurs parents, ce que ceux-ci ont du mal à comprendre. Cela peut parfois entraîner des réactions violentes, conflictuelles qui, dans la mesure où elles ne se manifestent pas par une réelle violence physique, intolérable, sont très naturelles. Il suffit de savoir le gérer au mieux, avec humour.

Durant cette période, les relations avec les gens de son âge (ce qu'on appelle l'étage horizontal) sont très importantes. D'une part avec les gens du même sexe : la bande de copains est essentielle à la structuration psychologique et sexuelle, car elle permet de confronter ses propres expériences avec celles des autres. C'est une nécessité, et c'est aussi un danger (surtout lorsqu'on est fragile), car on peut se retrouver entouré de copains vivant cela avec une certaine « perversion ». D'autre part avec les gens de l'autre sexe : les fameux flirts que l'on a à cet âge-là sont eux aussi importants tant au niveau affectif qu'au niveau sexuel physique. C'est le cas par exemple de gestes « sexuels », mais situés en dehors de toute relation sexuelle consommée – avec pénétration. C'est une façon de s'essayer, de découvrir cette sexualité adulte naissante, et de relier ces émois physiques à la relation affective. C'est aussi une façon de découvrir l'autre sexe, aussi bien physiquement (pour ne choquer personne, je rappelle qu'il ne s'agit pas de relations sexuelles au sens strict), mais également psychologiquement.

Cette période de découverte d'une sexualité adulte complète permet de replacer la sexualité dans sa finalité, la relation à l'autre, et de découvrir le plaisir partagé. Elle crée des liens très forts, qui nous transforment, et nous permettent d'accéder à une sexualité globale : corporelle et sentimentale. Ce que l'on découvrira alors procure des sensations qui vont au-delà des descriptions que l'on peut faire. Mais l'éveil nécessite cette maturation, cette découverte lente et progressive de soi-même et de l'autre. Sans elle, la relation sexuelle n'est qu'une relation physique, incomplète, décevante et source d'insatisfactions.

La première relation sexuelle, vécue sur un mode purement physique, peut parfois être une expérience traumatisante, en particulier pour les filles. Elle peut même provoquer certaines frigidités. Vécue sans sentiments, de manière totalement mécanique, parfois même brutale, sans tendresse, elle peut laisser un certain temps une image négative de la relation sexuelle.

À ce titre, il n'est guère souhaitable d'avoir une relation sexuelle, surtout la première, avec quelqu'un qu'on ne connaît pas ou qu'on connaît depuis peu de temps. Mieux vaut apprendre à se connaître, à se découvrir. Même si les sentiments ne vont pas jusqu'à la passion – la passion n'est pas l'amour –, il faut avoir des sentiments pour l'autre et apprendre à le découvrir progressivement, tant l'anatomie et la structure psychologique des garçons et des filles sont différentes.

C'est en se découvrant progressivement, grâce aux relations amoureuses et aux jeux sexuels, avant toute relation sexuelle, que l'on apprend à faire l'amour dans le plein sens du terme, à le replacer dans sa signification complète. On apprend à faire l'amour avec l'autre.

Cela vaut d'ailleurs pour toute relation, amoureuse ou sexuelle. Chaque être est différent, chacun réagit à sa manière. La relation est une adaptation à l'autre, d'autant plus facile qu'elle se situe dans une relation affective.

Dans ce cadre, je me permets de donner un autre repère qui me semble important : il faut savoir être sincère. Dans une relation, il ne s'agit pas de chercher à épater l'autre. Il ne s'agit pas de se faire passer pour un surdoué du sexe ou pour une superwoman de la sexualité. Il faut savoir faire part de ses sensations, de ses craintes avec le plus de sincérité possible. Il est mille façons de la manifester, par le langage des mots, mais également par le langage du corps, qui peut parfois être encore plus fort.

Cela, je le dis essentiellement pour les filles. Les garçons ont en général plus de mal à tricher, puisque l'érection signale le désir sexuel et que l'orgasme est obligatoirement lié à l'éjaculation. Les filles, quant à elles, de par leur conformation anatomique peuvent tricher ou faire semblant ; c'est parfois une tentation. Il y a là un réel danger. Non pas le danger de mentir à l'autre, mais de se mentir à soi-même, de jouer un jeu de théâtre, d'être à la fois acteur et spectateur, et surtout d'être totalement frustrée par l'absence de plaisir, sans pouvoir le dire à l'autre. Ayant triché une fois, on se croit toujours obligé de poursuivre ce jeu de théâtre.

La « guerre des sexes »

La maturation sexuelle psychique, en apparence en tout cas, est différente chez les garçons et chez les filles. La finalité de leur sexualité est bien entendu la même, mais le statut de la femme comporte cette incontournable possibilité de fertilité. Consciemment ou non, le rapport sexuel s'inclut, au moins dans l'imaginaire, dans une perspective de reproduction. Pour elle, avoir une relation sexuelle signifie vraiment procréer, et c'est normal.

Cette différence explique certainement l'importance de la dimension affective dans la sexualité féminine où la relation est construite en fonction de cette donnée ; souvent à l'adolescence, on s'y implique beaucoup plus. C'est vrai surtout des filles. Le garçon, pour sa part, est prêt à vivre sa sexualité de manière apparemment plus superficielle. Au début en tout cas, de manière tout à fait naturelle et normale, ne se sentant pas impliqué dans une fonction de reproduction ; il investit différemment dans la relation sexuelle. On peut dire qu'il sème sa semence sans bien savoir ce que cela signifie. Mais ces deux sexualités se rejoignent, dans l'union et la dimension affective, qui, tout en restant différente, conduit à une relation d'amour. Cet amour, la tendresse, permettent à chacun d'exprimer sa sexualité avec le maximum d'acuité. C'est cela qui permet de s'abandonner totalement à l'autre. C'est probablement ce qui permet l'accès au plaisir.

La peur de l'autre

Cet abandon n'est pas facile. Nombreux sont ceux qui ont peur de la relation à l'autre, surtout lors de leur première relation. Cela crée un sentiment quasi paralysant d'échec. À l'inverse, tout échec est vécu comme une incapacité à découvrir l'autre, comme une grande blessure. Et pourtant, l'échec aussi est important. Il n'est pas de maturation, il n'est pas d'évolution dans une vie sans expérience. Ces premières expériences, souvent maladroites et insatisfaisantes, doivent être vécues avec beaucoup d'humour, comme des expériences, justement, qui permettront au fil des rencontres de s'affirmer et d'être plus à l'aise avec cet autre, si différent.

Il est certain que sous l'effet de notre pulsion sexuelle, incontrôlable, du désir de s'affirmer en tant qu'adulte, on réalisera cette rencontre de l'autre. La peur n'est que passagère, mais, comme toute peur, il est nécessaire de la vaincre. Et pour la vaincre, il faut d'abord l'accepter. C'est lorsqu'elle devient paralysante, lorsqu'elle rend incapable de nouer une relation avec l'autre, qu'elle engendre de grandes souffrances. Là encore, il faut savoir les reconnaître, accepter cette réalité, et parfois engager une démarche de soutien psychothérapique. C'est une façon de se prendre en charge.

En dehors de ces cas particuliers, où la peur devient inhibitrice, elle est tout à fait normale puisqu'on est confronté à quelque chose d'inconnu. Elle montre simplement que l'on est conscient de cet inconnu, que l'on a les pieds sur terre. C'est plutôt l'absence totale de peur qui témoignerait d'une certaine insouciance, et d'une manière un peu superficielle d'entrer en contact avec les autres. Dès que l'on s'implique dans une relation de tout son cœur, il est normal d'avoir cette réaction de peur. Elle s'estompe rapidement, au fil des rencontres et des découvertes. Là encore, je voudrais souligner l'importance des relations amoureuses, des flirts, sans relation sexuelle consommée.

La séduction

La séduction fait partie de l'amour mais aussi de toute notre vie. Il faut essayer d'en donner une définition claire et de la resituer dans le cadre de la relation amoureuse. Peut-être passons-nous toute notre vie à séduire, ce qui est empreint de sexualité. Mais dans le cadre particulier de la relation amoureuse, certaines précisions doivent être apportées.

La séduction fait partie des premières phases de la relation amoureuse. Elle est très normale à l'adolescence et s'exerce à tous les niveaux. Dès l'enfance, il existe une séduction à l'égard des parents du sexe opposé, qui se poursuit souvent pendant l'adolescence. Dès que l'on entre en contact avec des personnes du même âge, elle continue, et c'est normal. Les attitudes de séduction sont différentes de celles de l'enfant, chez les garçons comme chez les filles. Elles sont plus facilement repérées chez les filles qui ont parfois des attitudes plus évidentes, plus extraverties peut-être que celles des garçons.

Cette séduction ne doit peut-être pas toujours être prise à la lettre. Elle est essentielle à cet âge de la vie où l'on a besoin de s'affirmer. Séduire, c'est se prouver que l'on est en mesure de plaire, se rassurer sur soi-même. C'est ce qu'il est convenu d'appeler entre vous être « allumeur » ou « allumeuse ». Ces « allumeurs » et ces « allumeuses » sont des gens qui, après tout, ne font que jouer le jeu de la séduction.

Cela, au fond, engendre beaucoup d'insatisfactions et traduit une forme d'immaturité psycho-affective.

Certes, cette attitude de séduction répétée peut être normale, au moment où l'on entre dans la vie adulte, mais elle doit aussi pouvoir être dépassée, afin de permettre la véritable rencontre amoureuse, et surtout un véritable accomplissement de soi-même qui s'inscrive dans une véritable relation d'amour. Quand on ne sait pas la dépasser, elle reste superficielle. Séduire pour séduire, c'est fuir la véritable relation à l'autre, celle où l'on se rencontre. C'est chercher à paralyser l'autre. C'est calculer la relation, ce n'est pas la vivre.

L'amour, la passion, la jalousie

Séduire, en effet, ce n'est pas rechercher l'amour et la relation ; c'est chercher à provoquer la passion de l'autre. Cette passion n'est pas l'amour. La passion peut être égoïste, destructrice. Elle empêche d'exister. C'est une façon de détruire l'autre, de le posséder. Elle cherche à prendre chez l'autre ce que l'on ne trouve pas chez soi. La passion, ou la jalousie, ne sont pas des preuves d'amour, mais d'immaturité.

Ce qui prévaut dans les relations d'amour, et qui fait qu'elles seront structurantes et épanouissantes, c'est d'abord la sincérité. Il faut d'abord savoir rester soi-même, sans chercher à épater l'autre.

La véritable relation d'amour n'est pas une fusion, c'est une rencontre. Dans cette rencontre amoureuse, faite avec respect, il y a le plaisir de se retrouver et d'être bien ensemble mais aussi le fait de pouvoir exister seuls. Lorsqu'on est amoureux, c'est vrai, c'est merveilleux. On a envie de réaliser plein de choses, on a envie d'être soi-même, on a envie de créer, de réaliser, on se sent pousser des ailes.

Mais cela doit aller dans le sens d'un épanouissement réciproque, et non viser à épater l'autre.

Dans la relation d'amour, il ne doit pas y avoir non plus de calcul. Rester soi-même, avec ses défauts, et accepter les défauts de l'autre. Ne pas s'imposer à l'autre, et ne pas non plus être trop exigeant avec lui. Aimer quelqu'un, même si ce terme peut paraître un peu rébarbatif, c'est un peu établir un contrat. Aimer l'autre, ce n'est ni se sentir dépendant ni l'étouffer.

Le couple

Cela ne veut pas dire pour autant que l'on ne respecte pas certaines règles. Garder sa liberté n'empêche pas de respecter certaines valeurs essentielles au sein d'un couple ou dans la relation. La fidélité est une de ces valeurs. Dans une relation d'amour, il faut respecter la différence de l'autre, même si cela nécessite quelques efforts. Aimer quelqu'un, ce n'est pas le changer, le modifier. C'est lui laisser sa liberté de pensée, et continuer soi-même à exister tel que l'on est, tel que l'on pense. C'est ne pas renoncer à son idéal de vie.

Il ne faut pas céder aux pressions de l'autre sous prétexte qu'il aimerait nous voir autrement. Vouloir que l'autre change, vouloir qu'il soit différent, c'est un peu l'empêcher d'exister, l'empêcher d'être lui-même. C'est une façon de le nier. Il n'y a pas d'amour sans tolérance

Mais le respect de l'autre signifie aussi qu'on ne lui fait pas n'importe quoi. C'est en cela qu'on peut parler de contrat. Il y a une part de vie commune, et chacun doit y contribuer. Les contributions peuvent être différentes, mais elles doivent être équilibrées. Lorsqu'on aime, et qu'on aime vraiment, on est capable de faire ces efforts ; l'énergie nécessaire dans un couple pour accepter l'autre tel qu'il est, pour partager les difficultés et les contraintes, doit venir sans qu'on ressente de contrainte.

La rupture

Il arrive aussi parfois que, dans une relation amoureuse, on constate que l'on s'est trompé, que cette relation ne peut fonctionner, qu'il n'y a plus vraiment d'amour.

Si on se sent pris au piège dans cette relation, si l'on n'arrive pas à s'affirmer, si on a du mal à exister, il faut savoir reconnaître ses erreurs. Il faut avoir le courage de s'en apercevoir, de l'admettre et de le dire. Il faut avoir le courage de ne pas rester avec l'autre simplement par lâcheté ou par peur de lui nuire. Il n'y a rien de pire que l'hypocrisie et le mensonge. Il n'y a rien de plus blessant que de maintenir une relation alors qu'on sait qu'elle ne mènera à rien simplement parce qu'on ne sait pas comment faire et parce qu'on s'y sent un peu bloqué.

Les ruptures ne sont pas faciles. On est souvent tenté de rester avec l'autre par lâcheté, ou de ne pas vraiment le quitter, ou de rompre sans vraiment rompre. Souvent, pour éviter des souffrances à soi-même et à l'autre, on s'installe dans une relation qui ressemble à un échec.

Pourtant, le malaise doit être dit avec beaucoup d'honnêteté et un certain courage. Parfois, il faut savoir rompre. L'autre peut en souffrir mais cette souffrance n'est pas toujours négative. Il est vrai que lorsque l'on éprouve encore des sentiments alors que cette relation ne fonctionne pas, on a envie d'éviter cela. Mais c'est encore plus néfaste et beaucoup plus blessant pour l'autre. Une rupture exprimée avec sincérité, et sans la violence ni la méchanceté que l'on constate parfois (comme pour régler un compte ou sous l'effet de la culpabilité), une rupture annoncée avec honnêteté, et calmement, même si elle fait souffrir au début, est vécue beaucoup plus positivement.

Il est vrai que les ruptures se passent souvent avec difficulté, parfois même dans la passion ou avec une haine terrible. C'est d'autant plus le cas que l'on a triché. Il arrive parfois que l'on s'installe dans une relation qui ne convient pas en trichant un peu. Au bout d'un certain temps, l'autre prend conscience de cette tricherie et de cette lâcheté. Le fait d'avoir été trompé, dans cette relation intime, provoque haine ou violence.

Souvent, d'ailleurs, la rupture se produit lorsque l'un des membres du couple tombe amoureux de quelqu'un d'autre. Jusque-là, rien n'avait pu lui donner le courage de consommer cette rupture nécessaire ; il a fallu l'intervention d'une tierce personne pour catalyser son désir de rupture. On rend souvent l'intrus responsable de cette rupture alors qu'en fait il n'a rien à voir dans le malaise que traverse le couple. Le vrai problème, c'est qu'on a refusé de reconnaître qu'il y avait un malaise ; on s'est voilé la face ou on a continué à fonctionner lâchement ou égoïstement. La rencontre d'une autre personne n'est finalement qu'un alibi.

Lorsque la rupture devient nécessaire, il faut reconnaître que l'on s'est trompé. On doit se parler en toute liberté au sein d'un couple et non fuir dans une autre histoire. La rupture sera ainsi vécue avec beaucoup moins de haine, le partenaire comprendra mieux les raisons invoquées, il pourra mieux accepter le fait, amer, de l'incompatibilité. Rompre est toujours difficile. Cela nécessite un réel courage. Il faut le faire avec sincérité et dignité, certainement pas en ressassant toute la haine que l'on a pu accumuler, en rendant l'autre responsable de cette mésentente ou en le faisant souffrir. Il faut savoir reconnaître ses torts et ses limites.

Rompre n'est pas une maladie ; ce n'est pas non plus une thérapeutique. C'est simplement une nécessité, parce que l'on n'a pas su partager avec l'autre, parce que l'on n'a pas de sentiment.

Il faut savoir le faire le plus tôt possible et avec courage, car s'engager plus avant dans une relation qui ne nous convient pas, c'est accentuer le malaise, accentuer la souffrance de l'autre, et créer toutes les causes de dispute et de discorde.

Le problème devient plus douloureux lorsque des enfants sont nés de cette union. Mais même quand c'est le cas, c'est le fonctionnement et l'équilibre du couple qui priment. Les enfants ne doivent pas être un alibi.

L'enfant joue un rôle important dans un couple. Mais l'essentiel pour lui est que ce couple fonctionne de manière équilibrée et harmonieuse. Il ne peut pas être, par sa seule présence, la cause du maintien d'un couple. Ce serait lui faire jouer un rôle qui n'est pas le sien, faire de lui un ciment qui ne permettra pas au couple de s'épanouir dans la relation. À terme, cela perturbera l'équilibre et le fonctionnement psycho-affectif de cet enfant.

Je constate dans le même ordre d'idées, à travers de nombreux appels et lettres, que les couples ont parfois tendance à croire que la venue d'un enfant pourra les aider à régler leurs problèmes. C'est la même chose : on ne fait pas un enfant pour cette raison, et, en général, cela n'arrange rien.

La fidélité et l'adultère

Bon, je ne vais pas tourner autour du pot. J'ai seize ans et mon ami en a trente-cinq (il est marié). Cela fait neuf mois que je suis avec lui et nous n'avons pas couché ensemble car il attend que je sois réellement prête. Bref, il ne me force à rien, il est adorable. Tout ça pour dire qu'il n'y a aucun intérêt sexuel dans toute cette aventure.

Le problème, c'est que nous sommes fous l'un de l'autre, c'est plus fort que nous, nous nous aimons.

Seulement je me sens coupable car j'ai l'impression de « voler » l'homme d'une femme. Même si je ne la connais pas, je me sens coupable tout de même.

Je sais pourtant qu'il manque de l'amour à mon ami, et il le trouve en moi, et lui, de son côté, me donne aussi tout l'amour dont j'ai besoin.

Mais je sais qu'il risque gros à cause du détournement de mineure et j'ai vraiment peur de briser une famille. C'est pour cela que je vous écris, bien que je sache ce que vous allez me répondre : que je dois le laisser. Seulement je ne trouve pas le courage de le lui annoncer, je ne suis pas capable de faire face à sa peine et à la mienne [...].

Raphaëlle, 16 ans.

Ma sœur est avec G. depuis plus d'un an. Elle est enceinte. En parlant avec G., il m'a dit que j'avais une attirance physique envers lui, et qu'il ressentait la même attirance, et il m'a proposé de faire l'amour avec lui. Il m'a posé deux questions très importantes : est-ce que j'acceptais oui ou non ? Si j'acceptais, est-ce que je promettais de n'en parler à personne ?

Je lui ai demandé trois jours de délai. J'en ai parlé à ma meilleure amie, elle a trouvé ça dégueulasse, et, le vendredi, je lui ai répondu que j'acceptais et je me suis rendu compte que je commençais à l'aimer. J'éprouve une terrible attirance physique. Lorsqu'il est là, ça devient infernal pour moi car je le vois embrasser ma sœur et je ne sais plus quoi faire, je sais que ça arrivera (faire l'amour avec lui). Ça devient de plus en plus insupportable.

J'ai dit à ma copine que je lui avais dit non, qu'il était très déçu, alors que c'est tout le contraire : j'ai dit oui et il est content [...].

Il m'a dit que je ne devais rien changer à mon attitude, et que sinon les autres allaient se rendre compte de quelque chose [...].

Annie, 18 ans.

Voilà : je m'appelle Coralie, j'ai vingt-deux ans, je sors avec un garçon depuis un an, il a trente-trois ans. On s'entend très bien et on partage la même passion : la musique. On joue dans le même orchestre. Jusque-là, tout paraît normal, mais le problème, c'est qu'il vit avec une femme depuis dix ans, et qu'il a aussi deux petites filles. Je lui ai donc dit que notre relation ne pourrait pas durer à cause de cela. Il m'a répondu qu'il ne s'entendait plus avec son amie, et qu'il ne restait avec elle que pour voir ses filles. C'est vrai qu'il n'est pas souvent avec elle : on passe beaucoup de temps ensemble pour nous aimer ou pour faire de la musique.

Mais ce qui me paraît bizarre, c'est que son amie ne s'aperçoit de rien. Ça fait quand même un an que ça dure. Alors je ne sais pas si je dois continuer avec lui. C'est vrai que je l'aime beaucoup, mais je ne suis pas à l'aise dans cette situation. Lui ne veut pas qu'on arrête de se voir. Mais je crois que notre Amour est impossible. Lui ne me croit pas. Il dit qu'il n'y a pas de raison que ça ne dure pas entre nous.

Qu'est-ce qui peut pousser un homme à avoir une relation avec une nana tout en partageant sa vie avec quelqu'un ?

Que dois-je penser ? Continuer à l'aimer, et à vivre au jour le jour, ou arrêter avant que son amie nous surprenne ?

Coralie, 22 ans.

Doc,

J'ai vingt ans et j'habite à Toulouse. Il y a deux ans que je fréquente une fille (Béatrice), nous sommes littéralement amoureux l'un de l'autre, nous n'avons eu aucune engueulade ni même de séparation brève depuis que nous nous connaissons, la première année j'étais lycéen à Toulouse, Béatrice aussi (et toujours actuellement), nous nous rencontrions à l'époque tous les jours, c'était formidable, nous avons eu notre premier rapport sexuel au bout de cinq mois. Nous discutons énormément sur tous les points de vues : exemple : fantasmes sexuels, l'amour... jusque-là il n'y a pas de problème, nous vivons un immense bonheur, très sincère, avec beaucoup d'amour et de complicité. Mais il y a un grand facteur qui est entré avec notre amour depuis le début de notre relation, c'est la peur et ce qui se rattache à la peur c'est la jalousie. Par exemple, depuis un an et demi, nous sommes toujours ou le plus souvent possible tous les deux et elle comme moi n'aimons que ça, c'est-à-dire que les boîtes de nuit nous évitons, les soirées privées, les fêtes foraines, les cafés, la foule et les fast-foods aussi, mais nous ne nous en plaignons pas nous sommes francs envers nous et elle comme moi n'avons pas envie de voir du monde. Nous parlons beaucoup de l'avenir c'est-à-dire des fiançailles, du mariage et nous avons commencé à « monter notre ménage » grâce aux amis des parents et aux parents qui nous donnent des choses (vaisselle, linge...). J'en arrive à notre problème. Je suis jaloux, c'est-à-dire que je ne supporte pas qu'un garçon la regarde, ça m'horrifie et je deviens très incorrect, tout en ne déclenchant pas la bagarre mais après je suis énervé, je me mets des idées en tête et c'est notre relation qui en prend un coup car je fais la « gueule ». Béatrice est une fille normale, ni belle ni moche, mais elle me plaît et je me dis qu'elle peut plaire à d'autres malgré elle car ce n'est pas une fille qui cherche d'autres relations, elle veut (comme moi) faire sa vie avec moi. Cette jalousie et cette peur font partie de nous depuis le début de notre relation, mais cette année, étant à Bordeaux et ne la voyant que le week-end (samedi et dimanche), malgré le téléphone (deux fois dans la semaine) et le courrier (quatre fois dans la semaine) j'ai eu trois dépressions nerveuses. Je ne mange jamais le soir, je pleure pratiquement tous les soirs, je ne pense qu'à elle et à la peur, alors que j'ai une confiance énorme en elle, mais j'ai très peur. J'ai l'impression que tout le monde la veut et que je n'arriverai pas à empêcher ces vautours d'approcher, alors que je sais qu'elle n'ira pas devant eux. Mais ce qui est pire c'est que Béatrice ressent les mêmes choses que moi. Il n'y a que le week-end qu'on oublie tout. Le pire c'est en ce moment car dans deux ans je vais rester à Bordeaux et elle à Paris et là nous avons affreusement peur alors que nous nous aimons énormément et que nous nous disons sans cesse que nous en avons rien à faire des autres et que nous ne voulons que nous. Notre but comme nous nous le répétons souvent est de nous unir, ensemble faire notre vie. Je sais qu'elle comme moi avons eu beaucoup de défaites dans nos flirts (cocufication régulière pour tous les deux).

Alors, doc, voici ma question : Pourquoi avons-nous aussi peur et sommes-nous aussi jaloux, est-ce que cela va durer jusqu'à notre union ? Y a-t-il une attitude à prendre pour éviter cela ? Car j'aimerais (et Béatrice aussi) retrouver une vie paisible mais avec toujours autant d'amour sinon plus [...].

Pierre, 20 ans.

La fidélité est largement valorisée, et à juste titre. La seule chose que je voudrais dire est qu'elle ne doit pas être une obligation, mais, au contraire, la *conséquence* de la relation équilibrée d'un couple. On n'a pas besoin de l'imposer dans un couple où chacun trouve son plein épanouissement et n'a pas besoin de chercher ailleurs ce qu'il ne trouve pas dans ce couple. Ce qui montre qu'un couple va mal, c'est le déséquilibre et le malaise de chacun, et non telle ou telle déficience ponctuelle. La fidélité n'est pas quelque chose qui s'impose. Elle doit aller de soi. La rencontre d'amour entre deux personnes, qui crée des liens très forts, et permet l'épanouissement, ne conduit normalement pas à l'infidélité. La fidélité est donc plus le signe de l'équilibre d'un couple que le fruit d'une décision. Lorsqu'on est attiré par d'autres personnes, il est légitime de s'interroger sur la provenance de ce désir d'infidélité. Bien souvent, l'origine est plus son propre malaise, ou sa lâcheté, que le charme irrésistible de celui, ou de celle, qui entre ainsi dans ce couple.

Le malaise, parce que le désir de séduire l'autre, de vivre des « aventures », témoigne d'une recherche de soi, d'un besoin de se rassurer, de s'identifier, de se construire une identité. C'est aussi un besoin de s'évader, un refus d'accepter la réalité.

Et quand bien même la cause de ce désir d'infidélité serait l'absence de l'autre, affective ou physique, il faut s'interroger sur sa propre lâcheté. À un moment ou à un autre, cette situation qui ne nous convient pas nous a convenu. Quand elle a cessé de nous convenir, plutôt que de nous interroger, de poser la question, on a refusé de voir cette réalité. Et plutôt que de regarder le problème en face, il a été plus simple de voir ailleurs, de trouver un palliatif à ce malaise au sein du couple.

Comme la fidélité, l'infidélité est le reflet d'une situation. Elle ne fait que stigmatiser le malaise au sein du couple.

Je voudrais simplement insister sur la différence essentielle entre les relations extra-conjugales occasionnelles, liées au mode de vie, à des circonstances ou des occasions, et les systèmes bâtis par ceux qui vivent une double vie complète.

Lors d'une relation extra-conjugale accidentelle, il faut savoir ne pas trop culpabiliser. Il ne faut pas chercher à réparer à toute force, ni se ronger du sentiment d'avoir détérioré la solidité du couple. Souvent, les personnes qui ont fait cette expérience font immédiatement la différence entre la relation extra-conjugale occasionnelle, souvent purement physique, et la relation conjugale, qui revêt une autre dimension, y compris sur le plan physique. Cela peut même parfois permettre de mieux se repérer, de se recentrer, de retrouver les vraies valeurs que l'on avait peut-être un peu oubliées. Chacun d'entre nous, quelles que soient ses grands idéaux, peut avoir parfois des pulsions, purement physiques, et, suivant les circonstances, un passage à l'acte, librement consenti de part et d'autre.

Cela ne doit en aucun cas remettre en cause l'équilibre d'un couple. Vivre cela occasionnellement doit être gardé pour soi et surtout ne pas prendre une trop grande importance. Sinon, cela peut miner en profondeur la relation du couple. Ces relations, lorsqu'elles surviennent au sein d'un couple équilibré, restent en général épisodiques, peu satisfaisantes, et finalement peu attractives. Rapidement, on retrouve ses vraies valeurs, et la dimension sexuelle et affective de la relation vécue au sein du couple. La culpabilité ne devrait pas prendre plus d'ampleur que la légèreté de cette relation. Cela doit rester une expérience, et les gens qui vivent par hasard cette expérience se rendent rapidement compte qu'elle n'offre aucun intérêt.

C'est en ce sens que la fidélité est importante, quand elle est librement consentie, quand elle n'est pas imposée et s'inscrit dans une relation de couple où chacun garde sa liberté. Cette liberté, sans pour autant en faire n'importe quoi, est essentielle à l'épanouissement de chacun.

Bien différente est la situation d'adultère, même si ce terme un peu censeur comprend souvent un jugement. Suivant les sociétés, les personnes ou les croyances, l'adultère peut être vécu soit comme quelque chose de valorisant, soit comme quelque chose de culpabilisant et de négatif, comme une faute sévèrement jugée. Dans les milieux sociaux où prévalent la situation sociale et l'argent, force est de constater qu'elle est assez tolérée. Un certain nombre d'individus en retirent fierté et sentiment de pouvoir.

Le problème, dans un sens comme dans l'autre, est que l'on porte un jugement. Si l'on ose regarder les choses objectivement, dans une société fondée sur la monogamie, aller vivre une situation amoureuse ailleurs tout en maintenant l'apparence d'une situation conjugale stable prouve tout de même un certain malaise. Cela démontre pour le moins que l'on ne trouve pas au sein de son couple l'équilibre affectif et/ou physique que l'on recherche et que l'on a besoin de s'évader.

Ces comportements ont parfois été valorisés autrefois dans une société où le rôle dévolu à la femme était un rôle de mère. Ce rôle prédominait peut-être trop largement, empêchant tout équilibre entre le rôle de mère et celui de femme. Les hommes allaient chercher ailleurs la féminité qu'ils avaient chassée de leur foyer. La libéralisation du statut de la femme a parfois été vécue comme une rivalité avec l'homme, alors que les femmes veulent simplement sortir du rôle maternel qui leur était imparti. Trop souvent, ce rôle exigeait que l'épouse ou l'amante, la femme capable d'émotions, de sentiments et de sensations physiques s'efface devant la mère.

Mais vouloir vivre pleinement et affectivement leur sexualité conduit certaines femmes dont la situation de couple est insatisfaisante à essayer l'adultère. Et c'est la même chose pour les hommes. Dans ce cas, je crois donc qu'il faut avoir le courage de s'interroger sur la validité du couple. Est-il équilibré, épanouissant ? L'est-il pour chacun des membres du couple ? Et s'il ne l'est pas, faut-il rester ensemble et continuer à tricher ? Lorsqu'il y a des enfants, cette question devient essentielle car le mal de vivre au sein d'un couple, sans qu'il soit dit, est vécu par les enfants avec beaucoup de douleur et de souffrance, et il trouble leur développement psycho-affectif.

Des parents qui ne restent ensemble *que* pour épargner aux enfants cette vie « dissolue » s'inscriront comme un père et une mère, mais pas comme un homme et une femme partageant une véritable relation de couple. Un enfant a besoin que sa mère soit considérée comme une femme par son mari. Il a besoin de la considérer lui-même comme telle. Et il a besoin de comprendre qu'elle doit être femme pour être une bonne mère. Son père lui aussi doit s'exprimer comme un homme.

En disant cela, je ne veux pas inciter tous les couples à rompre dès qu'ils ne s'entendent plus. Il y a toujours des hauts et des bas. Je dis simplement qu'il faut savoir s'interroger très honnêtement sur la validité d'un couple, sur les raisons du malaise dès lors que chacun se sent mal à l'intérieur de ce couple. S'interroger rapidement – le plus rapidement possible – est une démarche importante, qui permet à chacun de recentrer son problème, de se prendre en charge, et peut-être, dans certains cas, de rétablir une communication au sein du couple qui pourra alors continuer à fonctionner. Quand ce trouble est trop profond et que la communication n'est plus possible, cela pourra conduire à la rupture.

Les « déviations »

Cher Doc. Cher Diful.

Il y a une question que je me pose et à laquelle je ne trouve aucune réponse précise. Voilà : Dans « Love in Fun » (émission que je trouve plus qu'extra), j'ai déjà entendu des témoignages de personnes qui avaient fait l'amour avec des animaux.

Je me demandais si ce n'était pas dangereux et s'il n'y avait pas de risque de choper une maladie.

C'est une question qui peut vous paraître un peu idiote mais dans mon entourage personne n'a pu me répondre [...].

Vincent, 24 ans.

Cher Doc, Cher Deefull !

[...] *Voilà notre problème : nous avons rencontré il y a un mois, deux copines, très très charmantes, respectivement Valérie et Nathalie, toutes les deux dix-sept ans.*

La raison pour laquelle cette lettre n'est pas adressée à Deefull, c'est que nous sommes plutôt grands romantiques et donc après cette rencontre, nous les avons invitées à passer le samedi après-midi ensemble (prendre un pot, puis cinéma).

Puis en fin d'après-midi, elles nous demandent si elles peuvent finir la soirée à notre appartement et nous promettent de nous préparer un bon petit repas et une « surprise ». Jusque-là tout est génial ! Car au cinéma nous sommes sortis chacun avec celle que l'on désirait.

Au début, on discute de tout et de rien, de la fac, des vacances, des copines... Puis la discussion devient plus intime, et elles nous interrogent sur notre vie sexuelle. On leur avoue que cela n'avait encore jamais été géniale que ce soit pour moi ou pour mon copain. Alors elles racontent qu'elles ont pratiqué l'amour en groupe et que cela leur a beaucoup plu. Alors elles nous proposent ! Et insistent beaucoup.

Mais, étant romantiques et vraiment amoureux que de l'une d'entre elles (et contre ce genre de pratiques !) on leur a expliqué qu'on les aimait et que l'on voulait seulement faire l'amour à deux. Tout gênés, la soirée s'est terminée froidement.

Depuis on se revoit et l'on sort encore ensemble, mais elles ne nous parlent plus de rapports sexuels.

On commence à penser que l'on doit céder à leur « caprice » car on est fous d'elles. Doc, qu'est-ce qu'on doit faire ? [...]

Benjamin et Laurent, 22 et 23 ans.

On peut considérer comme déviation sexuelle toute manifestation de la sexualité hors de son but premier : une relation sexuelle entre deux êtres différents, dont la finalité organique est la reproduction. Cette relation sexuelle s'inscrit dans une relation sentimentale, ce qui en fait l'humanité.

Toute expression de la sexualité hors de cette relation peut être appelée déviation, au sens propre. La déviation sexuelle peut s'exprimer soit dans le choix du partenaire, soit dans une déviation du comportement sexuel lui-même.

Je voudrais d'emblée faire le point sur l'homosexualité que je différencierai volontairement des autres déviations sexuelles. En effet, si elle peut être considérée comme une déviation de la sexualité dans son but, elle ne peut être considérée comme pathologique. L'homosexualité doit être considérée comme une composante psychologique de l'individu, qui existe chez chacun, et qui, dans certaines circonstances – de nombreuses théories différentes expliquent ce que sont ces circonstances –, est exacerbée. Il existe bien sûr des comportements homosexuels qui peuvent confiner à la pathologie, mais pas plus que dans l'hétérosexualité. J'y reviendrai plus tard.

Quel que soit l'aspect dramatique que peut revêtir la déviation sexuelle, comme dans le cas de la pédophilie, des relations sadomasochistes sévères ou d'autres déviations, il faut éviter tout jugement mais aussi toute complaisance : ces comportements peuvent en effet comporter un aspect très théâtral, qui incite au voyeurisme.

Il faut aussi préciser que, dans ces comportements que nous allons décrire, la frontière entre la fantaisie sexuelle, souvent considérée comme valorisante, et l'aspect franchement pathologique n'est pas toujours bien nette.

Dans un premier temps, pour essayer d'expliquer ces déviations sexuelles, il faut tenter de se représenter la structure psychologique de l'individu. Elle commence à se constituer dès les premiers mois de la vie et se façonne lentement au fil des années jusque durant la puberté et la découverte d'une sexualité adulte. L'aspect psychologique et relationnel de l'être humain est prédominant dès ses premiers mois. J'essaierai de donner quelques exemples ultérieurement. Le vécu sexuel de chacun, dès ses premières années, reste ensuite inscrit dans son inconscient, interprété d'une certaine manière à partir de ce qu'il a pu, ou cru, percevoir du comportement des adultes qui l'entourent. Dans certains cas, ces comportements adultes peuvent comporter un aspect un peu pervers, très fortement ressentis par l'enfant, et sources de troubles de blocages, et de comportements névrotiques. On peut dire, en quelque sorte, que ces déviations sexuelles ne sont que l'expression de mécanismes névrotiques issus des premières années de la vie.

Certains, rejetant les théories psychanalytiques, sont tentés d'expliquer ces déviations sexuelles par des perturbations d'ordre génétique, métabolique ou constitutionnel. Il faut avoir l'honnêteté de reconnaître qu'il n'existe actuellement aucune preuve d'un déterminisme biologique des phénomènes de déviations sexuelles.

Il faut rappeler aussi que ces déviations n'ont rien à voir avec le développement intellectuel et l'intelligence des personnes qui en souffrent. Bien souvent, le comportement ou la position sociale peuvent paraître totalement en dysharmonie avec le comportement sexuel.

Il faut souligner encore une fois que la sexualité se structure lentement au fil des années. Son fondement psychologique inconscient est fortement marqué par une pulsion sexuelle naturelle, en particulier par celle qui se fait jour à l'adolescence. Cette pulsion nous pousse à exprimer notre sexualité, et toute dysharmonie dans la structuration pousse la sexualité à emprunter des chemins détournés. Les déviations sexuelles résultent d'une difficulté à exprimer la sexualité dans un cadre affectif satisfaisant, au sein d'une relation de couple où la sexualité se vit sans tabou, dans l'harmonie, en visant l'épanouissement de chacun.

Déviation sexuelle et respect de l'autre

Certaines déviations sexuelles s'expriment sans le consentement de l'autre. Elles sont donc considérées comme une atteinte à la liberté de l'autre, comme une agression, voire dans certains cas comme un crime. L'expression de ces pulsions sexuelles tombe sous le coup de la loi et est sévèrement réprimée.

Pour les victimes, il s'agit dans ce cas d'une agression grave, qui perturbe durablement leur équilibre psycho-affectif et provoque un traumatisme prolongé. C'est le cas de la pédophilie et de la pédérastie, du viol ou du sadisme. À un moindre degré, c'est le cas de l'exhibitionnisme. Il faut encore souligner que, dans certaines circonstances, ces déviations sexuelles peuvent atteindre une rare violence, et témoignent de troubles profonds de la structure psychologique. Elles peuvent même pousser jusqu'au meurtre.

Quant aux autres déviations sexuelles, qui s'expriment en accord avec le partenaire, elles peuvent être spectaculaires et montrées du doigt (zoophilie, fétichisme, nécrophilie, l'urocopromanie, le masochisme dans certaines circonstances et à un certain degré), mais ne revêtent quand même pas la même gravité.

Les personnes qui vivent ces déviations sexuelles en étant incapables d'exprimer leur sexualité autrement présentent souvent une grande rigidité d'expression et une incapacité totale à investir de la fantaisie et de l'imagination dans la relation. Les comportements sont alors marqués par un caractère répétitif.

Fétichisme, zoophilie, nécrophilie

Le fétichisme est une expression de la sexualité focalisée sur un seul objet sexuel. Le fétichiste ne peut atteindre le plaisir et l'orgasme qu'en tenant près de lui son fétiche.

Le catalogue complet de ces fétiches est impossible à dresser. Tout peut être utilisé, en particulier des vêtements féminins, des accessoires de toilette, une pièce quelconque, dérobée, une chambre par exemple...

La zoophilie est la pratique de relations sexuelles avec un animal. Elle est connue depuis l'Antiquité et a été sévèrement réprimée, notamment au Moyen Âge, sous la pression religieuse. Ces pratiques étaient alors considérées comme démoniaques.

Les hommes peuvent utiliser suivant les circonstances tout vagin de femelle à leur disposition : chèvre, brebis, jument, etc.

Les femmes, en général, utilisent des animaux domestiques, chiens ou chats, avec qui elles peuvent pratiquer des jeux sexuels, et plus rarement, avec les chiens, une pénétration. Il faut préciser toutefois que ces animaux, suite à des relations régulières avec leur maîtresse, deviennent très rapidement jaloux et exclusifs.

Ces pratiques ont parfois été valorisées par des personnes pour qui s'épanouir exige la découverte de la sexualité sous toutes ses formes. Il n'en reste pas moins qu'elles n'ont généralement pas la possibilité d'exprimer leur sexualité dans un cadre harmonieux avec une personne humaine. Plutôt que de les juger et les réprouver, il convient de les considérer comme des personnes qui n'arrivent pas à exprimer leur sexualité dans des conditions satisfaisantes. Cette forme de sexualité ne fait de mal à personne. Elle n'en fait pas non plus aux animaux qui ne sont pas martyrisés. La morale n'a pas à la juger mais il serait également stupide de la valoriser.

La nécrophilie, moins connue, est l'accouplement d'un homme vivant et d'une femme morte. Certaines personnes peuvent être attirées par ce genre de rapport et se rendent pour cela dans les morgues ou dans tout endroit où l'on trouve des cadavres en voie d'inhumation. C'est une pratique extrêmement rare.

Voyeurisme, exhibitionnisme, urocopromanie

Le voyeur est quelqu'un qui prend plaisir à regarder toute relation sexuelle, si possible à l'insu des acteurs. Le voyeur peut tout simplement se cacher derrière une fenêtre, en épiant une femme ou un homme dans son intimité. Il pourrait s'agir de simple curiosité. Ce qui fait le caractère pathologique du voyeurisme, c'est sa pérennité, et le fait que la sexualité et le plaisir sexuel ne puissent plus s'exprimer que de cette manière.

Cela entraîne très souvent chez les voyeurs une activité

masturbatoire. Souvent, voyeurisme et exhibitionnisme sont conjugués suivant des protocoles très rigides. Mis à part le fait que dans les lieux publics ils sont interdits par la loi, on ne peut pas juger sévèrement ces comportements lorsque que les différents protagonistes soient consentants.

Le problème de l'exhibitionnisme est un peu différent. Il concerne souvent des adultes, qui exhibent leur sexualité (le plus souvent dans des activités masturbatoires), devant des victimes fragiles ou sensibles : souvent des femmes, et très souvent, hélas, des enfants. Cela se passe très souvent dans des lieux publics et il n'y a quasiment jamais d'autre passage à l'acte. C'est en choquant que les exhibitionnistes réussissent à exprimer leur sexualité. Ces pratiques sont interdites mais leur répression est généralement peu sévère car les exhibitionnistes ne s'attaquent généralement pas à leurs victimes.

Une autre déviation sexuelle de cet ordre est l'urocopromanie. Elle consiste en l'émission d'urines et de selles durant une relation sexuelle qui peut être consommée. Ces pratiques se passent de commentaires et témoignent d'une perturbation grave de la structuration sexuelle.

Sadomasochisme

Le sadomasochisme est une pratique plus répandue. Le sadisme est une expression de la sexualité dans laquelle la souffrance infligée à l'autre est une condition nécessaire au plaisir sexuel. Dans le même cadre, et complémentaire, on trouve le masochisme où la personne ne peut exprimer sa sexualité que dans la souffrance infligée par l'autre.

Tous les degrés d'expression du sadomasochisme existent. En général, les deux partenaires sont partie prenante. Cela va des pratiques les plus symboliques (fessées, gifles), aux pratiques les plus élaborées et les plus ritualisées, qui peuvent aller jusqu'à l'enchaînement, l'utilisation de fouets et les blessures corporelles. Dans ce cas, les blessures ne restent pas simplement symboliques.

Une description détaillée de ces pratiques est inutile. Je me contenterai de signaler les degrés. Il arrive que les sadiques rencontrent d'authentiques masochistes et que le plaisir partagé par le biais des souffrances partagées ou reçues reste dans une certaine limite. En d'autres circonstances l'un des deux membres du couple subit ces brimades – ou les accepte plus ou moins – jusqu'au moment où elles deviennent insupportables. La rupture se fera alors souvent par le dépôt d'une plainte. Souvent, en effet, il existe une inflation de ces pratiques, le sadique ne connaissant pas ses limites et recherchant des sensations de plus en plus fortes. Un autre degré d'expression de ce sadisme, plus grave, peut conduire au décès de la victime. Dans ce cas, il peut même s'agir de victimes non consentantes et abusées.

Dans ces pratiques, où souffrir ou faire souffrir est un passage obligé de la relation sexuelle, il existe vraiment tous les degrés. Le sadomasochisme peut s'exprimer dans d'autres domaines. Dans les relations sociales il est plus conventionnel, mieux accepté et évolue dans un cadre mieux toléré. Sans manifestation physique, il est pourtant tout aussi dévastateur.

Quant au fondement des relations sadomasochistes, il se place encore une fois dans le vécu inconscient des premières années, où la sexualité précoce, souvent exprimée de manière auto-érotique, a pu être réprimée de manière incohérente. Pour donner un exemple précis – qui n'est bien sûr qu'un exemple et ne permet pas d'expliquer tous les comportements sadomasochistes –, on peut songer à l'enfant qui a dans ses premières années une activité masturbatoire purement physiologique et importante dans son développement psychoaffectif et psychologique. Si cette expression de la sexualité a été sévèrement réprimandée (fessée, gifle) par l'entourage adulte qui pense bien faire, l'enfant, vivant cette sexualité sans aucune culpabilité, comprend que ces activités sont sexuelles, sans pouvoir l'expliquer et le verbaliser. Il vit naturellement les gestes de l'adulte comme un corollaire à l'activité sexuelle et comme quelque chose de sexuel. Cette répression de la sexualité durant la première année de la vie peut expliquer dans une certaine mesure l'émergence de comportements sadiques ou masochistes.

Le viol

Le viol fait partie des déviations sexuelles. Il faut simplement rappeler une fois encore que c'est en lui-même un crime, et que, dans certains cas, il peut conduire au meurtre. C'est pourquoi il est important de porter plainte. Le violeur ne vit pas son geste dans la culpabilité et n'a aucune raison de ne pas continuer tant qu'on ne lui a pas signifié la loi.

Pédophilie, pédérastie

La pédophilie et la pédérastie sont également des déviations sexuelles graves et traumatisantes. Elles concernent des adultes qui ne peuvent exprimer leur sexualité qu'avec des sujets jeunes, souvent impubères ou en cours de puberté. La pédophilie désigne des relations hétérosexuelles, et la pédérastie des relations pédophiles homosexuelles.

C'est une déviation que l'on observe plus fréquemment chez les hommes que chez les femmes. C'est un problème d'une extrême gravité, qui nous concerne tous. Nous portons tous une énorme responsabilité devant les enfants, responsabilité de protection, responsabilité légale, et responsabilité éducative.

La pédophilie est un crime, et mérite d'être dénoncée.

Les enfants victimes de pédophilie subissent des perturbations très graves et durables. Il n'est pas rare de constater chez de jeunes adultes qui ont été victimes de pédophilie des troubles encore profonds de leur personnalité.

L'important étant de prévenir, je trouve utile de rappeler le comportement très particulier de ces pédophiles. Ils agissent très souvent comme des séducteurs et s'intéressent tout particulièrement aux enfants. Ils déclarent les aimer. Ils ont toujours des comportements de séduction, jouant avec les enfants, montrant une grande patience, étant à leur écoute, leur offrant des cadeaux, et lorsqu'ils sont un peu plus âgés, de l'argent ou des biens matériels. C'est un point important à préciser, car ils déclarent souvent eux-mêmes, avec une certaine perversion, qu'ils aiment beaucoup les enfants. En fait, ce n'est qu'une façon de se justifier. La finalité de leur démarche est bel et bien d'avoir une relation sexuelle avec ces enfants. C'est la raison pour laquelle ils sont prêts à suivre une démarche élaborée pour les aborder, les séduire et les amener à cette relation sexuelle. En réalité, les pédophiles et les pédérastes n'aiment pas les enfants.

On entend parfois des discours très indulgents, prétextant l'existence chez l'enfant d'une sexualité qui ne demanderait qu'à s'exprimer. Les différents travaux et théories portant sur l'éveil de la sexualité montrent que cette sexualité existe effectivement chez l'enfant, mais qu'elle est psychologique et non pas physique, et nécessite un long travail de maturation. Ce travail de structuration psychologique a lieu à travers une activité érotique imaginaire et tout passage à l'acte ne peut que perturber le développement harmonieux de cette sexualité.

Le drame est que ces pédophiles agissent très souvent avec une grande intelligence et une grande habileté, évitant les mailles de la police et de la justice. Ils utilisent les menaces, l'argent, et toutes sortes de moyens. Il faut rappeler à quel point sont développés dans le monde entier les réseaux de prostitution infantile. Jusqu'à une date récente, les pédophiles européens et ceux de tous les pays économiquement développés pouvaient aller assouvir cette pédophilie en toute liberté dans les pays défavorisés, exploitant une monstrueuse misère sociale. Les victimes sont parfois poussées par leurs parents afin de les aider à subvenir aux besoins familiaux, ou, plus fréquemment, elles sont recueillies par des gens qui les exploitent ensuite pour satisfaire aux besoins de ces pédophiles. Il existe depuis peu en France une loi condamnant les pédophiles même lorsque ceux-ci agissent à l'étranger. Si l'on peut faire la preuve de tels agissements à l'étranger, le coupable subira la même condamnation que s'il avait agi en France.

Je rappelle que, lorsqu'on parle de pédophilie, on inclut toute forme de relation sexuelle, allant des simples caresses à la pénétration anale et plus rarement vaginale – la structure anatomique infantile ne le permettant pas – en passant par la fellation. Les chiffres concernant les cas de pédophilie sont effrayants. Il semblerait que 20 à 30 % seulement des cas soient repérés par la police et par la justice, le reste, 70 % des cas, n'étant ni connu ni condamné. De nombreux pédophiles vivent donc dans une totale impunité.

Cependant, il faut rappeler une chose délicate et douloureuse. En France, pendant longtemps et récemment encore, la pénalisation était la seule approche employée pour lutter contre la pédophilie. Ces pédophiles, ayant purgé leur peine en prison, sortaient un jour ou l'autre et récidivaient dans la plupart des cas. C'est pour cette raison que dans certains pays, et notamment au Canada, à l'Institut Pinel, des expériences associant la condamnation et la thérapie ont été menées. Les condamnations sont identiques, mais une thérapie journalière (souvent une thérapie de groupe) est obligatoire. Elle se déroule en prison, mais celle-ci a un caractère un peu plus « accueillant ». Dans ce cas, il semblerait que l'on atteigne moins de 30 % de récidive, ce qui est très encourageant par rapport aux chiffres français actuels. Il est donc légitime de poursuivre cet effort, et on peut même espérer atteindre un jour les 100 % de guérisons.

L'important, bien sûr, comme dans le cas de l'inceste que nous verrons plus loin, est de repérer ces cas de pédophilie. Les témoignages mettent souvent en évidence de la naïveté, de la crédulité ou même un refus de voir de la part des adultes.

Il faut rappeler aussi qu'un enfant victime de ces sévices ne manifeste pas toujours directement ce qu'il subit. Sans toujours verbaliser, il peut par exemple signifier l'agression en devenant agressif, en dormant mal, en refusant de s'alimenter, en refusant de jouer ou en restant isolé. Toutes ces manifestations devraient conduire les adultes qui entourent l'enfant à rechercher la cause de cette perturbation. Les enfants deviennent souvent très méfiants, car il faut rappeler que les pédophiles évoluent très souvent dans leur cercle familial, dans leur entourage immédiat ou encore à l'école. Il faut donc savoir se méfier de ces adultes trop gentils, qui font par exemple un peu trop de cadeaux, sans pour autant, bien sûr, jeter le discrédit sur tout le monde. Il s'agit simplement d'avoir une attitude adulte et vigilante.

Toutes les théories ont tenté d'expliquer ces comportements pédophiles. Je pense que ces individus souffrent d'un trouble profond de leur développement psycho-affectif et, restant fortement ancrés dans leur enfance, sont dans l'impossibilité d'exprimer leur sexualité avec des personnes de leur âge. Ils agissent de surcroît souvent avec une certaine violence physique et peuvent avoir des comportements d'ordre sadique.

Pour les enfants plus âgés, notamment les adolescents, qui peuvent également subir la pédophilie ou la pédérastie (souvent, pour les garçons, la pédérastie), l'aspect vénal apparaît de manière évidente. Ces adolescents, plus âgés, ont une certaine autonomie, et les relations sexuelles peuvent leur fournir une source d'argent facile. Il n'en reste pas moins que ces jeunes adolescents peuvent être gravement perturbés par ce type de relation sans amour.

Même quand les adolescents paraissent volontaires, ou semblent avoir décidé de recourir à ces pratiques, les adultes sont responsables. Toute relation sexuelle sous forme de prostitution est dans ce cas condamnable. Il est là aussi du ressort de l'adulte de protéger ces adolescents.

Donc pour prévenir au mieux, il faut savoir lire dans le comportement des enfants, et bien sûr être attentif lorsqu'on confie ses propres enfants à d'autres adultes. La responsabilité des parents persiste dans ces cas-là, et c'est leur devoir de vérifier s'ils peuvent avoir confiance dans les gens à qui ils confient leurs enfants.

Homosexualité

Salut Doc, salut Bifoul,

J'ai vingt-deux ans et je suis homo. Je suis surveillant dans un internat (dans un établissement privé). Les internes ont entre onze et dix-huit ans. Malgré mon attirance pour les garçons de quatorze-quinze ans il n'y a jamais eu de ma part un geste déplacé envers eux.

Depuis septembre, il y a un nouveau qui a tout juste quinze ans. J'ai tout de suite flashé sur lui mais j'ai su rester digne.

Le soir, je prends ma douche après les élèves, lorsque la surveillance m'accapare un peu moins. Depuis les vacances de Noël, il choisit toujours le moment où je suis sous la douche pour venir prendre la sienne. Jusque-là, n'y voyant rien d'anormal, je n'avais rien dit. Pourtant, depuis quelques jours (avant les vacances de février) il avait changé d'attitude et je me doutais qu'il cherchait une aventure. Hier, c'était la reprise des cours et encore une fois, il est venu prendre une douche avec moi. Vers 23 heures j'ai fait comme d'habitude une ronde dans les différents dortoirs. Tout était calme et je suis retourné dans ma chambre. Là, surprise... il était allongé sur mon lit. Malgré toute ma bonne volonté, je n'ai pas su résister. Ce matin, je lui ai annoncé qu'il ne pouvait pas y avoir de suite à cette histoire.

Pourtant, tout à l'heure, il est revenu mais je l'ai renvoyé dans sa chambre en le sermonnant un peu.

Il s'est mis à pleurer sérieux, et maintenant, je ne sais pas ce que je dois faire. Ce n'est pas pour moi que j'ai peur, mais pour lui. C'était sa première expérience. Que dois-je faire ? Continuer ou arrêter cette aventure ? Je ne crois pas qu'il ait tenté cette expérience comme le font beaucoup d'ados qui ne se sont pas encore définis sexuellement. Depuis quelques mois que je l'observe, ceci me semble beaucoup plus sérieux [...].

Dominique, 22 ans.

Je m'appelle Sophie, j'ai vingt ans, je vais donc tenter de vous expliquer ma situation.

Si l'on parle souvent d'homosexualité, il s'agit principalement de garçons ; et lorsque c'est une fille, elle n'a généralement pas autant de difficultés que moi à « assumer ».

En effet, en 6e par exemple, je regardais déjà les filles. Rien ne me semblait alors vraiment bizarre, mais au fur et à mesure, je me suis rendu compte que même parmi les artistes que j'admirais ne figuraient que des femmes. En 3e, j'ai commencé à me poser sérieusement des questions ; et en 2nde, j'ai décidé d'accepter mon homosexualité.

Aussi, contrairement à ce que vous dites souvent, ce ne sera pas qu'un passage, car c'est bien ancré en moi : j'aime les filles ! Ainsi, depuis trois ans, c'est la catastrophe : avant j'étais excellente en cours, et tout s'est effondré ; je me suis beaucoup repliée sur moi-même ; je n'ose plus aller vers les autres, et surtout j'ai l'impression de n'être rien et de ne plus pouvoir rien réussir à l'avenir...

Cet été, j'ai commencé à aller voir une psychiatre. Au début, mes visites étaient régulières (toutes les semaines ou deux semaines), mais depuis deux ou trois mois, je n'y vais plus, car mes parents semblaient me le reprocher (me disant que je n'étais même pas capable de régler les problèmes seule). Ils ne sont pas au courant de mon attirance pour les filles, même s'ils me reprochent beaucoup mon look soit-disant peu féminin. Aussi, je n'ai rien à lui dire, et comme vous le dites, je sais qu'elle ne peut rien pour moi : je suis seule « responsable ».

Je n'ai eu qu'une seule relation jusqu'à présent ; mais

hélas, cette fille de vingt-six ans n'a été que l'aventure d'un soir... Aussi je n'en peux plus, je me sens trop seule, j'ai quasiment toujours été seule ; j'ai besoin de rencontrer quelqu'un [...].

Sophie, 20 ans.

L'homosexualité n'est pas pathologique. Dans certains cas, des comportements homosexuels, comme la pédérastie, peuvent être considérés comme pathologiques, mais encore une fois il ne s'agit pas de comportements spécifiquement liés à l'homosexualité.

Pour comprendre pourquoi on devient homosexuel, il faut revenir à l'explication psychologique. Il existe en chacun de nous une part de féminité et une part de masculinité. Cette ambiguïté semble évidente, notamment à l'adolescence. Pendant cette période, les expériences homosexuelles sont loin d'être rares, ce qui ne veut pas dire que tout le monde peut devenir homosexuel. Ces expériences font partie de la personnalité à cet âge où le déterminisme sexuel n'est pas encore profond.

Il faut aussi prendre en compte les comportements homosexuels qui surviennent parfois durant l'adolescence ou en fin d'adolescence, très souvent après avoir essayé des relations hétérosexuelles. Dans ce dernier cas, on est en droit de se demander si l'échec de la relation à l'autre n'est pas la cause du retournement homosexuel. Paradoxalement, vivre une relation homosexuelle peut sembler plus simple, la découverte étant facilitée par l'identité physique et la ressemblance des comportements. Il arrive même que ces comportements durent un temps assez long, puis que l'on revienne aux relations hétérosexuelles. Je ne parle pas dans ce cas de personnes qui, un peu par obligation ou par opportunité, choisissent de vivre dans l'hétérosexualité. Cela entraîne souvent de gros problèmes de couple, et elles vont généralement choisir plus tard de vivre leur homosexualité.

Certaines personnes, enfin, sont homosexuelles et désirent le rester. Ces « vrais » homosexuels ont des tendances précoces, souvent même avant le début de leur puberté, dès leur dixième ou leur onzième année, et n'ont aucune attirance sexuelle pour des personnes du sexe opposé. Tôt ou tard ensuite, elles expriment leur homosexualité.

On voit donc que l'homosexualité n'est ni bien ni mal et qu'elle ne doit pas être jugée. D'autant que dans notre société elle n'est pas toujours facile à vivre.

Les homosexuels sont en effet souvent dénigrés ou rejetés. Il est d'ailleurs important d'insister sur la réalité des relations humaines. Trop souvent, un trait de caractère ou de comportement pousse les gens à rejeter ceux qui sont différents. On pourrait pourtant si facilement vivre une vie relationnelle satisfaisante sans préjugés en se disant que la vie sexuelle des autres ne regarde qu'eux. C'est en dépassant ses préjugés que l'on découvre la richesse des autres. On a d'ailleurs souvent le sentiment que cette homosexualité dérange, comme si on avait peur de finir par coucher avec un ami homosexuel, comme si l'homosexualité nous interrogeait violemment sur notre propre sexualité.

Bisexualité

J'ai seize ans et je suis amoureuse d'un mec bisexuel. J'ai des sentiments assez ambigus car il m'attire physiquement et je sais que je ne lui déplais pas mais le fait qu'il couche avec des mecs me refroidit totalement [...].

Magalie, 16 ans.

La bisexualité est une situation différente, dans laquelle la personne vit sa sexualité avec des garçons et des filles suivant les rencontres, en ayant des rapports homosexuels et des rapports hétérosexuels. Elle s'accompagne souvent d'une tendance à vivre sa sexualité non de manière décousue, mais avec plusieurs partenaires. On devrait d'ailleurs s'interroger sur cette recherche de plusieurs partenaires, qui correspond un peu, non à une errance, mais à un travail de séduction, à une sorte de donjuanisme avec des passages à l'acte physique.

Plutôt que de s'indigner devant la bisexualité, mieux vaudrait sans doute s'interroger sur le pourquoi de ces comportements sexuels répétitifs, sur ce désir de séduire les autres. Je voudrais également rappeler que la bisexualité, elle aussi, est souvent vécue de manière passagère – et souvent platonique – au cours de l'adolescence, et que cela est tout à fait naturel. On est même en droit de se demander si la bisexualité adulte n'est pas une sorte de prolongement de l'adolescence, de la part de gens qui n'ont pas envie de se déterminer pour telle ou telle forme de sexualité. Cependant, le point essentiel de la bisexualité me semble être le fait qu'elle s'accompagne de relations sexuelles multiples, ce qui n'est pas très différent du cas où elles s'expriment dans un sens hétérosexuel. Je pense qu'il s'agit dans un cas comme dans l'autre d'une même immaturité affective, et que l'on n'a pas envie de s'inscrire dans une relation d'amour, dans une relation de rencontre. On a du mal à se satisfaire d'une rencontre unique, on est dans une situation où il faut séduire en permanence, en général à notre insu, et sans savoir exactement ce que l'on recherche.

Transsexualité

Salut Doc, Salut Difool !

Comment allez-vous ?

Voilà mon problème : voilà, je sors avec un garçon, cela fait un mois et il y a une semaine, un mec est venu me voir en me disant que mon copain était une nana, donc un transsexuel.

Maintenant je me pose plein de questions, car j'ai eu un mouvement de recul par rapport à lui en apprenant cette nouvelle. Maintenant cela va mieux et je me dis qu'en fait il a les mêmes manières qu'un mec, la même mentalité, la même morphologie.

– Il a dix-huit ans, on m'a dit (une source très sûre) qu'il avait été opéré à seize ans. Est-ce possible de se faire opérer si tôt ?

– Il a évidemment changé de prénom. Mais ma mère m'a dit que c'était très difficile de modifier son nom, son prénom.

Mon copain ne veut rien me dire, il cherche tout le temps un prétexte pour changer de conversation. Par exemple, quand je lui ai dit qu'il avait la peau douce au visage (il ne se rase pas), il m'a répondu qu'il mettait du Peaudouce.

Je pense qu'il est très marqué psychologiquement. Il devait vraiment se détester en fille, car il m'a dit qu'il avait soi-disant une sœur jumelle (ce qui est faux), il la détestait et il l'a traitée de connasse, de tous les noms. Il m'a dit qu'elle restait tout le temps enfermée [...].

Élodie, 17 ans.

J'aimerais connaître le nom d'un médecin qui pourrait m'aider à devenir une femme. J'ai déjà entendu parler d'un cas pareil dans « Love in fun » et je me rappelle ta réaction. Je vais donc essayer de t'expliquer pourquoi je veux changer de sexe. Quand je vois une fille dans la rue, je n'ai pas envie d'elle mais je l'envie : j'aimerais avoir un corps de femme, un ventre plat, une poitrine, je voudrais m'habiller avec des habits de femme, vivre ma vie de tous les jours en femme, pouvoir séduire un homme, faire l'amour comme une femme, etc. Tout ce que j'aimerais faire ou vivre a un rapport avec le sexe opposé au mien.

J'ai bien essayé de vivre avec des filles, j'ai même été amoureux d'une fille, mais à chaque fois il a fallu que je parte. C'était trop dur pour moi.

Tu vas me dire d'essayer une psychothérapie. Je pense qu'une psychothérapie c'est fait pour les personnes qui ne savent pas bien où elles en sont (si je me trompe, dis-le moi). En ce qui me concerne, je suis fermement décidé à aller jusqu'au bout de mon rêve, car c'est devenu un rêve. La psychothérapie ne me servira à rien car j'aime m'habiller en femme et tôt ou tard il faudra que je recommence.

En bref je veux devenir une femme et rien ni personne ne m'en empêchera. Si tu veux ou si tu peux m'aider à trouver un médecin qui pourrait m'opérer et me faire suivre le traitement, tant mieux, sinon je ferai les démarches tout seul jusqu'à ce que je trouve moi-même [...].

Alexandre, 25 ans.

J'ai vingt-huit ans, je suis marié et j'ai deux enfants.

Il y a un an j'ai consulté un psychiatre car j'avais des crises de violence et je frappais ma femme. J'ai suivi une thérapie qui a duré environ trois mois et qui a été très bénéfique puisque je n'ai plus aucun geste de violence.

Lors de cette thérapie j'ai mis en évidence que je reproduisais les gestes de mon père qui battait ma mère.

À ce propos une phrase de ma mère me ronge : un jour

que mon père l'avait battue je lui avais demandé pourquoi il faisait ça et alors elle m'avait répondu : « C'est parce que c'est un homme, toi aussi un jour tu feras pareil... »

Quand je repense à mon enfance, je m'aperçois que j'ai toujours préféré la compagnie des filles et que j'avais de très mauvais rapports avec les garçons. Vers l'âge de huit ou dix ans, à la suite de la lecture de plusieurs livres de la collection Le club des cinq *j'ai pris conscience que comme l'héroïne Claudine (qui est un garçon manqué) j'étais une fille manquée. J'ai depuis eu le profond désir d'être une fille.*

J'ai alors commencé à me travestir avec les affaires de ma mère, j'y prenais extrêmement de plaisir, à tel point que j'ai eu ma première éjaculation vers onze ou douze ans habillé en fille. [...] *Pendant cette première partie de mon adolescence j'ai eu des relations sexuelles avec trois garçons de mon âge. Avec eux je me sentais extrêmement femme, mais seul leur propre plaisir m'intéressait je n'ai jamais joui avec eux.* [...] *À dix-sept ans, ne supportant plus l'ambiance familiale, j'ai fait une fugue de deux semaines à Paris puis mes parents m'ont retrouvé et ramené à la maison. J'ai dès lors attendu patiemment l'âge de dix-huit ans pour mettre les voiles. C'est ainsi que le jour de mon anniversaire je ne suis pas rentré à la maison, j'ai quitté le lycée et j'ai vécu en couple un an avec mon copain. Parallèlement à cette relation homosexuelle, je sortais toujours avec celle qui est devenue ma femme.*

Durant toute mon adolescence j'ai rêvé de changer de sexe, malheureusement mon copain n'a cessé de m'en dissuader.

Tout ceci nous amène AUJOURD'HUI *à cette prise de conscience : je suis transsexuel. Je n'ai aucun goût pour l'homosexualité : j'aime me sentir femme dans les bras d'un homme* [...]. *J'aime m'habiller en femme mais cela ne me suffit pas, je veux que mon corps soit celui d'une femme sinon c'est vulgaire. Je hais mon corps trop masculin, trop velu, trop semblable à celui de mon père, car je suis parfaitement conscient que là est toute la clé du problème : par ce désir d'être femme je rejette l'image de mon père auquel je ne veux pas ressembler.*

[...] *Car les années passent, j'ai eu une vie d'homme intéressante, mon sexe a servi à la reproduction, j'ai grâce à lui transmis mes gènes, maintenant je peux m'en séparer et vivre ma vie de femme. J'estime que notre vie est trop courte pour ne pas faire ce à quoi on aspire et j'aimerais suivre un traitement hormonal mais je ne sais pas à qui je dois m'adresser* [...].

Michael, 28 ans.

La transsexualité est une question tout à fait particulière, qu'il faut nettement séparer, par exemple, des questions concernant l'homosexualité ou la bisexualité.

Un transsexuel est une personne, le plus souvent un homme, qui ne supporte plus son identité sexuelle physique et qui ne rêve que d'une chose : la perdre. Ces comportements sont très précoces. Ils surviennent dès l'enfance ou l'adolescence et peuvent s'exprimer par exemple par des jeux de travestissement, où l'on essaye de prendre l'apparence de l'autre sexe.

La transsexualité est très rare. Lorsque cela se produit, les sujets, atteignant l'âge adulte ou la fin de l'adolescence, ne rêvent que d'une chose : prendre un aspect féminin pour les garçons et un aspect masculin pour les filles. Toute apparence de leur sexe initial leur pose un problème. Ils feront tout pour subir une intervention. Ce qui compte, c'est leur apparence physique, et par exemple le fait de pouvoir se regarder dans une glace avec l'apparence du sexe qu'ils ont désiré avoir. En France, cette opération est interdite, mais elle se pratique dans d'autres pays. Dans ce cas, une prise en charge psychothérapique est nécessaire avant l'intervention. Pour les garçons, cette opération consiste en une castration pure et simple. L'émasculation s'accompagne de la création par divers procédés anatomiques d'une cavité vaginale qui, le plus souvent, n'est pas fonctionnelle et interdit toute pénétration. Il se produit en effet des rétrécissements qui rendent cette cavité plus virtuelle que fonctionnelle. On associe bien sûr cette castration à une forte imprégnation hormonale, qui permet de perdre tous les attributs masculins que sont les caractères sexuels secondaires. Pour la femme, la chose est un peu équivalente, dans le sens où elle cherche le plus souvent une castration totale : ablation des ovaires, de l'utérus et de tout l'appareil sexuel, et même la fermeture du vagin, et dans certains cas la création d'un substitut pénien qui reste non fonctionnel.

Il faut faire une différence entre ces cas de transsexualité, qui correspondent pour la plupart à un trouble profond de l'identification ayant généralement des fondements très anciens et les cas d'ambiguïtés sexuelles, rarement avouées. Dans ce dernier cas, il s'agit d'une anomalie génétique, qui fait que les organes sexuels sont mal déterminés, ou bien d'une mauvaise détermination du sexe à la naissance, à la suite d'un examen clinique peu soigneux. Actuellement, en France et dans les pays industrialisés, ces ambiguïtés sexuelles sont pour la plupart repérées dès la naissance et une grande prudence entoure ces cas. On étudie médicalement le cas sur plusieurs semaines, on demande au juge de surseoir plusieurs semaines à la déclaration du sexe, on donne à l'enfant un prénom qui peut être masculin ou féminin, et on ne détermine le sexe de l'enfant qu'après étude précise du cas et selon les possibilités de développement ultérieur. Il n'en reste pas moins que certaines personnes n'ont pas été suffisamment « explorées » durant leur première enfance et ont pu, au cours de leur maturation physique, voir leur ambiguïté sexuelle s'accentuer. Il ne s'agit pas vraiment d'hermaphrodisme, qui serait le cas d'une structure biologique à la fois féminine et masculine, mais plutôt de pseudo-hermaphrodisme, par suite d'un dysfonctionnement hormonal, ou d'une anomalie génétique.

Je ne souhaite pas décrire complètement ces cas d'anomalies sexuelles, mais simplement signaler qu'ils correspondent à une anomalie anatomique réelle. C'est donc un cas de figure différent de la transsexualité, où tout se passe au niveau de la structuration psychologique de l'individu. Dans la transsexualité, d'ailleurs, il s'agit principalement d'obtenir une image du sexe opposé, plutôt que d'accéder au statut de l'autre sexe et de s'y épanouir totalement, sexuellement et psycho-affectivement.

CHAPITRE 6

La liberté en société

L'école

En France, l'école est obligatoire de six ans à seize ans. Dans la pratique, les enfants sont souvent scolarisés plus tôt, à partir de trois ans, dans les écoles maternelles où l'enseignement est essentiellement ludique. L'enseignement théorique, lui, ne débute qu'avec le cours préparatoire, par l'apprentissage de la lecture et de l'écriture. Le cycle scolaire imposé jusqu'à l'âge de seize ans est identique quelles que soient les orientations. Il n'existe qu'un seul type d'enseignement théorique, il est obligatoire, et les programmes varient fort peu, que l'enseignement soit public ou privé sous contrat. L'enseignement théorique revêt une importance toute particulière dans notre système, où il a toujours été considéré comme un facteur de promotion sociale. Cet objectif est bien ancré dans l'esprit des Français, même s'il est souvent plus inscrit dans le désir des parents que dans celui des élèves. Toutefois l'apprentissage théorique et les études, même réussies, ne sont pas le garant d'une réussite et d'un plein épanouissement dans la vie, particulièrement du point de vue de l'équilibre psycho-affectif et des valeurs humaines essentielles. Ce système d'éducation, s'il peut permettre à certains un réel épanouissement et une formation sérieuse, provoque aussi un certain nombre d'échecs scolaires qu'il vaudrait mieux prendre en compte.

L'échec scolaire

Se retrouver en situation d'échec scolaire est toujours grave et souvent mal vécu. On a du mal à bien comprendre pourquoi. Bien souvent, il ne s'agit pas de retard ou de déficience intellectuelle, mais d'une impossibilité à s'inscrire dans un certain système scolaire et un certain type d'enseignement. On n'a pas le désir d'apprendre dans un système qui est souvent perçu comme simplement destiné à nous faire ingurgiter des connaissances jugées « inutiles » ou « contraignantes ».

Trop souvent, l'école est subie comme une contrainte. Au-delà d'un refus du système scolaire, on peut sans doute percevoir dans l'échec scolaire l'expression du désir inconscient de ne pas s'inscrire dans le projet social qui nous est proposé. La relation de l'élève avec sa famille entre en ligne de compte, ainsi que sa relation avec le système scolaire et les enseignants.

Les programmes

Il est vrai également que l'enseignement peut parfois sembler pléthorique, composé d'une accumulation de connaissances inutiles. C'est de plus en plus vrai au fur et à mesure que l'on avance dans le système scolaire.

L'enseignement devrait se fixer certains buts simples. Des acquis essentiels, qui étaient bien compris aux débuts de l'école publique, suffisent à l'élève pour se situer dans la société, s'y exprimer et s'y défendre. Ces acquis sont la lecture, l'écriture et le calcul (au moins des bases mathématiques simples et essentielles pour pouvoir se débrouiller dans la vie). Ces trois aspects de l'enseignement sont incontournables, et nécessitent un enseignement théorique sur lequel il faut insister énormément. Voilà ce que pourrait être le premier palier, au cours duquel il faudrait bien sûr transmettre d'autres notions : notre société est complexe ; s'y inscrire complètement, et travailler, nécessite d'autres savoirs. Mais ces notions premières sont celles qui permettent à chacun de mener sa vie dans la société, avec les autres et face à une autorité. L'enseignement des langues étrangères est lui aussi d'une grande importance. On devrait rappeler plus souvent que des enfants très jeunes (jusqu'aux alentours de dix ans) ont une extraordinaire facilité à apprendre une langue étrangère. Qui apprend une autre langue, ou au moins ses bases, avant dix ans pourra ensuite la parler sans le moindre accent.

Cette base essentielle semble négligée au profit d'un enseignement théorique, ambitieux, mais qui ne semble pas pouvoir s'appliquer à tout le monde. Le résultat est que la langue française elle-même n'est pas maîtrisée par nombre d'élèves ou de bacheliers qui ne savent parfois même pas rédiger une lettre. Il existe encore en France beaucoup d'illettrés. C'est-à-dire qu'il y a des laissés-pour-compte. Ce ne sont pourtant pas des gens qui ont moins de capacités intellectuelles que les autres. Bien sûr, les autres enseignements sont importants. Mais méritent-ils d'être transmis au prix du sacrifice d'un certain nombre d'élèves ?

La curiosité et le savoir

Au-delà de cette première étape de l'enseignement, il reste vrai que l'accès à un savoir plus étendu doit être possible. Mais plus que l'accumulation de savoirs théoriques, il faudrait développer les capacités intellectuelles de chacun, c'est-à-dire ses capacités d'analyse et de synthèse, qui permettent d'aborder un problème et d'en tirer des conclusions. Cela vaut pour toutes les matières enseignées.

La participation des élèves dans leur projet d'éducation devrait être beaucoup plus active. On aura toujours du mal à imprégner les élèves d'un savoir sans leur demander de réflexion personnelle. Le maître, au lieu de dispenser son enseignement et de demander qu'on le lui restitue, devrait aider les élèves à préparer des thèmes, à y réfléchir et à les présenter devant les autres. Ces valeurs peuvent sembler un peu générales, mais elles se prêtent à une approche concrète. Cela devrait peut-être conduire à revoir les programmes et à en réduire le contenu. Qui se souvient de tout ce qu'il a appris au lycée ou au collège ? Ce n'est pas le fait d'avoir accumulé pendant cette courte période une somme importante de connaissances qui permettra ensuite de résoudre les problèmes de la vie.

Les connaissances sont importantes, elles sont belles, mais elles ne doivent pas masquer la réflexion, le travail et le goût d'apprendre. En fait, il faut avoir des connaissances : il n'y a pas d'intelligence vide. Mais le premier devoir de l'enseignant, avant de transmettre quoi que ce soit, est d'éveiller la curiosité. Ensuite seulement, il pourra la satisfaire.

La pédagogie et les rapports humains

Nous nous souvenons tous de « bons » et de « mauvais » maîtres. Il ne s'agit pas là de jugements de valeur, mais simplement de jugements sur la manière dont ils ont su nous transmettre leurs connaissances. Chacun se souvient que cela tenait principalement à la relation du maître à ses élèves, et de la manière dont, par la relation qu'il a nouée avec ses élèves, le maître a su ou n'a pas su devenir un modèle. Plus que la somme des connaissances, plus que la méthode pédagogique, c'est la motivation que le maître transmet qui importe. Devant les élèves, surtout chez les gens jeunes, il n'est pas possible de tricher. Si le maître a un réel désir de transmettre un savoir, s'il impose une forme de respect, les élèves le percevront. Il s'agit réellement pour le maître de s'impliquer dans une relation de filiation intellectuelle. C'est dans cette relation que l'exigence du maître, même sévère, est pleinement acceptée. Lorsque cette curiosité est éveillée et que les méthodes sont transmises, le savoir peut diffuser aussi hors des circuits scolaires.

Il est important d'apprendre dans une optique personnelle. Chez les plus jeunes, on constate souvent que les études s'inscrivent dans le désir des parents. On a trop souvent envie de réussir à travers l'enfant ce que l'on croit avoir raté chez soi. L'orientation qui correspond aux aptitudes et aux désirs des élèves, fréquemment n'est pas retenue. Le travail plus manuel, par exemple, qui n'est en général pas perçu comme assez valorisant, est souvent refusé.

Bien sûr, il serait trop facile et un peu malhonnête de tout mettre sur le dos du système scolaire et des maîtres qui, pour la plupart, tentent de transmettre leur savoir avec les moyens qu'on leur donne et du mieux possible. L'enseignement est la fonction la plus essentielle pour un pays. C'est lui qui prépare l'avenir. Le statut d'enseignant n'est pas assez valorisé, c'est certain. Ni socialement, ni financièrement. De même, les écoles sont souvent peu accueillantes, alors qu'elles pourraient être des lieux d'épanouissement et de rencontre, même hors des heures de cours.

Théorie et pratique

On prolonge souvent l'enseignement théorique, ce qui peut être assez frustrant : cet enseignement est en général coupé de la réalité de la vie. On devrait s'interroger sur l'opportunité de le compléter par un enseignement pratique, qui pourrait déjà rapprocher des préoccupations de la vie active. On pourrait ainsi envisager une participation plus active à la vie du lycée, à son entretien, mais pourquoi pas aussi à sa gestion.

Apprendre pour soi-même

Les situations d'échec scolaire méritent une attention privilégiée. Elles surviennent presque toujours à des moments particuliers de la vie, souvent conflictuels, et traduisent des difficultés d'ordre psychologique ou relationnel. L'échec, en ce cas, est souvent une façon d'exprimer son mal de vivre. Mais l'échec a une certaine dynamique. Il provoque souvent une dévalorisation, un sentiment de non-réalisation, il ne fait qu'augmenter le manque de confiance en soi.

Il faut avoir le courage de reconnaître la réalité de ces échecs scolaires plutôt que d'enfoncer encore l'élève dans un système d'aides temporaires et de cours supplémentaires. Il faudrait lui donner la possibilité d'exprimer ses difficultés. Il faudrait les comprendre. Chaque être est individuel et les enfants ont besoin de se réaliser pour eux-mêmes. Ils ont leur propre désir de réalisation, qui peut être différent de celui des parents. Bien sûr c'est aussi aux enfants d'avoir le courage de le dire.

Sa vie, on la vit pour soi. Il faut avoir le courage, un

jour, de se séparer de ses parents et de réaliser sa propre vie. L'essentiel, au lieu d'apprendre pour apprendre, c'est donc d'abord de se créer des objectifs, de s'exprimer, de se réaliser.

Se réaliser, cela peut conduire à suivre des études longues et pénibles. Quand elles s'inscrivent dans son propre projet, c'est plus facile. On constate alors qu'il y a des gens plus doués pour le travail intellectuel ou qui peuvent y prendre un certain plaisir, et d'autres plus doués pour des activités manuelles. Il faut cesser de privilégier certains types d'activités sous prétexte qu'elles sont plus valorisantes et permettent de s'élever dans l'échelle sociale.

L'enseignement théorique, aujourd'hui, devient un outil, un simple permis de travailler. Mais de toutes façons, il faut savoir que lorsque l'on entre dans l'expérience professionnelle active, on y découvre qu'on a encore tout à apprendre.

Le travail et l'argent

Travailler, c'est s'inscrire dans la vie active. C'est le début de l'autonomie, c'est aussi le début de la vie adulte.

Je rappelle qu'il est possible de travailler à partir de l'âge de seize ans. Jusque-là, la scolarisation étant obligatoire, il n'est pas possible d'obtenir un emploi rémunéré.

Dans l'état actuel des choses, le travail est devenu une préoccupation majeure. Le nombre de chômeurs dans notre pays dépasse les trois millions, et même le niveau d'étude le plus important n'offre pas de garantie totale de trouver un emploi.

Le monde du travail, lorsqu'on y est entré, est quelque chose d'abstrait. C'est aussi le monde des adultes avec ses règles, ses exigences, ses incohérences parfois, et aussi le regard pas toujours attentif des plus anciens, qui, plus ou moins consciemment, ne voient pas toujours d'un très bon œil l'arrivée d'un nouveau, avec ses idées pétillantes et son désir de remuer les choses.

Le choix du travail est largement déterminé par le cursus scolaire. Pourtant, lorsqu'on s'engage dans tel ou tel type de cursus, on ne sait pas toujours très bien de quoi il va s'agir. Travailler, trouver un emploi, est à la fois inquiétant et particulièrement exaltant. C'est la reconnaissance de l'état adulte, et c'est s'inscrire dans une expérience d'adulte.

Le plus dur, quel que soit le cursus scolaire, c'est de découvrir qu'on a tout à apprendre. Tout un monde sépare l'apprentissage théorique du travail pratique. S'inscrire dans une activité professionnelle, c'est devoir à la fois s'engager, prendre ses responsabilités, et s'insérer dans une équipe. On devra travailler entouré de gens qui ne sont pas forcément accueillants. Il faut naviguer entre la modestie et la nécessité de s'affirmer. Il faudra regarder, écouter, apprendre, et en même temps s'affirmer.

C'est aussi une façon de s'assumer. On met personnellement en pratique l'enseignement théorique qui nous a été transmis, et aussi, c'est important, on gagne désormais sa vie par son travail.

La découverte de ces nouveaux rapports est facilitée si l'on a effectué auparavant, durant ses études, quelques expériences professionnelles : stages, emplois de vacances, etc. C'est une expérience humaine inégalable. C'est un peu l'école de la vie. On y apprend les rapports avec les autres. Ces premières expériences professionnelles, si possible à partir de l'âge de seize ans, sont rassurantes. On découvre le monde des adultes et on s'y inscrit un peu comme un égal, on les découvre sous un tout autre jour, on peut s'assumer, gagner sa vie, mais également se rendre utile. On se rend compte que toute activité est utile dans l'entreprise et qu'il est possible de trouver un intérêt à toute activité professionnelle : il y a des rapports humains passionnants dans toutes les tâches.

Le choix d'un métier est important. Il ne doit pas tenir compte uniquement de l'intérêt financier, mais aussi de l'intérêt et des goûts personnels. Ce choix n'est pas toujours simple, puisque, comme je le disais, il s'effectue largement dans le cursus scolaire, sans qu'on sache encore à quoi on s'engage. Mais un travail, même imposé par le cursus scolaire, peut être aussi un moyen de s'assumer dans la vie ; il n'empêche pas ensuite de poursuivre des études, librement choisies. Pour certains, en effet, les faits concrets sont essentiels, et le premier travail peut faire naître des désirs qui déterminent alors, enfin, des choix totalement personnels.

Certes, cela demande parfois un peu de courage, mais il faut reconnaître que le système social donne à chacun la possibilité de parfaire son enseignement théorique ou de s'engager dans une nouvelle voie, à condition bien sûr qu'il en émette le désir. Cela veut dire que dans certains cas, après seize ans, voire avant, le fait d'être en situation d'échec scolaire, parce qu'on ne voit pas pourquoi on est là, devrait donner la possibilité d'avoir une activité professionnelle, quitte à reprendre plus tard un cycle d'études choisi. Certaines vocations qui peuvent naître tardivement.

Il faut aussi savoir dresser un bilan et se dire qu'il existe des métiers plus valorisants que d'autres. Les métiers plus « intellectuels » sont généralement un facteur d'élévation dans l'échelle sociale. C'est bien dommage, car nombreux sont ceux qui pourraient s'épanouir dans des métiers plus manuels, et qui sont orientés par ces conventions dans des filières plus intellectuelles. Le plus important, pourtant, n'est pas de s'élever dans l'échelle sociale, mais de trouver le domaine dans lequel on pourra s'épanouir, ce qui ne dépend ni du compte en banque ni de l'échelle sociale. Il serait souhaitable que les qualités humaines soient plus valorisées, et c'est dans ce sens que la morale collective, s'il y en a une, devrait évoluer.

Dans le monde matérialiste et capitaliste dans lequel nous vivons, l'argent apparaît à chaque coin de rue, et dans tous les moyens de communication. On valorise l'individu en fonction de ce qu'il possède, on fait implicitement l'éloge des gens qui réussissent par l'argent et on étale ses richesses. À un âge où on n'a pas d'argent, et beaucoup de désirs de matériels, cela pose un vrai problème.

Il faut pourtant souligner une fois encore que les vraies valeurs, celles qui permettent un réel épanouissement, sont les valeurs psycho-affectives. Ce sont des valeurs personnelles. Les réflexions populaires (« l'argent ne fait pas le bonheur ») l'affirment, même si l'argent demeure en même temps sans cesse valorisé.

Il faut savoir se fixer un but, d'abord en fonction de ses désirs, et pour cela, il n'est pas besoin d'argent. Il faut avoir un projet, se donner les moyens d'acquérir les connaissances qui permettent de le réaliser, et avoir enfin la satisfaction de le réaliser soi-même. De nombreuses activités valorisent les qualités humaines, « élèvent l'âme », diraient certains. L'amour, bien sûr, mais aussi le courage, la sincérité ou l'honnêteté, sont des choses aussi importantes que l'argent. Gagner de l'argent, être riche, n'a de signification que si cet argent vient couronner un succès personnel. Très concrètement, à quoi sert d'avoir une chaîne hi-fi lorsqu'on ne sait pas apprécier la musique ? À quoi sert la voiture si on ne vise par là qu'à montrer son statut social et son pouvoir ou à se rassurer ?

Les valeurs matérielles deviennent souvent des béquilles pour infirmes, et cette infirmité est affective, comme si les gens restaient murés dans leur cœur. Accumuler des richesses ne sert à rien si l'on ne donne aucun sens à sa vie. La première richesse est celle que l'on a au fond de son cœur, qui permet de nouer des rapports humains vrais.

Certes, il faut de l'argent. Cela revêt dans le système social une importance réelle et préside à de nombreux rapports humains. Quand on ne peut pas se nourrir, ni se loger, on n'est pas heureux non plus. Mais ce n'est pas la seule priorité. Personne n'a atteint le bonheur simplement par l'argent. Chercher à l'obtenir ainsi, c'est entamer une course sans fin, puisque son objet est ailleurs.

Il est vrai aussi, il ne faut pas l'oublier, que l'argent est un outil en lui-même, il n'est qu'un moyen d'échange. C'est le symbole qu'il représente pour nous qui peut être pervers. La façon de réagir devant lui dépend de notre personnalité. Aucun excès n'est souhaitable : ni en vouloir trop et le dépenser sans mesure, ni ne pas en avoir du tout, ne pas gagner sa vie. Les deux cas sont des situations de détresse.

Un débat a marqué les systèmes sociaux que nous avons imaginés durant ce siècle et a opposé deux grands types de société : les biens matériels doivent-ils appartenir en premier lieu aux individus ou à la société qui les répartit ensuite ? Il me semble qu'il vaut mieux partir de l'individu pour aller vers le système social et la collectivité plutôt que l'inverse. Il n'est pas souhaitable qu'un système social subvienne aux besoins de chacun, mais il me semble au contraire que le travail de chacun doit permettre d'entretenir le système. La liberté individuelle est à ce prix. Bien sûr, le risque d'inégalités demeure. C'est alors que le système doit repérer ces inégalités et les aplanir de manière à ce qu'elles deviennent tolérables.

La politique

Nous vivons dans un système démocratique, où le pouvoir politique émane d'une décision populaire, exprimée par l'intermédiaire du vote. On constate depuis quelques années une augmentation de l'abstentionnisme : cela pourrait signifier un désintérêt global du citoyen pour la politique. Les hommes politiques sont souvent soupçonnés de transgresser la loi, de profiter de la politique pour s'enrichir ou pour obtenir un pouvoir qui dépasse leur cadre de décision. Pourtant, le cadre démocratique est essentiel, et le vote en reste un des éléments importants. Ne pas aller voter parce qu'on ne croit pas dans un système politique, parce que les décisions ne nous conviennent pas, ne fait qu'accentuer les problèmes.

Les imperfections du système ne peuvent conduire à le rejeter en bloc. Elles devraient plutôt donner envie de l'améliorer et conduire la plupart d'entre nous à s'impliquer, chacun à son niveau, dans le système politique. La politique concerne tout le monde ; la laisser entre les mains de quelques-uns sous prétexte qu'ils ont été élus n'a pas de sens. Il est possible d'exprimer son opinion autrement qu'en s'inscrivant sur des listes électorales, par exemple en s'impliquant dans des actions ponctuelles, ne serait-ce qu'au niveau d'une commune ou d'une association visant à améliorer le fonctionnement de la société. Cela permet à chacun d'exprimer ce qu'il croit vrai, ce qu'il pense, ce qu'il a appris dans son travail et dans son expérience personnelle.

L'autre problème est que, tout en dénigrant la politique, beaucoup de gens attendent un peu trop et des hommes politiques et du système politique. Pourtant, si les choses changent, c'est parce que les choses et les opinions changent *à la base*. C'est d'autant plus vrai que, dans notre système, les hommes politiques sont très sensibles aux mouvements de l'opinion. Une décision qui ne plaît pas peut déclencher aussitôt une manifestation, et de cela, ils se soucient.

Constater qu'un système politique ne fonctionne pas bien, le critiquer et ne rien faire est une façon de démissionner, donc de l'accepter. Il est nécessaire que chacun s'exprime.

Il est par exemple très simple de faire valoir son avis par écrit. Il y a pour cela des relais locaux (maires et conseillers municipaux), il y a des relais régionaux (conseillers régionaux), mais il est aussi possible d'intervenir dans la politique nationale : vous avez tous un député ou un sénateur qui vous représente. Leur mission, et la plupart d'entre eux la remplissent, est d'être à l'écoute d'une population. Lorsqu'une décision ne vous paraît pas bonne, vous pouvez toujours écrire et rentrer en contact avec eux. Lorsque vous êtes nombreux à le faire, ils seront obligés de prendre vos remarques au sérieux et de tenir compte de votre avis. À la fin de l'année 1993, lors de la discussion de la fameuse loi sur les quotas de chansons françaises dans les radios – l'amendement Pelchat –, les réactions de nombre d'auditeurs vous ont permis de constater que cette loi qui aurait dû passer inaperçue, votée par un très petit nombre de députés comme cela arrive souvent, après discussion en comité restreint, a au contraire fait l'objet d'un réel débat, révélant des divergences au sein des différents groupes parlementaires *.

* Votre capacité à vous mobiliser, de manière responsable, sans heurts, chaque fois que vous estimez votre liberté d'expression menacée, reçoit une écoute favorable, propice au dialogue.

Vous pouvez à tout moment faire valoir votre avis. Pour cela, bien sûr, il faut se mobiliser, se regrouper, partager un avis, et le faire valoir après discussion. Je ne crois pas que les hommes politiques, lorsque l'avis d'une majorité de la population s'exprime de manière très claire, soient capables de faire voter et appliquer une loi qui lui est contraire. Mais il est certain que, pour la plupart d'entre nous, nous ignorons la plupart des textes de lois qui sont votés. La presse s'en fait écho de temps en temps, lorsque cela lui semble important, mais la plupart du temps ces lois sont votées sans que personne n'y accorde la moindre attention, ce qui est bien dommage. Il est regrettable également de constater qu'il n'y a généralement pas de débats de convictions à l'Assemblée nationale, qui regroupe pourtant les représentants du peuple, élus à cet effet. Les votes sont trop souvent décidés au sein des partis politiques et les lois trop souvent votées par une dizaine de députés qui tournent les clés pour les députés absents de leur groupe.

Pour autant, rien ne sert de se révolter sans aucun but ou d'adhérer à une cause qui n'est pas la sienne. Je crois qu'il faut avoir le courage d'observer, de regarder, d'analyser et d'imaginer pour plus tard des solutions qui conviennent mieux à ce que l'on pense.

Le racisme

J'ai vingt printemps. Je suis issu d'un mariage mixte, et a mon tour, je retrouve ce que mes parents ont vécu : les parents de la fille que j'aime s'opposent à notre relation. Donc, voilà trois ans qu'on vit en cachette, en attendant de pouvoir vivre ensemble.

Pour mes parents, ça avait été la même chose, mais après, ça s'est arrangé : mes grands-parents ont accepté mon père quand ils ont compris qu'ils n'avaient que des préjugés.

J'ai la conviction qu'un jour le père et la mère de celle qui fait battre mon cœur comprendront que je ne veux que son bonheur.

En fait, j'écris parce que je voudrais faire passer un message : la vie est trop courte pour s'attarder sur une question de couleur de peau ou de religion. Il y a tant de gens merveilleux qu'on risque de rater à cause des préjugés qu'on peut avoir [...]

Thomas, 20 ans.

Le racisme est un problème crucial dans notre société comme dans toutes les sociétés du monde. Dans le pays des droits de l'homme, juger quelqu'un en fonction de ses origines raciales ou même religieuses, l'exclure, le rejeter ou lui imposer des brimades est une chose inacceptable. Le développement en Europe de partis politiques réclamant cette exclusion raciale et sociale a quelque chose de monstrueux. Il nous rappelle que les vieilles haines, comme celles qui ont conduit au génocide des juifs et des tziganes, sont toujours présentes.

Il faut s'interroger sur les fondements de ce racisme, qui est l'affaire de tous. Il n'existe pas de race supérieure mais seulement l'espèce humaine, au sein de laquelle les différences physiques et culturelles n'ont aucun caractère racial. Ces facteurs physiques sont essentiellement déterminés par les conditions climatiques dans lesquelles un groupe humain s'est développé. On peut noter d'ailleurs que des populations très éloignées mais vivant sous la même latitude présentent souvent des caractères identiques. Les hommes ont donc tous la même origine et ont simplement subi, avec le temps, diverses adaptations.

Il faut s'interroger sur la personnalité du raciste, sur ce qui peut le conduire, outre le fait de ne pas aimer des « étrangers » ou des gens de race différente, à pratiquer l'exclusion, la brimade, voire l'agression physique ou le meurtre. Ce sont en général des personnalités fragiles, qui ne sont pas en accord avec elles-mêmes, qui ont un mal de vivre terrible et qui ont la fâcheuse tendance de trouver, pour tous leurs problèmes, un « bouc émissaire ». Au lieu de se dire : « Je ne suis pas bien, je ne vais pas bien, je dois trouver la solution », ils se disent souvent : « Je ne suis pas bien, je ne vais pas bien, c'est parce qu'il y a des gens différents ». Ce sont toujours les autres qui sont la cause de leurs malheurs. Ces personnes ont souvent une certaine immaturité et un grand manque affectif. On a le sentiment qu'ils n'ont que la violence et la haine au fond de leur cœur et qu'ils ne trouvent une échappatoire qu'en accusant ces différences.

S'il y a une solution, ce n'est jamais du côté des autres qu'il faut la chercher. Nous vivons tous des contraintes, des moments difficiles, que ce soit dans une histoire personnelle, avec des conflits internes graves, mal vécus, névrosants, ou que ce soit dans un système social qui peut parfois créer des conditions particulièrement difficiles. Dans toutes ces situations, il n'y a des solutions qu'en soi, à condition qu'on se prenne en charge et qu'on fasse toutes les démarches nécessaires. Il est certain que, vivant des conflits internes graves, on peut être amené par lâcheté à ce genre de solutions. Ces solutions sont pourtant un peu rapides, faciles et elles ne sont jamais satisfaisantes car nous ne pouvons jamais régler ainsi nos problèmes.

Lutter contre le racisme, c'est d'abord faire appliquer la loi de manière stricte et sévère, de manière à replacer les personnes qui se laissent aller au racisme dans la réalité qui est la leur, dans leur mal de vivre, dans leurs troubles affectifs. C'est la seule manière de les amener à reconsidérer leurs problèmes et à se prendre en charge. C'est grâce à cette sévérité qu'il deviendra possible de leur donner les moyens d'assumer leur mal de vivre.

Il faut également prendre garde de ne pas favoriser en nous-mêmes ce racisme. Un monstre sommeille peut-être en chacun d'entre nous. Éviter tout propos raciste ou d'exclusion, lutter au jour le jour contre cela en exprimant clairement son opinion chaque fois qu'on en a l'occasion, devrait être notre objectif à tous.

Cela exige un long travail individuel, mais aussi collectif. Laisser le racisme s'exprimer librement, c'est prendre le risque de la contagion. Cette contagion touchera les gens les plus démunis et les plus faibles, les plus enclins à emboîter le pas des petits chefs, qui ne cherchent qu'à augmenter leur audience et leur pouvoir personnel.

Le racisme a quelque chose de diabolique. Il se manifeste souvent, politiquement, dans des systèmes totalitaires, qui pratiquent l'exclusion et prônent la haine et la guerre. Il ne faudrait pas s'endormir, car il est vrai que certains partis politiques sont aujourd'hui prudents. En ce moment, ils montrent patte blanche et n'expriment pas ouvertement leur pensée. En revanche, individuellement ou en faisant du porte-à-porte, ils véhiculent leurs idées racistes. Ils emploient toujours les points de suspension dans leurs phrases : « Je ne suis pas raciste, mais... » Il faut savoir décrypter leurs points de suspensions.

Le racisme, c'est comme une gangrène qui détruirait lentement tout ce qu'il y a de merveilleux dans les valeurs humaines, comme le respect, la tolérance et l'amour.

La violence

On a souvent rencontré dans ce livre la violence entre l'adulte et l'enfant. On peut aussi faire l'expérience de la violence dans un groupe d'amis. Il est logique de se retrouver entre copains lorsqu'on arrive à l'adolescence. On a besoin d'une certaine autonomie, on se crée un groupe de gens du même âge, avec qui on partage des idées et des préoccupations, et c'est essentiel. C'est une façon de commencer à s'inscrire dans la vie, de quitter sa famille et de trouver de nouvelles références.

Le danger est que parfois on se retrouve dans des bandes qui expriment une certaine violence. Le problème, alors est qu'au sein de ces bandes la violence est contagieuse. Cela se produit le plus souvent sous l'action d'un chef de bande manipulateur, avec toute la griserie que peut représenter le fait de se retrouver en groupe. On se sent très fort, on a l'impression que rien ne peut nous atteindre, et transgresser la loi ressemble à un acte d'héroïsme dont on est très fier. Cela conduit tout droit à la délinquance, à une situation hors la loi, particulièrement dangereuse. En outre, cela ne mène à rien sinon à nuire aux autres. Et ça ne constitue pas une expérience positive dans la vie. Ce n'est pas comme cela qu'on arrive à un épanouissement.

Le problème est que, se retrouvant dans ces bandes, il faut avoir le courage de résister quand il serait plus facile de rentrer dans le rang. C'est plus lâche, cela demande moins d'efforts. Résister, c'est affirmer sa personnalité, c'est affirmer son existence, et très souvent le fait de résister est accepté. Si on n'est pas d'accord, on quitte la bande, mais lorsqu'on est accepté, on finit par être respecté.

La différence au sein d'un groupe d'amis est normale et souhaitable. Elle est source de richesse. Si on n'arrive pas à la faire respecter, ou si on n'en trouve pas le courage, mieux vaut quitter cette bande de faux amis pour essayer d'en trouver d'autres.

Il arrive également que ces petits chefs de bande, qui ne respectent rien, usent de leur force physique, et terrorisent ceux qui ont peur, en général les plus faibles. Avoir peur, c'est une réaction bien compréhensible lorsqu'on se retrouve devant plusieurs garçons parfois plus forts que soi.

C'est comme cela que se constituent des bandes qui rançonnent et rackettent les autres. Dans ce cas, il n'est pas possible d'imposer son avis, ni de fuir, puisque par définition ces bandes ne demandent pas votre avis. La seule solution est d'aller en parler le plus rapidement possible, quelles que soient les menaces proférées. Il faut en parler à un adulte responsable, éducateur, assistante sociale, parents, en se souvenant encore une fois que le commissariat de police est là pour ça, et sera à l'écoute de cette demande. Les policiers connaissent bien ce genre de plaintes et ont à les gérer quotidiennement. Si toutefois vous n'êtes pas écouté, cela arrive parfois, il faut avoir le courage d'aller ailleurs et de continuer jusqu'à ce que vous soyez entendu. Cela arrive tot ou tard.

Les lois et la prison

Salut Doc et Difool,

Je me permets de vous écrire pour vous exposer mes problèmes que je trouve assez nombreux pour mon âge. J'ai eu ving-cinq ans au mois de mars. J'ai commencé à sombrer dans la délinquance à l'âge de quinze ans, à la suite du décès de ma mère, et depuis ce temps-là, tout a basculé pour moi. Mon père s'est remarié, et ce deuxième mariage, je l'ai mal accepté. Je ne m'entendais pas du tout avec ma belle-mère qui me reprochait tout ce que je faisais, et qui me cassait toujours devant mon père en disant que je n'étais bon à rien. Vu qu'elle ne me respirait pas, et que moi non plus je ne pouvais pas la supporter, elle me mit donc à la porte à l'âge de dix-sept ans et demi. Il a bien fallu que je me débrouille par mes propres moyens. J'ai donc commencé à voler, cambriolages, vols à l'arraché et, quand je me suis perfectionné, j'ai commencé à faire des escroqueries. Je connais donc bien la prison, je suis tombé trois fois, en tout j'y ai passé plus de quatre ans.

J'aimerais bien travailler, mais je l'avoue je préfère la facilité. Je suis un grand coureur de jupons. J'ai une petite fille de cinq mois que j'ai faite en prison au parloir. Bien sûr, c'est interdit, mais bon, certains matons ferment les yeux là-dessus.

J'attaque maintenant deux ans d'incarcération. Je dois passer aux assises, comme ça je serai fixé sur la peine que je devrai faire et pourrai envisager mon avenir avec ma petite famille.

Heureusement que mon amie ne me laisse pas tomber, car je crois que j'aurais craqué depuis longtemps. [...]

Sébastien, 25 ans.

La loi est un caractère essentiel des hommes. Elle est l'expression de la principale caractéristique de notre espèce et peut-être ce qui en fait la supériorité. La parole, c'est une façon d'échanger ; c'est ce qui règle les rapports entre les êtres, et c'est aussi l'expression de l'intelligence. Elle peut être transcrite, écrite, ce qui est essentiel en nous est propre. L'espèce humaine est l'espèce qui laisse des traces de cette parole.

La loi est l'expression de cette parole et de cette écriture. Elle règle les rapports entre les individus, en les fondant sur les notions de respect et de liberté. Elle est très structurée et cherche à juger ces rapports de manière objective ; elle est parfois imparfaite, mais c'est un autre problème. Elle permet à chacun de se repérer dans le système social, de se défendre et de faire valoir ses droits. C'est elle qui différencie les hommes des animaux, en fondant leurs rapports sur autre chose que des rapports de force et de survie.

La loi est un point de repère. Elle dicte des interdits dans les rapports aux autres. Elle vise à maintenir la cohésion d'un système social. Elle s'adresse à tout le monde, du plus fort au plus faible, de manière à préserver la liberté de chacun.

Elle est écrite et doit servir de référence au système judiciaire qui est là pour l'appliquer et pour qu'elle soit transgressée le moins possible. Dans un monde parfois un peu incohérent, elle peut être appliquée de manière injuste, ou perçue comme telle. Il est vrai qu'elle peut aussi être détournée ou contournée, ce qui est facilité par le nombre et par la complexité de ses articles. Son contenu n'est pas accessible à tout le monde.

Lorsqu'on est jeune, le fait de se rendre compte que cette

loi n'est pas toujours appliquée, que des adultes passent leur temps à la transgresser, peut donner un sentiment de dégoût et de rejet. C'est un danger dont il faut se détourner. Il est vrai que l'homme, et le monde des adultes ne sont pas parfaits. Ils sont perfectibles, mais cela veut dire que les choses peuvent être améliorées. Constater ces transgressions ne doit pas conduire à faire de même. Au contraire, l'idéal et la générosité qui caractérisent les jeunes adultes devraient les inciter à se dire qu'il sera toujours possible de respecter cette loi, mais aussi de l'améliorer, et de l'adapter aux exigences d'une société qui évolue. Il sera toujours possible de mieux faire.

La loi, et le système judiciaire en général, garantissent une certaine honnêteté. Les juges, pour la plupart, agissent en leur âme et conscience et en fonction des textes de lois. En outre, notre système judiciaire donne toujours la possibilité d'être aidé par un avocat, qui connaît la loi et agit au mieux des intérêts de chacun.

La notion de loi est importante car il arrive très souvent que, se mettant dans une situation de révolte, on soit tenté de la transgresser et de se mettre en situation de hors-la-loi, de délinquance. Il faudrait y réfléchir dès le départ, car transgresser cette loi, c'est s'exposer à des sanctions parfois sévères, qui peuvent aller jusqu'à la prison. La transgression nous met dans l'obligation de payer une dette à la société. La plupart des prisonniers le savent parfaitement.

Se retrouver en prison n'est pas une partie de plaisir. C'est être au ban de la société, et amputer son avenir à un âge où l'on est en pleine évolution, où l'on a besoin de se réaliser. Je rappelle également qu'on peut être mis en prison dès l'âge de seize ans. Néanmoins, les peines des mineurs sont allégées.

Transgresser la loi peut être une forme de révolte, mais cela ne règle jamais les problèmes et cela ne permet jamais de nous mettre en accord avec nous-mêmes.

Bien sûr, tout n'a pas la même gravité. Il y a une grande

différence entre stationner dans un endroit interdit (ce qui est une forme de transgression) et assassiner quelqu'un.

Transgresser, lorsqu'on n'a pas trouvé une place dans la société, lorsqu'on a le sentiment de ne pas pouvoir s'y insérer et qu'on a ressenti une violente révolte, peut donner un instant l'illusion qu'on est dans la vérité. Mais c'est une solution un peu trop rapide et un peu trop facile. C'est une esquive quand on devrait rechercher la solution au fond de soi. C'est faire porter aux autres et au système la responsabilité de ses propres difficultés.

Parfois, en transgressant, on a un sentiment d'impunité, un sentiment de puissance, mais c'est une illusion. La condamnation et la prison sont souvent là pour vous signifier ces limites et vous replacer devant ce problème, dans des conditions bien plus défavorables.

Le problème pour les gens qui transgressent la loi, qui ont pourtant eux-mêmes des valeurs humaines réelles, qui sont capables de sentiments, est que la prison est souvent considérée par la société comme une fin en soi. Comme si elle réglait le problème ! Alors que tout être mérite une attention qui devrait aller jusqu'à lui donner les moyens de se réaliser, de régler ses conflits. La prison représente souvent une humiliation, une brimade. Les rapports entre les prisonniers sont soumis à des règles internes, où l'humiliation et la domination prévalent par rapport à toutes autres valeurs humaines. Comme si la privation de liberté qui est la peine sévère prévue par la loi ne suffisait pas. Comme s'il fallait humilier les gens par des conditions de vie inacceptables, auxquelles s'ajoutent parfois les sévices infligés par d'autres prisonniers. Il est juste d'exiger des conditions de vie décentes pour les prisonniers. L'application de la loi n'exige jamais l'humiliation, qui est contraire aux valeurs humaines essentielles.

Le seul fait d'être un être humain mérite le respect. Je pense que le problème de la délinquance aurait tout à gagner si on respectait ces valeurs humaines, si on cessait de considérer ces délinquants comme des êtres néfastes, à écarter de la société le plus longtemps possible, si on avait le courage de leur donner la possibilité de retrouver toutes ces valeurs. Elle diminuerait alors certainement.

On me dit souvent qu'il y a une loi pour les riches et une loi pour les pauvres. En fait, il n'y a qu'une seule loi, mais il est vrai que tout dépend de son application. Chacun, quel que soit son statut social, doit savoir qu'il peut toujours la faire valoir. Il y a des exemples de gens, hauts placés dans la société ou même dans l'État, qui ont eu maille à partir avec la Justice parce qu'ils avaient transgressé la loi. Je pense qu'il vaut mieux voir ces exemples positifs que les exemples négatifs. Même s'il reste vrai que les puissants ont parfois un pouvoir sur la Justice, nul ne peut échapper à la loi quand les preuves existent.

Je rappelle en outre que la France a ratifié en 1990 la Convention internationale des droits de l'enfant, qui engage les pays signataires à respecter les droits essentiels des enfants. Vous trouverez un condensé de ce texte en annexe.

Avec les autres

Je ne veux pas juger
car je veux être utile
et quand un jour, viendra mon tour
de pleurer
des bruits sourds
sous une pluie de missiles,
j'aurai l'espoir, toujours,
d'habiter la mémoire des gens.
Et quand un jour viendra mon tour
de rire, de sourire,
par plaisir des choses de la vie
j'aurai l'espoir, toujours,
d'habiter votre mémoire.

Farida, 22 ans.

Le rapport à l'autre, à cette période de la vie où l'on passe de l'enfance à l'âge adulte, n'est jamais une chose simple. Il suppose en effet que l'on sache qui l'on est, que l'on soit bien dans sa peau, que l'on ose aller à la rencontre de l'autre et qu'on le découvre dans toute sa liberté. Les rapports familiaux, les relations avec l'entourage social et professionnel, à l'école ou dans le monde du travail, avec les amis, sont autant de situations parfois difficiles, d'autant qu'on est en pleine mutation.

L'une des règles principales, dans tous les cas, me semble l'honnêteté. Avec soi-même et avec les autres...

Il est vrai que dans le monde professionnel ou scolaire, dans la vie en général, on peut tricher. Il nous arrive à tous de masquer un peu la réalité, de nous retrancher derrière des attitudes de séduction. Il est vrai qu'on peut atteindre son but aux dépens de ceux qu'on rencontre. Pourtant, il vaut mieux être en accord avec soi-même sans ignorer que l'on peut parfois se tromper et en écoutant l'autre, d'où une nécessaire et honnête confrontation. C'est dans les rapports humains fondés sur la sincérité et l'honnêteté que l'on peut acquérir une réelle liberté.

Lorsqu'on est amené à rencontrer quelqu'un, à titre personnel comme à titre professionnel, il est essentiel d'éviter de le juger. On peut trouver qu'il se trompe. On donne ses arguments, on s'explique, on écoute, et c'est tout. Cela peut sembler évident. C'est pourtant fondamental.

La richesse d'une relation se nourrit d'abord de différences. Quelle tristesse si on ne devait rencontrer que des gens qui pensent toujours la même chose que nous. Les différences font réfléchir et progresser. Rester soi-même... mais sans juger l'autre. C'est cela la sincérité. C'est dire ce que l'on pense mais rester exigeant avec soi-même, se retenir d'étaler ses préjugés. La sincérité, en effet, suppose dans un premier temps que l'on sache adopter une certaine distance face aux gens que l'on rencontre. Ce n'est pas du mépris, mais au contraire de l'observation. Il faut savoir observer, et savoir lire entre les lignes.

Il est certain aussi que l'on parlera avec des gens avec qui on n'a pas d'« atomes crochus ». Dans ce type de discussion, pourquoi entrer dans les détails ? Il suffit, par respect, d'accepter que cette personne ne soit pas « notre genre », et que les raisons pour lesquelles on la rencontre sont largement suffisantes. Il est toujours possible de trouver une sorte de terrain d'entente dans ces situations. Les réactions de mépris ou d'agressivité, que l'on est parfois tenté d'adopter, ne sont, pour qui sait les lire, que des signes de faiblesse ; elles traduisent un mal-être, un mal de vivre.

Il arrive aussi que l'on ait affaire à des gens malhonnêtes. Si le sujet n'en vaut pas la peine, autant s'arrêter là. S'il s'agit d'une situation grave, ou simplement importante, on peut recourir à la Justice. Personne ne peut faire sa loi, quand bien même il aurait raison. Dans certaines situations, également, il faut *vraiment* avoir le courage de ne pas se laisser entraîner à des actes qui nous pèseraient, en nous mettant en défaut par rapport à la loi ou en contradiction vis-à-vis de nous-mêmes.

Autre danger, le « chantage affectif », le numéro de charme. Ce genre de manœuvre est toujours une tentative de manipulation, à laquelle, lorsqu'on est jeune, on peut facilement se laisser prendre. C'est le cas par exemple dans la vie active. Les questions matérielles (ventes, contrats) sont souvent des occasions de se faire « arnaquer ». Il faut savoir être ferme, rester calme et respectueux. Réagir à la manipulation peut mettre mal à l'aise, mais l'interlocuteur saura qu'il ne peut pas vous faire entrer dans son jeu. C'est la condition pour l'entraîner dans des rapports d'honnêteté et de sincérité.

Il en est de même dans les rapports d'amitié. On s'investit, on partage, on se confie, on sollicite l'avis de l'autre. Sans sincérité et sans honnêteté, pas d'amitié véritable. Mais, comme en amour, il y a un danger. On peut aussi s'apercevoir un jour que cette amitié a été trahie. Il faut une certaine générosité pour prendre ce risque, mais c'est la condition de la rencontre. Quand l'amitié est déçue, on est blessé et la confiance disparaît. Il faut alors savoir reconnaître que l'on s'est trompé, et c'est tout.

Il existe une grande différence entre avoir des rapports amicaux et partager toujours le même avis. L'amitié, bien sûr, commence souvent par des goûts communs, une attirance mutuelle. Mais on reste toujours profondément différents. C'est précisément pourquoi l'amitié est essentielle :

elle rapproche deux êtres qui ont une expérience, une personnalité, des idées et des sentiments différents. L'échange devient possible. Et l'on sait que l'on peut compter sur quelqu'un, lui demander son avis, et qu'il aura *son* opinion, qu'il ne dira pas juste ce qu'on veut entendre. C'est cela qui nous rendra plus fort dans la vie, et moins seul.

Vivre en société est parfois difficile. Certains choisissent de s'isoler, par exemple pour des raisons religieuses ou spirituelles. C'est leur démarche, et elle peut les aider. Mais, dès notre plus jeune âge, les relations avec les autres nous sont essentielles : ce sont elles qui nous structurent, qui nous permettent de nous développer pleinement et d'accroître notre expérience. L'absence d'harmonie dans les relations avec les autres est signe de mal de vivre ou révèle une blessure profonde. Dans ce cas, même si ce n'est pas facile, il faut se prendre en charge et avoir le courage d'en parler. Heureusement, la plupart des gens, au fil de leurs expériences, réussissent à se forger une personnalité assez forte pour entretenir des rapports satisfaisants avec les autres. Avoir de bonnes relations avec ses copains, avec son entourage, témoigne du fait que l'on est bien dans sa peau. C'est une façon de s'ouvrir vers l'extérieur, d'ouvrir son cœur et son esprit, de progresser dans la vie, de sortir de l'état de fusion affective dans lequel on s'est trouvé depuis le ventre maternel. Il faut aussi savoir résister à la fâcheuse tendance à revenir vers la mère...

De même, on voit souvent des amitiés ou des amours qui revêtent un caractère exclusif et fusionnel, dans lesquelles règnent la possession et la jalousie. C'est un danger. On se renferme sur soi-même, on n'ose plus penser, on n'ose plus donner son avis. On perd toute personnalité. Cette relation, qui peut dans un premier temps être satisfaisante parce qu'elle rassure, devient vite tumultueuse et douloureuse.

Dans l'amitié, comme dans tous les rapports humains, la liberté est essentielle. Il faut savoir faire ce que l'on a envie de faire et pouvoir s'exprimer. L'important, dans cette liberté qui respecte l'autre, ce sont les moments que l'on partage lorsque l'on se rencontre. L'échange de vues permet de progresser. Mais avoir des amis, ce n'est pas toujours être ensemble. On vit sa vie, et lorsqu'on se rencontre, on partage des moments privilégiés ou parfois on appelle au secours. Si la sincérité et l'honnêteté priment, il n'est pas nécessaire non plus de tout se raconter. On peut partager des secrets, mais est-il nécessaire de tout partager ? On peut aussi garder des secrets, souvent d'ailleurs parce qu'ils portent sur des choses difficiles à exprimer. À l'inverse, il est essentiel de savoir respecter le silence de l'autre. Mais il faut aussi savoir écouter. Dans certains moments douloureux, laisser l'autre dire ce qu'il a envie de dire, être à l'écoute et surtout éviter de juger comptent particulièrement. On a toujours le désir d'atténuer la douleur, de prononcer des paroles rassurantes. Mais souvent, et en cela il faut être modeste, c'est le fait d'être là, simplement, qui est décisif. On a l'impression de ne servir à rien ou même de gêner, mais l'ami a besoin de cette présence. Cela, il saura le dire après.

En dehors des situations d'amitié, il arrive des événements particulièrement pénibles et douloureux, dans lesquels on ne peut pas toujours se retrouver : la perte d'un proche ou une situation conflictuelle violente. On est parfois tenté par des actes désespérés, et on met sa vie en danger. Il faut savoir dans ce cas aller recueillir l'avis de quelqu'un d'autre. Il est important d'avoir autour de soi des gens en qui on a confiance. Ce ne sont pas toujours des amis, ce sont parfois des gens plus âgés, à qui on peut exposer ses souffrances ou ses problèmes, d'autant plus facilement qu'ils n'ont pas l'implication affective que l'on rencontre parfois au sein d'une famille. Ils peuvent parfois paraître distants ou sévères. Ce n'est pas important. L'essentiel, c'est qu'ils respectent votre liberté et qu'ils sachent apporter un conseil.

Il faut savoir appeler les autres au secours. On s'en rend compte devant les situations d'agression, par exemple. La première réaction est souvent le repli. On garde tout pour soi. On verra demain. Et on le vit parfois avec une certaine culpabilité. En parler, c'est bien sûr pouvoir bénéficier d'un conseil, mais c'est surtout d'abord le dire. Alors, il n'est rien de pire que le silence.

Conclusion

L'enfant s'efface, l'adulte naît... Plus qu'une mort, l'adolescence est une transformation. Un horizon nouveau se profile lentement, parfois comme un matin rempli de brume qui finit par s'éclaircir. C'est une découverte. Mais déjà viennent les responsabilités, qui placent sur un pied d'égalité avec les adultes : seul maître à bord de son bateau, on doit trouver sa place en fonction de son désir.

Détester, haïr, détruire, se décourager, fuir : se laisser aller à ce genre de comportements risque de conduire à une impasse. Rester positif et vivre la vie comme une aventure, la vivre pleinement et ne plus la subir : voilà ce qui compte. S'enfermer dans sa tour d'ivoire, le plus souvent par crainte, ne peut être une solution : on se retrouve plus marginal encore, incapable de trouver sa place dans la société. Les échecs, les malheurs, les souffrances, si vivement ressentis à cet âge, sont au contraire autant d'occasions et d'expériences permettant d'apprendre à être soi-même et à mieux vivre en s'ouvrant aux autres.

En cette période de grand chambardement où les points de repère fondés sur les valeurs humaines essentielles font parfois défaut, j'ai conçu ce livre comme une carte routière pour vous aider à trouver ou à retrouver votre désir. La route est parfois longue ou ardue, mais elle en vaut la peine.

En chemin, l'honnêteté, la sincérité, la fidélité et les sentiments tels que l'amour vous seront des valeurs essentielles. Grâce à elles, on n'agit pas en fonction de ce que pensent les autres ou sa famille, mais de manière autonome et responsable. Il est vrai qu'on évolue dans un monde souvent incohérent, où l'on voit des gens se contredire, transgresser des lois, agir par lâcheté... On pourrait se dire que c'est pour cela qu'on ne peut s'épanouir : à cause des autres ou de la société. Mais vivre dans un monde imparfait et apprendre à mieux supporter les chocs n'implique pas qu'il faille se laisser aller à la passivité, à l'amertume, à l'indifférence. Vivre dans un monde d'incohérence rend encore plus nécessaire le fait de se prendre en charge soi-même. Et de s'indigner. Et de garder toujours en soi cette générosité, cette sensibilité qui est si vive à l'adolescence.

Votre temps arrivera. Vous aussi vous serez adultes. C'est alors qu'il vous faudra vous rappeler ce qui vous révoltait et qu'il vous faudra essayer de corriger le monde, votre monde. C'est cela aussi l'honnêteté.

Annexes pratiques

Vous êtes nombreux à me poser des questions très concrètes. Souvent, elles sont un prétexte pour ne pas agir (pas de dépistage, sous prétexte qu'on ne sait pas où se trouvent les centres de dépistage, mais en fait parce que l'on a peur). Dans tous les cas, on peut recourir au minitel. Si on a peur d'être surpris par ses parents en train de rechercher telle ou telle adresse, on peut aller chez des amis ou dans un bureau de poste. Il faut aussi savoir l'utiliser intelligemment. En fait, vous découvrirez vite que les informations existent et qu'il y a beaucoup de professionnels pour vous aider. Le plus difficile est souvent de les trouver. Ces pages voudraient donner quelques entrées.

Il faut bien avoir conscience également que ces professionnels sont tenus au secret professionnel ; c'est en particulier le cas des médecins et des assistantes sociales.

Pour tout un ensemble de questions qui ne figureraient pas dans ces pages, vous pouvez également contacter le *Centre d'Information et de Documentation Jeunesse* (CIDJ, 101, quai Branly, 75740 Paris cedex 15, (1) 44 49 12 24) qui fournit des fiches de renseignements très complètes et très intéressantes sur des sujets variés, et qui publie également *Informé*, une lettre bimestrielle gratuite, destinée aux professionnels de l'orientation et de la jeunesse.

Sida

PRÉVENTION DÉPISTAGE

La prévention est actuellement le seul moyen de circonscrire l'épidémie.

Il existe deux grands modes de contamination : contamination sexuelle et contamination sanguine (par transfusion de sang ou de dérivés sanguins, ou par piqûres septiques, échanges de seringues des toxicomanes). En ce qui concerne la contamination sexuelle, seul le préservatif a fait ses preuves. Son utilisation systématique chaque fois que l'on se retrouve dans une situation à risques doit se généraliser. En ce qui concerne les transfusions sanguines, le test est pratiqué, systématiquement, lors de chaque don. La prévention en cas de toxicomanie est simple mais elle est peu suivie : seringues à usage unique, ou, à défaut, stérilisation par eau de Javel après chaque usage.

En cas d'inquiétude, lorsque l'on pense être contaminé, on peut aller voir un médecin. Celui-ci pourra alors prescrire un test de dépistage des anticorps VIH qui pourra être effectué dans n'importe quel laboratoire d'analyse médicale. Ce test est remboursé à 100 % depuis fin avril 1992.

Par ailleurs, toute personne même non assurée sociale peut bénéficier de deux consultations médicales et d'un test gratuit en s'adressant à l'un des 252 centres de *dépistage anonyme et gratuit,* à l'un des 200 *dispensaires antivénériens,* à l'une des 400 consultations de *protections maternelles et infantiles,* à l'un des 1 000 centres de *planification et d'éducation familiale.* Ces quatre types de structures que nous venons de citer sont répartis sur tout le territoire français. Il est possible d'obtenir l'adresse exacte en téléphonant à Sida-Info-Service, association créée en 1990 et subventionnée par le ministère de la Santé au (1) 05 36 66 36 (numéro vert national gratuit) ou à Paris à l'AFLS (1) 46 62 44 10. Il est relativement facile de trouver ces centres : par minitel en tapant le 11, ou en composant le 12 au téléphone.

Le test de dépistage n'est pas obligatoire mais doit être pratiqué au minimum après une pratique à risque. On ne peut pratiquer un test à votre insu ; vous remettre le résultat est une obligation.

Pour dialoguer à propos de la maladie, rechercher un soutien psychologique, obtenir des renseignements précis (médicaux, juridiques) ou être orienté vers une association qui pourra vous aider (par exemple, en cas de risque d'expulsion pour cause de non-paiement de loyer, association ARCAT), vous pouvez appeler Sida-Info-Service au 05 36 66 36. Ce service fonctionne 24 heures sur 24.

Pour obtenir une information plus détaillée, et par exemple un catalogue complet des réseaux associatifs, on peut contacter les centres régionaux d'information et de prévention du SIDA (CRIPS) et les pôles régionaux d'information et de prévention du SIDA (PRIPS). Ces associations, financées par les régions, n'existent pas encore partout ; il y en a actuellement cinq. Leur objectif principal est l'information à destination des professionnels de la prévention (formation de médecins, etc.), la centralisation de l'information (catalogue des associations où l'on trouve en particulier les associations qui s'adressent spécifiquement aux jeunes) et la formation scolaire. On les contactera plutôt pour inviter les formateurs dans son lycée ou collège, pour préparer soi-même une information dans son lycée, ou pour trouver une association où l'on peut s'engager.

CRIPS-Paris : 192, rue Lecourbe, 75015 Paris,
tél. : (1) 53 68 88 88, Fax : (1) 53 68 88 89.

CRIPS-Sud, antenne de Marseille : Hôtel Dieu, place Daniel, 13224 Marseille cedex 2, tél. : 91 96 49 15, Fax : 91 96 49 17.

CRIPS-Sud, antenne de Nice : Hôpital de l'Archet, niveau 1, BP 79, 06212 Nice cedex 3, tél. : 92 03 56 21, Fax : 92 03 56 27.

PRIPS-Lille : MRPS, 4-6, rue Jeanne Maillotte, 59110 La Madeleine, tél. : 20 51 52 22, Fax : 20 51 59 17.

PRIPS-Pays de la Loire : ORS Pays de la Loire, Hôtel de la région, 1, rue de la Loire, 44066 Nantes cedex 02, tél. : 40 41 41 28, Fax : 40 41 36 95.

Pour une aide de terrain, plus concrète, on peut contacter l'association AIDES. Créée en 1984, elle est la première de ce type. AIDES propose un soutien et un accompagnement (accompagnement hospitalier, visites à domicile, etc.) ; des loisirs (en hôpital, ou sorties de week-end), elle effectue un travail de prévention (en particulier dans les milieux de la prostitution masculine ou féminine), elle propose des formations dans les lycées et collèges, ou à destination des professionnels, et de l'action sociale.

– Aides Alsace : BP 252/R7, 67007 Strasbourg cedex, tél. : 88 22 59 16.

– Aides Aquitaine : 16, rue Manbec, 33000 Bordeaux, tél. : 56 91 77 61.

– Aides Bretagne : BP 3211, 35037 Rennes cedex, tél. : 99 33 95 93.

– Aides Marseille-Provence : BP 3, 13351 Marseille cedex, tél. : 91 25 61 29.

– Aides Martinique : BP 1075, 97209 Fort-de-France cedex, tél. : 596 63 12 36.

– Aides Paris : BP 759, 75123 Paris cedex 03, tél. : (1) 42 72 19 99 (et 1, rue du Jura, 75013 Paris, centre de dépistage anonyme et gratuit, ouvert le samedi de 10 à 12 heures).

– Aides Nord-Pas-de-Calais : BP 106, 59001 Lille cedex, tél. : 20 30 74 04.

Outre AIDS, il existe l'association « Vaincre le SIDA » (soins à domicile et aides ménagères), 46, rue du Saintonge, 75003 Paris, tél. : (1) 42 77 82 82.

Il existe également l'Aide médicale Paris, 82, rue Beaubourg, 75003 Paris, tél. : (1) 42 71 25 13.

Pour tous les autres départements, on peut contacter l'Aide médicale des Conseils régionaux.

Je signale enfin :

– APARTS, appartements thérapeutiques, BP 511, 75066 Paris, cedex 02, tél. : (1) 42 45 24 24.

– Association de défense des transfusés, 11, rue Bailly 75003 Paris, tél. : (1) 40 27 84 44.

– Association française des hémophiles, 6, rue Alexandre-Cabanel, 75015 Paris, tél. : (1) 43 06 70 00.

– Centre d'accueil familles des malades hospitalisés à Paris : résidence Moizard, 92160 Antony, tél. : (1) 46 66 99 97.

– COMEDE, Comité médical des exilés (pour l'aide aux étrangers) Hôpital du Kremlin-Bicêtre, 94270 Le Kremlin-Bicêtre, tél. : 45 21 38 40. Consultations gratuites et délivrance de médicaments aux exilés sans protection sociale.

En Belgique, on peut contacter Allô-SIDA, 51, rue du Trône, 1050 Bruxelles, tél. : 02 512 21 21.

Planning familial

Le planning familial est un service médico-social où l'on peut rencontrer un médecin et un conseil gratuit.

Le planning familial propose : des consultations sur tous les problèmes liés à la famille, la sexualité, la contraception, l'IVG, les relations de couples, et les consultations génétiques ; des prescriptions et des interventions : contraceptifs, pose de stérilet, interruption volontaire de grossesse. Ces consultations sont gratuites et anonymes, y compris pour les mineurs (et sans autorisation parentale). La pilule y est délivrée gratuitement.

Le « planning familial » – ou, plus précisément, le « mouvement français pour le planning familial » – est l'une des associations qui offrent ce type d'aide. Il en existe d'autres, répertoriées sous le terme de « Centres de planification familiale », qui sont souvent rattachés à des hôpitaux ou cliniques (service de gynécologie ou service de maternité).

Aide aux femmes enceintes et aux jeunes mamans

SOS-Future mère : 8, rue du Cloître Saint-Merri, 75004 Paris, tél. : (1) 42 78 93 89.

SOS-Urgences mamans : tél. : (1) 45 22 38 72, (1) 45 03 00 02, (1) 43 46 52 52, (1) 43 06 08 28.

Allô bébé conseil : tél. : 43 48 28 28

Association des mères célibataires, 135, bd de Sébastopol, 75003 Paris.

Fédération nationale des familles monoparentales, 53, rue Riquet, 75019 Paris, tél. : (1) 40 35 33 99.

À savoir

La mineure enceinte célibataire qui décide de garder un enfant doit faire une déclaration avant le troisième mois de grossesse, ce qui lui permet de percevoir les prestations familiales.

La maternité n'émancipe pas une mineure.

L'autorisation parentale n'est pas nécessaire pour accoucher ni pour confier l'enfant à l'adoption.

Depuis 1975 on ne peut exclure une élève d'un établissement scolaire sous prétexte qu'elle est enceinte.

L'enfant porte le nom de la mère si elle est la première à le reconnaître.

Il existe des foyers pour jeunes mères célibataires.

SOS-viols

Le viol est un crime, jugé en cour d'assises, qui blesse très profondément ceux qui le subissent. Il est très important que les victimes de violences sexuelles parlent de ce qui leur est arrivé à des personnes disponibles et compétentes.

Ces lieux d'écoute ne se substituent pas aux éventuelles démarches juridiques. Beaucoup trop de victimes hésitent à porter plainte au commissariat ou à la gendarmerie. « Il ne faut pas accepter l'inacceptable. » Sachez qu'en cas d'agression il vous est possible d'avertir la police en composant le 17 où que vous soyez ; à partir des cabines publiques l'appel est gratuit.

L'association « Viol femmes informations » a mis en place un numéro vert, national et gratuit : le (1) 05 05 95 95. Permanence ouverte du lundi au vendredi de 10 heures à 18 heures. On peut joindre cette association en lui écrivant : 4, square Irénée, 75011 Paris.

On peut également s'adresser à une assistante sociale ou à un centre de planning familial.

SOS-femmes battues

Association Aide aux femmes battues, 14, rue Mendelssohn, 75020 Paris, tél. : (1) 43 48 20 40.

Fédération mouvement solidarité femmes battues – SOS femmes battues, 100, place des Géants, 38100 Grenoble, tél. : 76 09 46 92.

Violences en privé, tél. : (1) 40 24 05 05.

Cette dernière association qui offre l'originalité de proposer un travail avec les hommes qui pratiquent ces violences, et qui ont souvent besoin d'aide pour sortir de cette impasse. Même si elle s'adresse aux hommes, 60 % des appels qu'elle reçoit proviennent des femmes.

Assistance sociale

L'assistante sociale est un travailleur social qui a pour mission l'aide, le conseil, l'orientation des personnes qui en ont besoin. Bien que l'on parle généralement d'assistante sociale, cette profession est également ouverte aux hommes (on parle alors d'assistant de service social). L'assistante sociale peut fournir une relation d'aide et de soutien psychologique, et même d'aide dans les démarches administratives (travail, sécurité sociale, aide sociale, logement social, etc.).

Vous pouvez rencontrer une assistante sociale qu'on appelle « polyvalente » dans les centres médico-sociaux (vous pouvez facilement en avoir l'adresse en téléphonant au Conseil général ou à la mairie). Bien sûr, tout le monde a le droit d'aller la voir seul.

Dans les lycées et collèges, on peut rencontrer une assistante sociale scolaire. Elle tient généralement une permanence, et l'on peut en connaître les lieux et les heures en s'adressant au directeur de l'établissement ou en téléphonant au service de la santé scolaire de l'inspection académique.

Juge pour enfants

Le juge pour enfants est un magistrat spécialisé dans les problèmes de l'enfance. Il intervient : à titre pénal, pour juger les délits commis par les mineurs, et à titre civil dans le cadre des missions de protection de l'enfance. C'est ce qu'on appelle l'assistance éducative. Dans ce cas, il peut être saisi par tout mineur, quel que soit son âge, dès lors que celui-ci estime que sa santé, sa sécurité, ou les conditions de son éducation sont compromises. C'est un droit que vous devez connaître : vous pouvez le rencontrer sans l'aide des parents. Vous pouvez le saisir en cas de conflits graves entre les parents et les enfants, en cas de violences, en cas de sévices sexuels, ou de carences éducatives.

Pour le joindre, il faut savoir qu'il y a un juge pour enfant dans chaque Tribunal de Grande Instance. Dans les affaires graves de mauvais traitements, de sévices sexuels ou de viols, on peut également saisir le procureur de la République, qui oriente l'action à mener.

De nombreux témoignages montrent que des jeunes ont parfois peur d'aller voir le juge. Ils se sentent responsables des conséquences d'une action juridique. C'est pourtant faux. Quand les faits ne sont pas graves, le juge vous écoutera si vous lui dites qu'il ne doit pas agir. Quand les faits sont graves, il interviendra. Mais il aura raison. Le viol, par exemple, est un crime. Il doit être puni. Les enfants qui en sont les victimes doivent être protégés : ils risquent de payer longtemps ce qu'ils subissent. Et les agresseurs doivent être arrêtés avant qu'ils ne s'enfoncent un peu plus dans leur folie. Si les suites de ces interventions vous font vraiment peur, vous pouvez aussi consulter un avocat.

Aide sociale à l'enfance

Jusqu'en 1985, l'Aide Sociale à l'Enfance (ASE) était un service de la DDASS. Depuis cette date, elle dépend du Département (Conseil Général).

L'Aide Sociale à l'Enfance a pour mission de développer des mesures d'aide et de protection. L'aide peut être : financière (« secours », ou allocation mensuelle), éducative (soutien et accompagnement par un éducateur), matérielle (intervention d'une travailleuse familiale), accueil provisoire des enfants en foyer ou en famille d'accueil. La protection : c'est à l'ASE que l'on doit signaler les situations de mauvais traitements à enfants.

Enfants maltraités

Lorsqu'on a connaissance d'un enfant qui est manifestement maltraité (en cette matière, il ne faut pas hésiter à les croire sur parole, les enfants affabulent très rarement à ce sujet), on peut le signaler : au service d'Aide Sociale à l'Enfance ou à l'un des deux numéros verts nationaux suivants :

« Allô enfance maltraitée », (1) 05 05 41 41 (appel gratuit). La permanence fonctionne 24 heures sur 24, 7 jours sur 7 ; et « Enfance et partage », (1) 05 05 12 34 (appel gratuit).

« Allô enfance maltraitée » est un groupement d'intérêt public, créé en 1989, et financé à 50 % par l'État, et à 50 % par les départements. Sa mission initiale était principalement une écoute de signalement des problèmes graves si l'histoire est vraie, et si une enquête est opportune (procureur, juge des enfants, ASE). Mais son action déborde largement ce cadre, et comprend un accompagnement des enfants qui appellent. Cela peut s'étendre sur plusieurs appels, parfois sur plus d'un an. Les appels peuvent être personnalisés si nécessaire.

Sur 250 000 appels par an, seuls 60 000 environ ont un contenu réel. Les autres peuvent être des appels de vengeance d'adultes, mais aussi des histoires inventées par des enfants. Mais ces derniers appels sont utiles eux aussi : s'inventer une souffrance et une maltraitance est souvent une manière d'exprimer le contact et la solitude. On peut simplement rappeler à ces enfants que trop s'amuser occupe les lignes, prend la place d'appels plus graves, et coûte cher. Car l'appel est gratuit, il y a toujours quelqu'un qui paie.

« Enfance et partage » est une association loi de 1901 qui poursuit le même objectif avec la même méthode. On peut simplement signaler qu'elle est à l'origine d'une campagne de publicité qui avait été considérée par certains comme un peu racoleuse.

Pour le problème plus particulier de l'inceste, on peut joindre des associations comme l'association « SOS inceste », 11, rue Minet,

38000 Grenoble, au 76 47 90 90, à Saintes au 46 93 02 02, ou, à Paris, au (1) 42 02 75 42.

Pour un travail plus suivi, on peut contacter des centres de thérapie familiale. L'un des tout premiers est le centre des Buttes-Chaumont, 31, rue de Mouzaïa, 75010 Paris, tél : (1) 42 40 03 39. Ce centre est spécialisé dans l'aide et l'accompagnement des enfants victimes d'abus sexuels et de leur famille. Il vaut mieux prendre rendez-vous. Ce centre a une approche un peu sévère et légaliste de ces problèmes, mais il obtient des résultats. Il en existe d'autres.

Avocat

Dans plusieurs villes de France, il existe des associations qui proposent gratuitement aux jeunes les services d'avocats spécialisés dans l'aide des jeunes.

Voici une liste de ces associations, classées par villes [1].

Bordeaux : *Centre de Recherche, d'Information et de Consultation des droits de l'enfant – CRIC – Ordre des Avocats,* 18-20, rue du Maréchal Joffre, 33000 Bordeaux, 56 44 73 84.

Cergy-Pontoise : *Maison de l'Avocat,* 6, rue Taillepied, 95300 Cergy-Pontoise (1) 30 32 77 21 (n° vert 05 08 97 67).

Clermont-Ferrand : *Maison de l'Avocat*, Palais de Justice, 16, place de l'Étoile, 63000 Clermont-Ferrand, 73 37 39 04.

Colmar : *Antenne de Médiation, d'Aide aux victimes et d'Accès au droit – Centre socioculturel*, 8, rue de Varsovie, 68000 Colmar, 89 80 71 10.

Évry : *Maison de l'Avocat*, 13, rue Mazières, 91000 Évry (1) 60 77 00 28.

Grenoble : *Annexe Maison des Avocats*, place Saint-André, 38000 Grenoble, 76 44 22 05 et *Citoyens Juniors, CRIJ*, 8, rue Voltaire, 38000 Grenoble, 76 54 70 38 – n° vert : 05 38 17 89.

La Rochelle : *Centre départemental d'information jeunesse*, 14, rue des Gentilshommes, 17000 La Rochelle, 46 41 16 36.

1. Liste diffusée par l'*Institut de l'Enfance et de la Famille.*

Lille : *Point Jeunes, service Droit des Jeunes,* 1, rue Saint-Genois, 59800 Lille (M. Yves Thiéry), 20 51 38 11.

Lyon : *Maison des Avocats,* 60, rue Saint-Jean, 69005 Lyon, 78 42 01 27. *Citoyens juniors* : permanence téléphonique : 05 38 17 89.

Marseille : *Centre d'accès au droit,* 56, rue de Montgrand, 13006 Marseille, 91 54 92 99.

Montpellier : *Bus-Info-Jeunes (Association des Moulins)* stationne place de la Comédie, Me Régine Barthélemy, 67 61 15 15.

Nîmes : *Maison de l'Avocat,* 16, rue Régale, 30000 Nîmes, 66 36 25 25.

Paris : *Antenne de Défense des mineurs,* 4, quai du Marché-Neuf, 75004 Paris (1) 40 51 77 67.

Rochefort : *Association départementale de défense juridique des enfants de Charente-Maritime,* Palais de Justice, 123, rue Pierre-Loti, 17300 Rochefort, 46 87 08 26.

Rouen : *Maison de l'Avocat,* 21, rue Saint-Lô, 76000 Rouen, 35 07 08 89.

Saintes : *Mouvement d'Action sociale et culturelle,* 12, rue Cative, 17100 Saintes, 46 92 54 06 – Permanences au CIJ de La Rochelle.

Strasbourg : *Association Thémis. Accès au droit des enfants et des jeunes,* c/o Maison des Associations, 1a, place des Orphelins, 67000 Strasbourg, 88 37 92 61.

Saint-Étienne : *Maison des Associations,* 4, rue André Malraux, 42000 Saint-Étienne, 77 33 16 22.

Toulon : *Association Ressource Enfance,* 131G, avenue du Commandant Infernet, 83000 Toulon, 94 03 49 46 et *Maison de l'Avocat*, 8, avenue Foch, 83000 Toulon, 94 92 31 81 et 94 92 71 85.

Versailles : *Ordre des Avocats,* TGI, 3, place André-Mignot, 78000 Versailles (1) 39 50 29 96.

Racisme

Différentes associations luttent contre les débordements racistes ou antisémites. Elles peuvent vous donner les informations nécessaires, ou même une formation.

Elles peuvent aussi vous donner les conseils juridiques qui peuvent vous être utiles, et vous accompagner dans vos démarches.

Suivant votre sensibilité, l'une ou l'autre de ces associations pourra mieux vous convenir. Vous pouvez les contacter et évaluer avec eux si leurs objectifs vous conviennent pleinement.

Ligue contre le racisme et l'antisémitisme (LICRA) 40, rue de Paradis, 75010 Paris, 47 70 13 28.

Ligue des droits de l'Homme 27, rue Jean-Dolent, 75014 Paris, 44 08 87 29.

Mouvement contre le racisme et pour l'amitié entre les peuples (MRAP) 89, rue Oberkampf, 75011 Paris, 48 06 88 00.

SOS-Racisme 14, citée Griset, 75011 Paris, 48 06 40 00.

Trouver un « psy »

En cas de « mal de vivre » (déprime, suicide, toxicomanie), on peut donc consulter un « psy »...

Aller en voir plusieurs puis choisir celui avec qui on se sent le plus à l'aise : c'est leur métier, ils ont l'habitude... Ce qu'on appelle le « psy » recouvre plusieurs types de professionnels : psychologues, psychothérapeutes, psychiatres, psychanalystes.

Si l'on décide de consulter un libéral, on trouvera son adresse dans l'annuaire ou sur minitel. Dans ce cas, il faut payer. Seuls les actes pratiqués par des médecins peuvent être remboursés.

Il existe différentes possibilités de cures « gratuites », c'est-à-dire prises en charge par la société. Ces cures, qui ressortissent au service public, sont payées directement par la Sécurité sociale. Le psychiatre est sectorisé et chaque secteur comporte un ou plusieurs dispensaires de soins mentaux (psychiatre, psychologue, assistante sociale). Tout cela concerne les thérapies individuelles, mais il faut savoir qu'il existe aussi des psychothérapies familiales, qui, dans certains cas, peuvent être très utiles.

On peut trouver les adresses utiles auprès du centre de santé de son secteur. On peut également consulter les références sur minitel (rubrique centres médicaux et dispensaires) ou bien en s'adressant à la DDASS.

Si vous êtes encore lycéen, le service de santé scolaire peut vous aider à vous orienter.

Toxicomanie

De nombreux services publics ou privés offrent un soutien en ce qui concerne : la prévention, l'accueil et l'écoute, les soins, la postcure et la réinsertion. On peut en trouver les coordonnées, soit auprès du médecin de santé scolaire, soit auprès de la DDASS (secrétariat de direction, ou médecin inspecteur de la santé). Pour des renseignements détaillés, et des adresses locales, on peut joindre :

– « Drogue info-service », groupement d'intérêt public, a mis en place un numéro vert national, gratuit : le 05 23 13 13. Drogue info-service pourra répondre à vos problèmes de drogue ou de dépendance. Il fonctionne tous les jours, 24 heures sur 24. Il a pour missions l'écoute téléphonique et l'information, pour les particuliers comme pour les professionnels.

– « SOS-Drogue-Police » au 05 14 21 52. Ce numéro vert, gratuit, et ouvert tous les jours, est mis en place par la brigade des stupéfiants. C'est à l'origine un service orienté vers la sécurité, et le signalement de problèmes liés à la drogue. En fait, il effectue aussi une action de prévention.

Pour une information plus détaillée, on peut contacter :

– le Comité français d'éducation pour la Santé, 2, rue Auguste-Comte, 92170 Vanves, tél. : (1) 46 45 45 00, qui diffuse entre autres un « annuaire des services spécialisés dans la toxicomanie »

– ou bien le centre Didro, qui publie également un annuaire, et a ouvert une librairie spécialisée dans les problèmes de toxicomanie, 149, rue Raymond-Losserand, 75004 Paris, tél. : (1) 45 42 75 00.

Pour entamer un travail de désintoxication, on peut contacter, parmi les nombreuses associations existantes :

– le centre Didro, qui a également ouvert un centre de soins à Paris 9, rue Pauly, 75014 Paris, tél. : (1) 45 42 75 00.

– SOS-Drogue international, 3 bis, cité Bergère, 75009 Paris, téls : (1) 42 46 13 10 et (1) 42 46 80 01, ou fax : (1) 42 46 13 54.

Cette association a ouvert un centre de soins, mais fournit également un service de conseil juridique.

Le centre de soins s'appelle le centre « Confluences », et il offre également un hébergement. Centre Confluences, 126, rue de l'Ouest, 75014 Paris, tél. : (1) 43 95 08 08.

– ou encore l'association « Le Patriarche ». Les services de cette association sont payants, et ce n'est pas donné. On leur reproche parfois une grande emprise sur leurs patients. Mais il est certain que cette association obtient des résultats, et que la plupart de ses centres sont agréés par le ministère de la Santé.

Association « Le Patriarche », domaine de Hamotte,
31330 Saint-Cezert.

Tél. direction internationale : 61 82 67 47, tél. bureau régional : 61 82 85 83

Espace de soins Addepose, 61 82 00 37.

Asud (auto-support des usagers de drogue) 45, rue Rébéval 75019 Paris, 42 45 24 24.

Centre Horizons, accueil de jour parents et enfants toxicomanes 210, rue du faubourg Saint-Denis, 75010 Paris, (1) 42 09 84 84.

Centre Pierre Nicole accueillant mère-enfant séropositifs, toxicomanes, 27, rue Pierre-Nicole, 75005 Paris, (1) 43 25 75 03.

Alcooliques anonymes

L'association « Les alcooliques anonymes » n'est ni une secte, ni un parti politique, ni un groupe de pression. C'est « une association d'hommes et de femmes qui partagent leurs expériences, leurs forces et leurs espoirs dans le but de résoudre leurs problèmes communs, et d'en aider d'autres à se rétablir de l'alcoolisme ». La seule condition pour y adhérer est d'avoir le désir d'arrêter de boire. Le soutien qu'apporte cette association, qui est présente dans le monde entier, a été très utile à un très grand nombre de gens.

Pour un problème d'alcool, et pour connaître l'adresse de l'association dans votre région, vous pouvez contacter leurs services généraux : Alcooliques Anonymes (AA), 21, rue Trousseau, 75011 Paris, tél. : (1) 48 06 43 68.

À Paris, pour trouver une permanence d'accueil, vous pouvez contacter :

– AA, 3, rue Frédéric Sauton, 75005 Paris, téls : (1) 43 25 75 00 ou (1) 43 25 76 03,

– et AA, 75, quai d'Orsay, 75007 Paris, tél. : (1) 47 05 44 87.

Solitude, suicide

Il existe de nombreuses associations qui offrent un soutien téléphonique pour ce type de détresse.

Les noms varient suivant les départements, mais généralement, ils ressemblent à SOS-solitude, SOS-amitié, SOS-rencontre. On les trouve facilement dans un annuaire ou sur le minitel (au 11).

À Paris, le numéro d'appel de SOS-amitié est le (1) 42 93 31 31 ou le (1) 42 96 26 26. Il existe également en langue anglaise SOS HELP, (1) 47 23 80 80.

Les centres anti-poison, sous la dépendance d'un centre hospitalier ouverts 24 heures sur 24, répondent aux appels de détresse en cas d'ingestion accidentelle ou volontaire de toute substance toxique ou médicamenteuse. Un médecin compétent est au téléphone, il dispose d'une documentation complète sur toutes ces substances. Selon les cas il vous rassurera ou vous indiquera la marche à suivre en cas de danger. Numéro national : (16-1) 40 37 04 04.

Déclaration internationale des droits de l'enfant

D'après la constitution française, une convention internationale ratifiée par la France a une force supérieure aux lois. Cette convention a été adoptée le 20 novembre 1989 par l'Assemblée générale des Nations-Unies. Elle a été ratifiée par la France le 2 juillet 1990. Elle est entrée en vigueur le 6 septembre 1990. En voici un résumé [1] :

1. Résumé effectué par Pierre Verdier, directeur général de la VAGA.

I – Les principes

Préambule : L'enfant a besoin, en raison de son état d'enfance, d'une protection spéciale, la famille étant le milieu naturel d'épanouissement et d'exercice de ces droits.

Article 1 : Est « enfant » au sens de la convention tout mineur de moins de 18 ans.

Article 2 : Aucun enfant ne peut être privé de ses droits en raison de sa race, de son origine ou de sa situation de naissance.

Article 3 : Dans toute décision le concernant, l'intérêt supérieur de l'enfant doit être une considération primordiale.

Article 4 : Toutes mesures législatives ou administratives doivent être prises pour mettre en œuvre les droits reconnus dans la présente Convention.

II – Le droit à une identité

Article 5 : Les parents sont les premiers responsables de l'enfant.

Article 6 : Tout enfant a un droit inhérent à la vie.

Article 7 : L'enfant a, dès sa naissance, le droit à un nom et, dans la mesure du possible, le droit de connaître ses parents et d'être élevé par eux.

Article 8 : Les États s'engagent à respecter le droit de l'enfant, de préserver son identité, c'est-à-dire avoir un nom, une nationalité, des relations familiales. – Si l'enfant en a été privé illégalement ils mettront tous les moyens en œuvre pour que son identité soit rétablie.

Article 9 : L'enfant ne doit pas être séparé de ses parents. – En cas de séparation l'enfant a droit d'entretenir régulièrement des relations personnelles et des contacts directs avec ses parents.

Article 10 : Toute demande de réunification familiale est étudiée avec humanité et diligence.

Article 11 : Les États luttent contre les déplacements et les non-retours illicites d'enfants à l'étranger.

III – Le droit d'expression

Article 12 : L'enfant a droit d'exprimer librement son opinion sur toute question le concernant.

Article 13 : L'enfant a droit à la liberté d'expression de ses idées.

Article 14 : L'enfant a droit à la liberté de pensée, de conscience et de religion.

Article 15 : L'enfant a droit à la liberté d'association et de réunion pacifique.

IV – Le droit à une protection particulière

Article 16 : Nul enfant ne fera l'objet d'immixtions arbitraires dans sa vie privée, sa famille, son domicile, ou sa correspondance, ni d'atteinte illégale à son honneur et à sa réputation.

Article 17 : Les États veillent à ce que l'enfant ait accès à une information appropriée.

Article 18 : Les deux parents ont une responsabilité commune.

Article 19 : L'enfant a le droit d'être protégé contre toute violence, négligence et mauvais traitements.

Article 20 : L'enfant privé de son milieu familial a droit à une protection spéciale qui peut être accueil ou adoption.

Article 21 : En matière d'adoption, l'intérêt supérieur de l'enfant doit être la considération primordiale.

Article 22 : Les enfants réfugiés ont droit à une assistance particulière.

Article 23 : L'enfant handicapé a droit à une vie pleine et digne et le droit de bénéficier de soins spéciaux.

Article 24 : L'enfant a le droit de jouir du meilleur état de santé possible et de bénéficier de services médicaux et rééducation.

Article 25 : Tout placement doit être revu périodiquement.

Article 26 : Tout enfant a le droit de bénéficier de la Sécurité sociale.

Article 27 : Tout enfant a droit à un niveau de vie suffisant.

Article 28 : L'enfant a droit à une éducation.

Article 29 : L'éducation de l'enfant vise à son épanouissement.

Article 30 : L'enfant appartenant à une minorité a droit à sa propre vie culturelle.

Article 31 : L'enfant a droit au repos, aux loisirs et au jeu.

Article 32 : L'enfant doit être protégé contre l'exploitation et le travail dangereux.

Article 33 : L'État prend toutes les mesures pour protéger l'enfant contre l'usage de la drogue.

Article 34 : L'État s'engage à protéger l'enfant contre toute forme d'exploitation sexuelle et de violence sexuelle.

Article 35 : L'État prend toutes les mesures appropriées pour protéger l'enfant contre tout enlèvement, vente et traite des enfants.

Article 36 : L'État doit protéger l'enfant contre toute forme d'exploitation.

Article 37 : L'État veille à ce que nul enfant ne soit soumis à la torture, ni à des peines, traitements cruels, peine capitale ou emprisonnement à vie.

Article 38 : Pas de participation directe de jeunes de moins de 15 ans dans les conflits armés.

Article 39 : Les enfants qui ont été victimes de négligence, exploitation, ou sévices doivent bénéficier de mesures de réadaptation et de réinsertion.

Article 40 : La justice des mineurs doit tenir compte de leur âge et de la nécessité d'une réinsertion.

Article 41 : Si des règles nationales sont plus favorables que la Convention, ce sont elles qui s'appliquent.

V – Suivi de la convention

Article 42 : Les États s'engagent à faire connaître la présente Convention aux adultes et aux enfants.

Articles 43 à 45 : Un comité des droits de l'enfant est mis en place.

VI – Les modalités de ratification

Articles 46 à 54 : La présente Convention entrera en vigueur le 30e jour suivant la 20e ratification.

Bibliographie

Une première étape, pour se prendre en charge soi-même, peut consister à aller voir par soi-même un peu plus loin. Pour cela, il existe quantité de livres que vous pouvez consulter. Ils sont même si nombreux que l'on risque un peu de s'y noyer. C'est pourquoi la bibliographie qui suit présente seulement quelques-uns des livres qui me semblent apporter beaucoup à leurs lecteurs. C'est une bibliographie critique, puisque pour chaque livre je précise ce qu'il apporte et pourquoi il peut être utile. Elle est bien entendu incomplète et ne doit pas vous empêcher d'aller voir par vous-même de quoi il retourne.

Françoise Dolto, *Sexualité féminine*, Livre de poche.

C'est un livre très complet et très pertinent sur les divers âges de la sexualité féminine, ainsi que sur les étapes du développement psychologique qu'ils représentent. Les conseils sont nombreux et précieux pour parvenir à une prise de responsabilité et à un véritable épanouissement personnel. Malheureusement, ce livre est écrit dans un vocabulaire très technique, qui en rend parfois la compréhension un peu difficile à ceux qui ne sont pas familiarisés avec le langage « psy ».

Françoise Dolto, Catherine Dolto-Tolitch, *Paroles pour adolescents, le complexe du homard*, Hatier, 1989 (existe en Livre de poche).

Un livre qui s'adresse spécifiquement aux adolescents, mais qu'il faudra laisser traîner à la maison pour que les parents le lisent. On y parle de parents et d'adolescents, de sexualité, d'amour et d'amitié, et de cette société dans laquelle il faut faire ses premiers pas. On y trouve aussi des renseignements juridiques qui pourront être utiles. Tout le monde devrait le lire...

Françoise Dolto, *La cause des adolescents*, Robert Laffont, 1988.
Ce livre, l'un des derniers de la psychanalyste, s'adresse en priorité aux parents et aux éducateurs. Abordant les grands dossiers qui marquent la crise de notre société : fugues, suicides, drogue, échec scolaire, sexualité, Françoise Dolto trouve le langage du dialogue avec les adolescents. C'est réellement un nouveau rapport avec la jeunesse qui s'instaure ici.

Michel Dethy, *Introduction à la psychanalyse de Jacques Lacan*, Chroniques sociales, Lyon, 1992.
Un livre un peu difficile, puisque la psychanalyse en générale et la pensée de Jacques Lacan en particulier ne sont pas des sciences simples. Mais c'est, si l'on peut dire, le plus simple possible, sans pour autant trahir la pensée du grand psychanalyste français. Pour ceux qui souhaiteront aller plus loin, ce livre permettra de se familiariser avec les éléments clés de la psychanalyse et de la pensée de Lacan (transfert, narcissisme, désir, amour, haine), et avec les pratiques des psychanalystes d'aujourd'hui.

J. Bergeret et J. Leblanc, *Précis des toxicomanies,* Masson, 1988.
C'est un livre difficile, technique et complet, qui s'adresse principalement aux médecins et aux professionnels des toxicomanies. On trouvera une analyse pharmacologique et médicale détaillée des différentes toxicomanies et de leurs effets principaux et secondaires. Mais on trouvera également une étude détaillée de la personnalité du toxicomane, de sa psychologie, et des conséquences économiques et sociales de ce drame.

Anne de Kervasdoué, *Questions de femmes*, Odile Jacob, 1989.
C'est un guide très clair et très complet qui apporte de nombreuses réponses aux questions que peuvent se poser les femmes : contraception et désir d'enfant, questions médicales et psychologiques, chirurgie esthétique, prévention des MST. Le style est simple et détendu, et les réponses nombreuses, complètes et faciles à trouver.

Didier Dumas, *La Sexualité masculine,* Albin Michel, 1990.

Georges-Henri Beautier et Jean-Pierre Moens, *Jeunes, vos droits,* Infor-jeunes, 1991.

Un guide juridique très complet des droits et obligations des jeunes, pour la Belgique.

Ginette Raimbault, Caroline Eliatcheff, *Les Indomptables,* Odile Jacob, 1989.

Pour aborder les mystères de l'anorexie, ce livre a choisi de nous présenter quelques-unes de ses figures emblématiques. Antigone, l'héroïne de Sophocle, Sissi, l'impératrice, etc. On trouvera dans ce livre parfois un peu compliqué de précieuses indications médicales et psychologiques, mais on y trouvera surtout l'impression de connaître et de comprendre un peu mieux les anorexiques.

Préface de Georges Duby (et nombreuses collaborations), *Amour et sexualité en Occident,* « Points histoire », Seuil, 1991.

C'est un livre un peu plus compliqué pour ceux qui veulent aller plus loin : un recueil de travaux d'historiens sur différents aspects de l'évolution des relations amoureuses et des relations sexuelles en Europe. Pour ceux qui s'intéressent à ces questions, c'est un livre passionnant, qui montre comment se sont mis en place un certain nombre de contraintes ou de tabous, comment ont évolué les relations de couples, comment et pourquoi on a inventé le mariage, etc.

Jeanne Van den Brouck, *Manuel à l'usage des enfants qui ont des parents difficiles*, Points Virgule, 1979.

C'est un petit livre facile à lire et plein d'humour, dont je vous citerai simplement l'introduction : « Les auteurs ont pris conscience des problèmes de ces êtres démunis, si souvent incompris, rudoyés, laissés à l'abandon que sont les parents et ils ont été sensibles à toute la détresse que peut éprouver un parent sans défense confronté à des enfants incompréhensifs, brutaux, voire simplement maladroits. » Cet humour permet de retourner complètement les problèmes des relations parents-enfants, et de prodiguer une foule de conseils utiles et astucieux.

Table des matières

CET OUVRAGE A ÉTÉ TRANSCODÉ
ET ACHEVÉ D'IMPRIMER SUR ROTO-PAGE
PAR L'IMPRIMERIE FLOCH À MAYENNE
EN MARS 1994

N° d'impression : 35604.
N° d'édition : 7381-0256-1.
Dépôt légal : mars 1994.
Imprimé en France